分野別

International
English Language
Testing System

IELTS

英単語

音声
ダウンロード

赤シート

Yuji Nishibe
西部有司 監修
IELTS & TOEFL講師

Logoport
ロゴポート 著

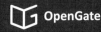
OpenGate

はじめに

　IELTS が日本で本格的に実施されるようになって 10 年がたちました。私は 2014 年から IELTS の指導を行っていますが、高いスコアを目指す生徒さんで「この単語集 1 冊で目標を達成した」という方はほとんどいません。それは、既存の単語集の多くが初級レベルから上級レベルの語彙を 1 冊に詰め込んでしまっているため、上級者向けの語彙数が足りず、また例文などの内容も本試験に近づけきれていないからです。しかし、これではいつまでたっても皆さんにとって「今 1 歩、2 歩、3 歩……」の状態が続いてしまいます。この問題を解決すべく、ハイスコアを目指す学習者の皆さんのために作ったのが、本書『分野別 IELTS 英単語』です。レベルアップの途中で壁にぶち当たってしまっている皆さん、ぜひ、本書を類書と見比べてみてください。

■ IELTS 公式教材 30 万語のデータベースによる見出し語選定

　本書の見出し語を選定するにあたっては、過去 24 年間にわたる約 30 万語の IELTS の公式教材のデータベースを分析し、さらに私の長年にわたる受験経験から得られた知識も加味しました。そして、本書ではハイスコアを目指す受験者であれば当然知っていると考えられる易しめの見出し語はあえて採用せず、高得点の獲得に欠かせない、難易度の高めの見出し語 1800 語あまりを厳選しました。

■ 学術分野ごとに単語を配分

　留学を目指す人向けのテストである IELTS では様々な学術分野の文章が出題されますが、多くの単語集では、この「分野」という観点についてあまり意識されていないようです。もちろん「この単語はこの分野にしか使わない」ということはありませんが、IELTS における単語の使われ方には一定の傾向はあります。本書では、単語に明確なイメージを与え、記憶への定着を確かなものとするため、見出し語を「分野別に掲載する」構成を採用しました。

■ 33 パッセージ相当のリアルな例文で、読解力・リスニング力も強化

すべての見出し語には本試験で読むのと同レベルの例文がついており、その総語数は約 26,000 語となります（これはリーディングパッセージ 33 セット、つまり本試験 11 回分に相当します）。例文には音声もついていますので、本書を学習することで、語彙力と同時に、読解力、リスニング力も強化することができます。

例文を作成するにあたっては、CELTA（ケンブリッジ大学英語検定機構による英語教授法資格）を所有し、IELTS 受験者の指導にあたっているイギリス人 2 名の協力を得、本試験さながらのクオリティーを再現しています。つまり、この 1 冊を読み込み、聞き込めば、それだけで IELTS の出題内容に慣れることが可能なのです。

■ 類書最大級の 5,500 語強を収録

本書では中心となる見出し語約 1,800 語に加え、2,800 語以上に及ぶ派生語、類義語、反意語を収録しています。特に類義語はリーディング・リスニングに役立つだけでなく、語彙力が採点基準の一つとなるスピーキング・ライティングにおいて、同じ事柄を異なる語彙で表現する際にも有効です。本書に収録されているハイレベル語（big word）を解答に取り入れ、採点官の印象を上げましょう。また、語彙の網羅性を高めるため、各分野の末尾には 900 語を超える分野別用語（Terminology）コラムもつけました。

本書では、このような見出し語以外の様々な関連語を含め、類書最大級の 5,567 語句を収録しています。

このように、皆さんをサポートするためにできる限りの仕組みをそろえたのが、この『分野別 IELTS 英単語』です。そろそろ気持ちが高まってきましたか？では、ワンランク上のレベルを目指して、スタートを切りましょう！

西部　有司　（著者・監修者を代表して）

Contents

本書の構成

ハイスコアを目指す皆さんのために作られた『分野別 IELTS 英単語』。ここではまず、その構成を見ておきましょう。

❶ 分野	すべての見出し語を大きく「自然科学Ⅰ」「自然科学Ⅱ」「社会科学」「人文科学」「研究・調査・その他の重要語」の 5 つに分け、さらに 38 の分野に分けています。 (自然科学Ⅰは主に生命に関わらない分野、自然科学Ⅱは関わる分野)
❷ 見出し語	30 万語のデータベースをもとに厳選した、ハイスコアを目指すのに必須の 1,820 語の見出し語を「分野別に」収録しています。
❸ 発音記号	イギリス発音を採用しています。
❹ チェックボックス	チェックボックスを利用して繰り返し学習しましょう。反復学習法については p. 377 を参考にしてください。
❺ MP3トラック番号	ダウンロード音声には、すべての見出し語と例文 (英語) が収録されています。

❻ 訳語	IELTS の攻略に必要な訳語に絞って取り上げています。付録の赤シートで隠せるようになっています。
❼ 例文	IELTS の指導にあたっているイギリス人ネイティブによるリアルな例文です。分野別に関連性の高い例文が並んでいるので、内容をイメージしながら読み、聞いてください。
❽ 派生語・類義語・反意語	見出し語の主な派生語、および押さえておくべき類義語・反意語です。これらをあわせて覚えることで、語彙量は飛躍的に増えます。
❾ 語注	語源や語法、発音の注意点など、見出し語を覚えるのに役立つ語注です。
❿ ゲージ	そのページまでに学んだ見出し語、関連語、その総数を表示しています。

本書で使われている記号

〈 〉… 他動詞の目的語、自動詞・形容詞の主語にあたる語句であることを表しています。

( ) … 訳語の補足説明／省略可能であることを表しています。

[ ] … 言い換え可能であることを表しています。

動 … このアイコンは見出し語の品詞を表しています。

名 … このアイコンは派生語・類義語・反意語の品詞を表しています。

動 … 動詞　　名 … 名詞　　形 … 形容詞　　副 … 副詞　　前 … 前置詞

≒ … 類義語　　↔ … 反意語　　■ … アメリカつづり

■ **Terminology**

各分野の末尾の Terminology では本文の見出し語以外の分野別の用語を取り上げています。ここで 900 以上の用語を身につけることができます。ダウンロード音声にはすべての用語 (英語) が収録されています。

■ **NISHIBE'S EYE**

監修者の豊富な受験経験に基づく IELTS の豆知識やお薦めの学習法、学習プランの立て方などをご紹介しています。

音声について

本書で紹介している見出し語と例文および Terminology の音声（英語）を、abceed アプリを使って聞くことができます。音声が収録されている箇所にはトラック番号を記載しています。

（画面イメージ）

❶ ページ下の QR コードまたは URL から、無料アプリ abceed（Android/iOS 対応）をダウンロードしてください。

❷ 画面下の「見つける（虫メガネのアイコン）」タブをタップして、本書タイトルで検索します。表示された書影をタップし、音声の項目を選択すると、音声一覧画面へ遷移します。

❸ 再生したいトラックを選択すると音声が再生できます。また、倍速再生など、学習に便利な機能がついています。

＊アプリの詳細については www.abceed.com にてご確認ください。

▼ アプリのダウンロードはこちら
https://www.abceed.com/
abceed は株式会社 Globee の商品です。
アプリについてのお問い合せ先
info@globeejp.com

自然科学 I

Natural Science I

物理 化学 数学 工学・テクノロジー 天文 気象 地学 環境

物理 Physics

0001 ☐☐☐☐☐

solidify

[səlídəfàɪ]

名 solidification 凝固
♪ solid (固体) にすること。

動 〈液体〉を固める、凝固させる

Low temperatures will **solidify** the liquid, changing water into ice.

気温が下がると液体が凝固し、水は氷に変わる。

0002 ☐☐☐☐☐

centrifugal

[sèntrɪfjúːgl]

↔ centripetal
♪ fug は「逃げる」を意味する語根で、fugitive (逃亡者)、refugee (難民) などにも含まれる。

形 遠心性の、遠心力による

The object is spun, and **centrifugal** force is applied, pushing it outwards.

物体が回されると、遠心力が働き、物体は外側に引っ張られる。

0003 ☐☐☐☐☐

friction

[fríkʃən]

≒ ① rubbing
② conflict, discord, strife

名 ①摩擦 ②衝突、不和

A fire can be started by simply rubbing two sticks together, with the **friction** producing a spark.

火は2本の木の棒をこするだけでおこせる。摩擦で火花が出るからだ。

0004 ☐☐☐☐☐

ultraviolet

[ʌ̀ltrəváɪələt]

♪ 略語の UV は日本でも日常的に使われている。「赤外線の」は infrared。

形 紫外線の

Invisible to the human eye, **ultraviolet** light is used for growing plants and tanning.

紫外線は人間の目には見えないが、植物栽培や日焼けに使われる。

0005 ☐☐☐☐☐

sway

[swéɪ]

≒ [動] ① waver, wobble

動 ①揺れる ②〈意見など〉に影響を与える
名 揺れ

Pedestrians walking across the Millennium Bridge can cause it to **sway** from side to side.

ミレニアムブリッジを渡る歩行者は橋を左右に揺らすことができる。

0006 ☐☐☐☐☐

insulate

[ínsjʊlèɪt]

名 insulation 絶縁、隔離
名 insulator 絶縁体

動 〈熱・音・電気など〉を遮断する

In freezing climates, Inuits **insulate** themselves against the cold with thick clothing.

凍てつく寒さの中で暮らすイヌイットの人々は、厚着をして冷気を遮断する。

0036

0007 ☐☐☐☐☐

opaque

[oʊpéɪk]

≒ unclear, obscure, murky
↔ transparent
♪ a の発音に注意。

形 不透明な

A type of glass was developed that could be made **opaque** when privacy was needed.

人目を避けたいときに**不透明**にできるガラスが開発された。

0008 ☐☐☐☐☐

buoyant

[bɔ́ɪənt]

图 buoy ブイ
图 buoyancy 浮力、上昇傾向

形 ① 浮力がある
　② 〈価格・景気などが〉上向きの

Salt makes water more **buoyant**, allowing people to float in the Dead Sea.

水が塩を含むとより浮力がつくので、人々は死海で浮くことができる。

0009 ☐☐☐☐☐

eject

[ɪdʒékt]

≒ ② banish, expel, evict

動 ① ～を外に出す、押し出す
　② 〈人〉を追い出す

Pulling the lever **ejects** the pilot from the plane, using rockets located under the seat.

レバーを引くと、座席の下にあるロケットが作動して、パイロットを飛行機から打ち出す。

0010 ☐☐☐☐☐

emit

[ɪmít]

图 emission 放出、排出
≒ give off, release, discharge
♪ LED は light-emitting diode の略で、
光を発するダイオード＝発光ダイオード。

動 〈光・熱・におい・音など〉を発する

For safety, electric vehicles will now have to **emit** a sound when moving at low speeds.

安全のため、電気自動車は今では低速運転の際に音を出さなければならない。

0011 ☐☐☐☐☐

capsize

[kǽpsaɪz]

≒ overturn

動 〈船などが〉転覆する；〈船など〉を転覆させる

Canoes can easily **capsize** if they are hit by a large wave.

カヌーは大波が当たると簡単に転覆する。

0012 ☐☐☐☐☐

suction

[sʌ́kʃən]

動 suck ～を吸う
♪ suction cup は「吸盤」のこと。sucker
とも言う。

名 〈気体・液体の〉吸い上げ、吸引

The device's partial vacuum creates **suction** that draws in dirt and waste.

この装置の部分的な真空は、排泄物を引き寄せて吸引する。

物理

化学　数学　工学・テクノロジー　天文　気象　地学　環境

0013 □□□□□

radiation

[rèɪdiéɪʃən]

動 radiate 放射する、放射状に広がる
≒ ① radioactivity

名 ① 放射線、放射能 ② 放射

The average banana does contain some **radiation**, but it does not affect humans like nuclear material does.

普通のバナナにもいくらかの放射線が含まれているが、核物質のように人体に影響することはない。

0014 □□□□□

illuminate

[ɪlúːmənèɪt]

名 illumination 照明
≒ ① light up, brighten ② clarify

動 ① ～を照らす ② ～を明らかにする

The study found that streets **illuminated** with blue light somehow reduced crime.

その調査で、青い光で照らされている通りではなぜか犯罪が減ったことがわかった。

0015 □□□□□

sensitivity

[sènsətívəti]

形 sensitive 感度が高い、敏感な

名 ① (計器などの) 感度 ② 感受性

By increasing the camera's **sensitivity** to light, you can take pictures in darker areas.

光に対するカメラの感度を上げれば、比較的暗いところでも写真を撮れる。

0016 □□□□□

buckle

[bʌ́kl]

≒ [動] cave in, crumple

動 (圧力・熱などで) 曲がる
名 留め金、(ベルトの) バックル

The chair is designed for children, so it may **buckle** under the weight of a fully grown adult.

そのいすは子ども用なので、大人の体重では曲がるかもしれない。

0017 □□□□□

momentum

[məʊméntəm]

≒ ① impetus, impulse

名 ① 勢い ② 運動量、推進力

The ship gains speed until it has enough **momentum** to take it out of the Earth's atmosphere.

宇宙船は地球の大気圏から脱するのに十分な勢いがつくまでスピードを上げる。

0018 □□□□□

furnace

[fɔ́ːnəs]

♪ 高温でガラスや金属を溶かすための装置。

名 炉、かまど

The metal is put in a **furnace** to make it softer and able to be shaped.

この金属は炉に入れて柔らかくし、成形することができる。

0019

□□□□□

temporal

[témpərəl]

♪「時」を意味する語根 tempo に形容詞を作る接尾辞 -al がついた語。「側頭(部)の」の意味もある。

形 ① 時の、時間の ② 現世の、世俗の

The **temporal** — or fourth — dimension relates to time, as opposed to the three spatial dimensions.

時間次元、つまり四次元は、3つの空間次元とは対照的に、時に関連する。

0020

□□□□□

elastic

[ɪlǽstɪk]

名 elasticity 弾力性
≒ flexible, rubbery, resilient, supple

形 〈材質が〉弾力性のある、伸縮性の

The trousers have an **elastic** waist, so they can fit people of all sizes.

そのズボンのウエストは伸縮性があるので、どんな体形の人にもフィットする。

0021

□□□□□

revert

[rɪvə́:t]

名 reversion (元の状態に) 戻ること
形 reversible 元へ戻せる、可逆的な
≒ regress

動 戻る

Upon touching the glass, the steam **reverts** to water and fills the container.

ガラスに触れると、蒸気は水に戻り、容器を満たす。

0022

□□□□□

harness

[há:nəs]

≒ utilise, exploit, employ
♪ 第1義は「馬具 (をつける)」の意で、そこから「(ある目的のために) 利用する」の意味が出てきた。

動 〈自然の力など〉を利用する

The physicists attempted to **harness** the power of lightning.

物理学者たちは稲妻の力を利用しようとした。

0023

□□□□□

concave

[ká:nkeɪv]

↔ convex

形 凹面の、凹形の

The inward curve of the **concave** lens is perfect for the side mirrors of motorcycles and cars.

凹面レンズの内向きカーブはオートバイや車のサイドミラーに適している。

0024

□□□□□

velocity

[vəlɔ́səti]

≒ speed
♪「加速度」は acceleration。

名 速度

On the return trip, the wind **velocity** cuts the plane's journey by over 10%.

復路では風速によって飛行時間が10%以上短縮される。

物理
化学 数学 工学・テクノロジー 天文 気象 地学 環境

0025 □□□□□

pliable
[pláɪəbl]

图 pliability 柔軟性
≒ flexible
↔ inflexible, rigid, stiff

形 曲がりやすい、柔軟な

Metals were heated to make them more **pliable**, then shaped into swords or other weapons.

金属は曲がりやすくなるように熱され、それから剣などの武器に加工された。

0026 □□□□□

whirl
[wə́:l]

≒ rotate, twirl

動 ①回転する ②〜を回転させる

There are a number of factors that influence the direction that water **whirls** around a drain.

水が排水管のところで渦を巻く方向には、数多くの要因が影響を与えている。

0027 □□□□□

transmit
[trænzmít]

图 transmission 伝送、伝達
图 transmitter 送信器
♪ 〈trans-(越えて) + mit (送る)〉の構造。

動 ①〜を伝える；伝わる ②〜を送る、伝送する

Data from the spaceship **transmits** back to Earth more slowly the farther away it gets from the planet.

宇宙船が地球から遠ざかれば遠ざかるほど、データが戻ってくる時間が遅くなる。

0028 □□□□□

airtight
[éətàit]

≒ sealed
♪ watertight は「防水の、耐水の」。

形 気密の

The shuttle has to be **airtight** in order for the ship to survive its journey to space.

スペースシャトルは宇宙旅行を乗り切れるように気密でなければならない。

0029 □□□□□

malleable
[mǽliəbl]

图 malleability 可鍛性
≒ ① flexible, pliable

**形 ①可鍛性の、打ち延ばしできる
②〈人・考えが〉従順な**

The **malleable** clay is shaped before being fired to make it solid.

可鍛性粘土は形を整えてから焼いて固くする。

0030 □□□□□

radiant
[réidiənt]

動 radiate 放射する
≒ ② beaming, bright, glowing

形 ①放射の ②光を放つ、輝く

The heater converts electricity into **radiant** heat slowly through the day.

そのヒーターは一日中、電気を放射熱にゆっくりと転換する。

0096
Terminology

物理

☐☐☐☐☐
atom 原子
[ǽtəm]

☐☐☐☐☐
electron 電子
[ɪléktrɔn]

☐☐☐☐☐
neutron 中性子
[njúːtrɔn]

☐☐☐☐☐
nucleus 原子核
[njúːkliəs]

☐☐☐☐☐
molecule 分子
[mɔ́lɪkjùːl]

☐☐☐☐☐
ray 光線、放射線
[réɪ]

☐☐☐☐☐
frequency 周波数、周波数域
[fríːkwənsi]

☐☐☐☐☐
interference 干渉
[ìntəfíərəns]

☐☐☐☐☐
spectrum スペクトル
[spéktrəm]

☐☐☐☐☐
amplifier 増幅器
[ǽmpləfàɪə]

☐☐☐☐☐
circuit 回路
[sə́ːkət]

☐☐☐☐☐
voltage 電圧
[vóʊltɪdʒ]

☐☐☐☐☐
electromagnet 電磁石
[ɪlèktrəʊmǽgnət]

☐☐☐☐☐
inertia 慣性、惰性
[ɪnə́ːʃə]

☐☐☐☐☐
conduction 伝導
[kəndʌ́kʃən]

☐☐☐☐☐
convection 対流
[kənvékʃən]

物理
化学 数学 工学・テクノロジー 天文 気象 地学 環境

0031 □□□□□

saline

[séɪlaɪn]

≒ salty

♪ sal は「塩」の意の語根で、salt（塩）、salary（給与：古代ローマでは塩代として金が与えられた）などにも含まれる。

形 塩分を含む

A mixture of salt and water, called a **saline** solution, is used in medicine and for contact lenses.

塩と水の混合液は生理食塩水と呼ばれ、医療現場やコンタクトレンズ用に使われる。

0032 □□□□□

funnel

[fʌ́nl]

♪ 漏斗型の通風孔、採光孔、汽船の煙突なども funnel と言う。

名 漏斗、じょうご

A **funnel** was placed in the neck of the bottle, and oil was poured inside.

瓶の口にじょうごが置かれ、油が中に流し込まれた。

0033 □□□□□

inflammable

[ɪnflǽməbl]

≒ flammable, combustible
↔ non-flammable

形 燃えやすい、可燃性の

To avoid confusion, the word "flammable" instead of "**inflammable**" began to be recommended in the 1920's.

取り違えを避けるために、1920 年代に inflammable（可燃性の）の代わりに flammable（可燃性の）が推奨され始めた。

0034 □□□□□

preservative

[prɪzə́ːvətɪv]

動 preserve 〜を保存する
名 preservation 保存

名 保存料、防腐剤

Many food products are made with chemical **preservatives** in order to extend their shelf lives.

多くの食品には保存期間を延ばすために化学保存料が添加されている。

0035 □□□□□

rust

[rʌ́st]

形 rusty さびついた

動 さびる
名 （金属の）さび

Over the years the metal parts of the vehicles had **rusted** and needed to be replaced.

車の金属部分は年を経てさびていて、交換する必要があった。

0036 □□□□□

froth

[frɔ́θ]

形 frothy 泡立った
≒ [名] foam
♪ 特に石鹸の「泡」は lather と言う。

動 泡立つ
名 （ビールなどの）泡、あぶく

The sea **froths** as it reaches land because of dead plants and animals in the water.

海中の死んだ動植物のために、海は陸に接するところで泡立っている。

0131

0037 □□□□□

viscous

[vískəs]

名 viscosity 粘性、粘度
≒ sticky

形 〈液体が〉粘着性の、ねばねばする

Viscous tree resin trapped small insects and animals, which eventually transformed into fossils.

ねばねばする樹液は小さな昆虫や動物を捕らえ、それらはやがて化石になった。

0038 □□□□□

plaster

[plǽstə]

♪ ③はアメリカ英語ではBand Aidと言う。

名 ①しっくい、プラスター ②石膏 ③絆創膏

Plaster is used to build walls in construction, and to help repair bones in medicine.

しっくいは、建設作業で壁を築いたり、医療で骨の治療を補助したりするのに使われる。

0039 □□□□□

constituent

[kənstítjuənt]

動 constitute
〜を構成する、〜の一部を成す
≒ component, element

名 構成要素、成分

When each **constituent** has been added, the container must be heated for it to mix.

各成分を加えるたびに、それを混ぜ合わせるために容器を熱しなければならない。

0040 □□□□□

incandescent

[ìnkændésnt]

♪ cand は「白、輝く」を意味する語根で、candid（率直な（原義：白い、悪意のない））、candle（ろうそく）などにも含まれる。

形 白熱光を発する

Incandescent lightbulbs are good for daytime concentration, but make it difficult to relax at night.

白熱電球は日中に何かに集中するにはよいが、夜くつろぐのは難しい。

0041 □□□□□

coarse

[kɔ́ːs]

≒ rough, crude
↔ fine

形 きめの粗い

Fine and **coarse** varieties of the pink Himalayan salt are now found in supermarkets.

ヒマラヤピンク岩塩は今では粒の細かいものから粗いものまで様々なタイプがスーパーにそろっている。

0042 □□□□□

soluble

[sɔ́ljəbl]

名 solution 溶解
名 solubility 可溶性

形 〈物質が〉溶解できる、可溶性の

The pills are water-**soluble**, so it is important to store them in a dry place.

この錠剤は水溶性なので、水気がないところで保管するのが大事だ。

物理
化学
数学 工学テクノロジー 天文 気象 地学 環境

0043 □□□□□

ion

[áɪən]

形 ionic イオンの

♪ i の発音に注意。

名 イオン

The positively or negatively charged atom (missing or containing an extra electron) is called an **ion**.

プラスまたはマイナスに帯電した（つまり、電子が欠けた、または余分にある）原子をイオンと呼ぶ。

0044 □□□□□

inert

[ɪnə́ːt]

名 inertia 不活発、惰性

↔ ① active

形 ① 不活性の ② 惰性による、不活発な

Inert gases have no colour, taste or smell, and rarely react with other elements.

不活性ガスは無色、無味、無臭で、ほかの元素と反応することもめったにない。

0045 □□□□□

soak

[sóʊk]

≒ drench, saturate

♪ get soaking wet（びしょぬれになる）という意味。

動 ～を浸す；浸かる

It is recommended to **soak** beans before cooking in order to soften them.

豆がやわらかくなるように、調理の前に水に浸すとよい。

0046 □□□□□

detergent

[dɪtə́ːdʒənt]

♪ 「柔軟剤」は fabric softener、「磨き粉」は cleanser。

名 洗剤

A standard washing machine requires water and **detergent** to function effectively.

標準的な洗濯機は有効に機能するために水と洗剤を必要とする。

0047 □□□□□

disintegrate

[dɪsíntəgrèɪt]

名 disintegration 分解、崩壊

≒ break down, fall apart, crumble

動 分解する、崩壊する

As a first science experiment, children will watch a coin or tooth **disintegrate** in a sugary drink.

子どもは最初の科学の実験でよく、硬貨や歯が砂糖水の中で溶けるのを見る。

0048 □□□□□

lethal

[líːθl]

≒ deadly, fatal

形 致死の、致命的な

Although blood naturally contains a small amount of magnesium, a large amount would be **lethal**.

血液には本来マグネシウムが少量含まれているが、大量にあると死に至る。

0049 ☐☐☐☐☐

spit

[spít]

≒ [動] ② sputter, expectorate
[名] saliva

動 ① ぱちぱち音を立てる ②〈つばなど〉を吐く
名 つば、唾液

Oil **spits** when cooking because water trapped beneath it has turned to steam.

料理中に油がぱちぱち言うのは、油の下に閉じ込められた水が蒸気に変わったからだ。

0050 ☐☐☐☐☐

fluorescent

[flɔːrésnt]

图 fluorescence 蛍光発光
♪ 光や放射線を受けた物質が発光すること。「蛍光灯」は fluorescent lamp [light] と言う。

形 蛍光を発する、蛍光(性)の

To improve road safety, some cities require cyclists to wear bright, **fluorescent** clothing.

交通安全強化のため、自転車に乗る人に明るい蛍光色の服を着ることを求めている都市もある。

0051 ☐☐☐☐☐

sediment

[sédəmənt]

形 sedimentary 沈殿 [堆積] 物の
图 sedimentation 沈殿 [堆積] 作用
≒ remains, deposit

名 沈殿物、堆積物

After heating the liquid, a **sediment** will form at the bottom of the container.

その液体を熱すると、容器の底に沈殿物ができる。

0052 ☐☐☐☐☐

smoulder

[smóʊldə]

♪ ▇ smolder

動 くすぶる

The National Park Service recommends putting water on campfires until they are no longer **smouldering**.

国立公園局はキャンプファイアがくすぶらなくなるまで水をかけることを推奨している。

0053 ☐☐☐☐☐

fluid

[flúːɪd]

♪ gas (気体) と liquid (液体) の総称。

名 ① 流体、流動体 ② 液体、水分
形 流動する、流動的な

Battery **fluids** need to be properly contained and disposed of.

バッテリー液は適量を保ち、適宜廃棄しなければならない。

0054 ☐☐☐☐☐

alloy

[ǽlɔɪ]

♪ 2種類以上の金属を混ぜたもの。

名 合金

Aluminium is combined with other metals to create a very useful **alloy**.

アルミニウムを別の金属と化合させると、非常に有用な合金ができる。

物理
化学
数学 工学・テクノロジー 天文 気象 地学 環境

化学

□□□□□
liquid 液体
[líkwɪd]

□□□□□
solid 固体
[sólɪd]

□□□□□
hydrogen 水素
[háɪdrədʒən]

□□□□□
oxygen 酸素
[ɔ́ksɪʤən]

□□□□□
carbon 炭素
[kɑ́:bən]

□□□□□
nitrogen 窒素
[náɪtrədʒən]

□□□□□
acid 酸
[ǽsɪd]

□□□□□
sodium ナトリウム
[sóʊdiəm]

□□□□□
magnesium マグネシウム
[mæɡní:ziəm]

□□□□□
silicon ケイ素
[sílɪkən]

□□□□□
phosphorus リン
[fɔ́sfərəs]

□□□□□
sulphur 硫黄
[sʌ́lfə]

□□□□□
chlorine 塩素
[klɔ́:ri:n]

□□□□□
potassium カリウム
[pətǽsiəm]

□□□□□
iron 鉄
[áɪən]

□□□□□
copper 銅
[kɔ́pə]

□□□□□
zinc 亜鉛
[zíŋk]

□□□□□
arsenic ヒ素
[ɑ́:sənɪk]

□□□□□
tin スズ
[tín]

□□□□□
mercury 水銀
[mɔ́:kjəri]

□□□□□
radium ラジウム
[réɪdiəm]

□□□□□
uranium ウラン
[jʊəréɪniəm]

□□□□□
ethanol エタノール
[éθənɔ̀l]

□□□□□
phenol フェノール、石炭酸
[fí:nɔl]

□□□□□
formaldehyde ホルムアルデヒド
[fɔ:mǽldəhàɪd]

□□□□□
methane メタン
[mí:θeɪn]

□□□□□
brass 真鍮、黄銅 しんちゅう おうどう
[brɑ́:s]

数学 Mathematics

0055 □□□□□

ratio

[réɪʃiðʊ]

≒ ① proportion, rate

♪ 発音に注意。in direct [inverse] ratio to (〜に正 [反] 比例して) という表現も覚えておこう。

名 ①比率、割合 ②比、比例

Female students outnumber male ones by 3:1 **ratio** at the university.

その大学では3対1の割合で女子学生の方が男子学生より多い。

0056 □□□□□

dimension

[daɪménʃən]

形 dimensional 寸法の；〜次元の

≒ ② size, magnitude

♪ 3D は three dimensions (3次元) を略したもの。

名 ①次元 ②大きさ、面積、体積 ③側面

Computer graphics improved quickly, from simple animations to complicated games with three **dimensions**.

コンピュータグラフィックスはシンプルなアニメから複雑な3次元ゲームへ急速に発達した。

0057 □□□□□

conical

[kónɪkl]

名 cone 円錐

形 円錐形の

These **conical** trees are shaped like ice-cream cones and are typically found in Northern Europe.

この円錐形の木はアイスクリームコーンのような形をしていて、ヨーロッパ北部でよく見られる。

0058 □□□□□

numeration

[njùːməréɪʃən]

形 numeral 数の

動 numerate 〜を数え上げる

名 数えること、記数法

Numeration is the process of counting or calculating numbers.

記数法とは数を数えたり計算したりする過程のことだ。

0059 □□□□□

geometric

[dʒìːəmétrɪk]

名 geometry 幾何学

♪ 名詞形 geometry は、〈geo (土地) + metry (測定)〉の構造。

形 幾何学の

Numerous **geometric** shapes can be seen in the Nazca Lines in Peru.

ペルーのナスカの地上絵では無数の幾何学図形が見られる。

0060 □□□□□

diameter

[daɪǽmətə]

♪ アクセントは a の位置。「半径」は radius、「円周」は circumference、「弧」は arc。

名 直径

The Hubble Space Telescope's **diameter** is over two metres from edge to edge.

ハッブル宇宙望遠鏡の直径は端から端までで2メートルを超える。

物理 化学

数学

工学・テクノロジー 天文 気象 地学 環境

0061 □□□□□

rectangular

[rektǽŋɡjələ]

图 rectangle 長方形

形 ①長方形の ②直角の

At 60 metres long by 30 metres wide, the **rectangular** pool is slightly bigger than Olympic-sized pools.

その長方形のプールは縦 60 メートル、横 30 メートルなので、オリンピックサイズのプールより少し大きい。

0062 □□□□□

vertical

[və́ːtɪkl]

≒ upright, up-and-down, erect
↔ horizontal

形 垂直な、直立した

The rotors of the helicopter allow for **vertical** takeoff and landing.

ヘリコプターの回転翼は垂直な離着陸を可能にする。

0234

Terminology

MP3>>> 014

数学

☐☐☐☐☐
addition　足し算
[ədíʃən]

☐☐☐☐☐
subtraction　引き算
[səbtrǽkʃən]

☐☐☐☐☐
multiplication　掛け算
[mÀltəplıkéıʃən]

☐☐☐☐☐
division　割り算
[dıvíʒən]

☐☐☐☐☐
equation　方程式
[ıkwéıʒən]

☐☐☐☐☐
solution　解
[səlú:ʃən]

☐☐☐☐☐
function　関数
[fʌ́ŋkʃən]

☐☐☐☐☐
trigonometry　三角法
[trìgənómətri]

☐☐☐☐☐
parabola　放物線
[pərǽbələ]

☐☐☐☐☐
figure　図形
[fígə]

☐☐☐☐☐
length　長さ
[léŋkθ]

☐☐☐☐☐
height　高さ
[háıt]

☐☐☐☐☐
width　幅
[wídθ]

☐☐☐☐☐
depth　奥行き
[dépθ]

☐☐☐☐☐
volume　体積
[vɔ́lju:m]

☐☐☐☐☐
vertical line　垂直線
[vɔ́:tıkl làın]

☐☐☐☐☐
diagonal　対角線
[daıǽgənl]

☐☐☐☐☐
circumference　円周
[səkʌ́mfərəns]

☐☐☐☐☐
radius　半径
[réıdiəs]

☐☐☐☐☐
surface　面
[sɔ́:fəs]

☐☐☐☐☐
square　正方形
[skwéə]

☐☐☐☐☐
rectangle　長方形
[réktæŋgl]

☐☐☐☐☐
cube　正六面体、立方体
[kjú:b]

☐☐☐☐☐
prism　角柱
[prízm]

☐☐☐☐☐
pyramid　角錐
[pírəmìd]

☐☐☐☐☐
oval　楕円
[óuvl]

☐☐☐☐☐
semicircle　半円
[sémisɔ̀:kl]

☐☐☐☐☐
sphere　球
[sfíə]

🔊 MP3>>> 015-016

0063 □□□□□

watertight

[wɔ́ːtətàɪt]

≒ ① waterproof

形 ① 防水の、耐水の
　② 〈計画・アリバイなどが〉完璧な

The **watertight** suit allows divers to stay warm and dry in icy conditions.

その防水ウェットスーツを着用すれば、ダイバーは非常に冷たい水の中でも濡れずに暖かいままでいられる。

0064 □□□□□

adhesive

[ədhíːsɪv]

動 adhere くっつく
≒ [形] gummy, sticky

形 粘着性の　名 接着剤

Richard Drew created the **adhesive** tape to help companies paint cars in two different colours.

リチャード・ドリューは、メーカーが車をツートンカラーに塗装するのに役立つ粘着テープを作った。

0065 □□□□□

mould

[móʊld]

♪ 🇺🇸 mold
同じつづりで「かび」という意味の名詞もある。

名 鋳型
動 ① ~を型に入れて作る
　② 〈性格・世論など〉を形成する

As it is poured into the **mould**, the chocolate will start to harden and set.

型に流し込まれると、チョコレートは固まり始める。

0066 □□□□□

modification

[mɔ̀dəfɪkéɪʃən]

動 modify ~を修正する、変更する
≒ alteration, revision

名 (部分的な) 修正、変更

Major **modifications** to how the car runs allow for much better efficiency.

車の走行方法の大幅な変更により、効率がはるかによくなる。

0067 □□□□□

bolster

[bóʊlstə]

≒ shore up, support, uphold

動 ~を支える、強化する

The building is **bolstered** by two steel beams which strengthen it against wind and tremors.

その建物は風や揺れに耐えられるように2本の鉄鋼梁で補強されている。

0068 □□□□□

puncture

[pʌ́ŋktʃə]

≒ [動] prick, pierce
♪ punct は「点」を意味する語根で、「句読法」を punctuation と言う。

動 ~を刺す、パンクさせる
名 (刺したような) 小さな穴

The tyre is made out of strengthened rubber in order to stop it being **punctured** by sharp objects.

タイヤは尖ったものでパンクしないように強化ゴムで作られている。

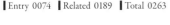

0263

0069 □□□□□

autonomous

[ɔːtɑ́nəməs]

图 autonomy 自律；自治
≒ ② independent, self-governed, self-governing
↔ ② dependent

形 ① 自律性の、(人が) 自立した ② 自治の

One day we might see **autonomous** airplanes transporting passengers across the world without a pilot.

自律飛行する飛行機がパイロットなしで世界中に乗客を運ぶ日がいつか来るかもしれない。

0070 □□□□□

synthetic

[sɪnθétɪk]

图 synthesis 合成
動 synthesise ～を合成する

形 合成の、人工の

The cotton is processed through several machines before being combined with **synthetic** materials.

綿はいくつかの機械で加工され、それから合成素材に組み込まれる。

0071 □□□□□

wedge

[wédʒ]

形 wedged くさび型の

名 くさび、くさび型のもの

The door is kept open by pushing a simple **wedge** under it.

ドアは、下にちょっとしたくさび型のものを差し込めば、開いたままにしておける。

0072 □□□□□

squash

[skwɔ́ʃ]

♪ スポーツの「スカッシュ」も同じつづり。

動 ① ～を押しつぶす、ぺちゃんこにする
　　② 詰め込まれる

Fruits like apples and oranges are **squashed** to produce juice.

リンゴやオレンジなどの果物はジュースにするために押しつぶされる。

0073 □□□□□

ore

[ɔ́ː]

♪ 金属などを含む岩石のこと。oar (オール、櫂) と同音。

名 鉱石、原鉱

Companies dig up iron **ore** to be processed into products such as steel.

企業は鉄鉱石を採掘し、鋼鉄などの製品に加工する。

0074 □□□□□

deflect

[dɪflékt]

图 deflection それること；偏向
≒ divert, veer

動 ～をそらす、かわす

The surface of the building is designed to **deflect** sunlight, keeping the inside cool.

その建物の壁面は日光をはね返すように設計されており、そのために内部を涼しくしておける。

物理　化学　数学

工学・テクノロジー

天文　気象　地学　環境

0075 □□□□□

puff

[pʌ́f]

♪ 洋菓子の「パフ」、洋服の袖の「パフ」、化粧に使う「パフ」なども puff。

名 (息・風・煙などの) ひと吹き **動** ふっと息を吐く

During the late 1800s, **puffs** of smoke from factories across major cities were a common sight.

1800 年代後半には大都市の至る所で工場から煙が立ち上っているのがありふれた光景だった。

0076 □□□□□

flex

[fléks]

形 flexible 柔軟な
名 flexibility 柔軟さ
≒ ② bend

動 ①収縮する ②〈手足〉を曲げる、屈伸する

The concrete bridge had begun to **flex** under the weight of traffic, and needed to be removed.

そのコンクリートの橋は行き交う車の重みでたわみ始め、撤去しなければならなかった。

0077 □□□□□

toughen

[tʌ́fn]

≒ fortify, reinforce
♪ tough (堅い) に動詞を作る接尾辞 -en がついてできた語。

動 ～を堅くする、強化する

By **toughening** the metal used for the car's frame, injuries from accidents become less likely.

車の骨組みに使われる金属を強化すると、事故の際にけがをしにくくなる。

0078 □□□□□

scoop

[skúːp]

♪ 日本語の「特ダネ、スクープ」もこの scoop。「スコップ」はオランダ語の schop から。

動 (スコップなどで) ～をすくう
名 ひしゃく、しゃくし

The machine **scoops** up dirt and deposits it in the truck.

この機械は土砂をすくってトラックに載せる。

0079 □□□□□

sag

[sǽg]

≒ droop

動 たわむ、曲がる

The ceiling began to **sag** under the heavy weight of the snow.

雪の重みで天井がたわみ始めた。

0080 □□□□□

periodic

[pìəriɔ́dɪk]

≒ cyclic, regular
♪ periodic table は「(元素) 周期表」。periodical は「定期刊行物 (の)」。

形 周期的な、定期的な

Cars are less likely to break down when drivers get **periodic** oil changes.

ドライバーが定期的にオイル交換をしていれば、車はそう簡単に故障しない。

0289

0081

☐☐☐☐☐

sturdy
[stə́:di]

≒ rugged, stout, robust

形 頑丈な、丈夫な

The trucks must be **sturdy** enough to deal with bad weather and terrain.

トラックは天候や地形が悪くても十分対応できるよう頑丈でなければならない。

0082

☐☐☐☐☐

prototype
[próʊtoʊtàɪp]

形 prototypical 原型の

名 ①試作品 ②原型

Before mass production, **prototypes** are created to test a device's functions.

大量生産の前に、装置の機能をテストするために試作品が作られる。

0083

☐☐☐☐☐

grid
[gríd]

≒ ② grating

名 ①送電網 ②格子；格子状のもの

Faults were found in the power **grid** of California during the fires.

カリフォルニア州の火事で、送電網に破損が見つかった。

0084

☐☐☐☐☐

conceivable
[kənsí:vəbl]

動 conceive ～を心に抱く、考える
名 conception 概念；考え
≒ imaginable, thinkable

形 想像できる、考えられる

It was not **conceivable** a hundred years ago that we would one day go to space.

我々がいつか宇宙に行くなどとは100年前には想像もできなかった。

0085

☐☐☐☐☐

impinge
[ɪmpíndʒ]

≒ ① affect ② encroach

動 ①（好ましくない）影響を与える
②（権利などを）侵害する

Computers have **impinged** on jobs traditionally held by people.

コンピュータは従来人が担ってきた仕事に影響を及ぼしつつある。

0086

☐☐☐☐☐

ubiquity
[ju(:)bíkwəti]

形 ubiquitous 偏在する

名 遍在、どこにでも存在すること

The **ubiquity** of the Internet has given rise to huge numbers of independent online businesses.

インターネットはどこででも使えるので、膨大な数の独立系オンライン企業が立ち上がっている。

物理 化学 数学

工学・テクノロジー

天文 気象 地学 環境

0087 ☐☐☐☐☐

bump
[bʌ́mp]

图 bumper (車の) バンパー

動 ドンとぶつかる
名 ①（価格などの）上昇、増加
②（道路の）凹凸、隆起

The robotic vacuum cleaner turns whenever it **bumps** into something, such as a wall or furniture.

お掃除ロボットは、壁や家具など、何かにぶつかると向きを変える。

0088 ☐☐☐☐☐

tweak
[twíːk]

⇔ [名] adjustment
[動] adjust

名（機械などの）微調整　**動** ～を微調整する

Yearly updates to the product only saw small **tweaks**, typically improving the processor and memory.

その製品の毎年恒例のバージョンアップはたいていプロセッサとメモリの改良という微調整にすぎなかった。

0089 ☐☐☐☐☐

gizmo
[gízməʊ]

⇔ gadget, widget, appliance
♪「名前を知らない小さな装置」というニュアンスの語。

名（ちょっとした）機械、装置

Smartphones have replaced the many **gizmos** we previously owned, such as cameras, watches, and GPS devices.

スマートフォンは、私たちがこれまで所有していたカメラ、時計、GPS 装置といった多くの機器に取って代わっている。

0090 ☐☐☐☐☐

norm
[nɔ́ːm]

⇔ rule, standard
♪ この norm に形容詞を作る接尾辞 -al がついたのが normal（標準的な）。

名 規範、基準

Based on the speed at which this technology is advancing, driverless transportation may soon become the **norm**.

この技術が進歩しているスピードからすると、ドライバーなしの交通はすぐに標準になるかもしれない。

0091 ☐☐☐☐☐

alchemy
[ǽlkəmi]

图 alchemist 錬金術師
♪ 卑金属を貴金属の金に変えようとする近代以前の化学技術。

名 錬金術

Technology we now take for granted would be seen as a sort of **alchemy** to previous generations.

私たちが今当たり前に思っているテクノロジーは、昔の世代には一種の錬金術のように見えるだろう。

0092 ☐☐☐☐☐

bypass
[báɪpàːs]

⇔ [動] circumvent, detour, skirt
♪〈by（脇を）+ pass（通る）〉の構造。

動〈問題・質問など〉を避けて通る
名 迂回路

Researchers are looking at ways to **bypass** the need for petrol in our lives.

研究者は私たちの生活でガソリンを使わずに済ませる方法を探っている。

0314

0093 ☐☐☐☐☐

intuitive

[ɪntjúːɪtɪv]

名 intuition 直観
≒ instinctive

形 直観的な

The controller's **intuitive** design made it easy to use even for people not familiar with gaming.

そのコントローラーは直観的に操作できるよう作られていたので、ゲームに不慣れな人でも使いやすかった。

0094 ☐☐☐☐☐

maze

[méɪz]

♪ 通り、部屋、トンネルなどが多く複雑なこと。

名 迷路、迷宮

Modern GPS systems make it easier to navigate the **maze** of streets in a busy city.

今日の GPS システムは混雑した都市の迷路のような通りを走行しやすくしている。

0095 ☐☐☐☐☐

foreseeable

[fɔːsíːəbl]

≒ predictable
♪ in the foreseeable future で「近い将来」という意味。

形 予見できる、予測できる

Flying cars are not expected to be sold to the public in the **foreseeable** future.

空飛ぶ車は一般販売される時期を予測できるような段階にない。

0096 ☐☐☐☐☐

submarine

[sʌ́bmərìːn]

♪ 〈sub-（下の）＋ marine（海の）〉の構造。

名 潜水艦　形 海底の

Nuclear **submarines** can stay underwater for up to three months before they need to restock with food.

原子力潜水艦は、食料の補給が必要になるまで最長 3 か月水中にいられる。

0097 ☐☐☐☐☐

coverage

[kʌ́vərɪdʒ]

動 cover ～に及ぶ；～を報じる

名 ①受信地域、サービスエリア ②報道

Expanding 5G network **coverage** is the simplest solution for rural Internet access, as fibre is very costly.

光ファイバーは非常に高くつくので、地方のインターネット利用には 5G ネットワークの適用範囲を拡大するのが最も簡単な解決策だ。

0098 ☐☐☐☐☐

pendulum

[péndjələm]

♪ pend は「掛ける」を意味する語根で、pendant（ペンダント）、suspend（～をつるす、中止する）などにも含まれる。

名 ①振り子 ②（世論・流行などの）変動

Invented in the 17th century, the **pendulum** clock swings side to side.

17 世紀に発明された振り子時計は左右に揺れる。

物理　化学　数学

工学・テクノロジー

天文　気象　地学　環境

0099 □□□□□

pitfall
[pítfɔːl]
≒ ② trap

名 ① 隠れた危険 ②（地面に彫った）落とし穴

The new battery lasted much longer, but it had one major **pitfall**: it took a very long time to recharge.

新しいバッテリーは以前のものよりずっと長く持ったが、大きな欠陥が1つあった。充電時間がとても長かったのだ。

0100 □□□□□

precision
[prɪsíʒən]
形 precise 正確な
≒ accuracy

名 正確さ、精密さ

Surgical robots can perform procedures with greater **precision** than human hands.

手術ロボットは人間の手よりも正確に処置を行うことができる。

0101 □□□□□

glitch
[glítʃ]
≒ error, malfunction

名（機械などの）故障、不具合

Before general release, software is tested repeatedly for any **glitches**.

ソフトウェアは一般販売の前に不具合がないかどうか繰り返し検査される。

0102 □□□□□

exponential
[èkspəunénʃəl]
名 exponent 指数

形〈増加などが〉急激な、幾何級数的な

The **exponential** growth of technology in our lives began with the invention of the computer.

我々の生活におけるテクノロジーの急成長は、コンピュータの発明と共に始まった。

0103 □□□□□

duplicate
[動][djúːplɪkèɪt] [名][djúːplɪkət]
名 duplication 複写、複製
≒ [動] ① reproduce, replicate, imitate ② repeat

動 ①〜を複製する ②〜を繰り返す **名** 写し、複製

3D printers are able to **duplicate** uniquely shaped plastic machine parts quickly and effectively.

3Dプリンターは特異な形をしたプラスチック製の機械部品を素早く効率的に複製できる。

0104 □□□□□

outdated
[àʊtdéɪtɪd]
≒ [形] antiquated, archaic, obsolete, outmoded, out-of-date

形 時代遅れの **動** 〜を時代遅れにする

With the quick rate that new technologies are developed, old devices become **outdated** within a year.

新しい技術が急速に開発されるので、古い機器は1年もたたないうちに時代遅れになる。

0342

物理 化学 数学 工学・テクノロジー 天文 気象 地学 環境

0105

bestow
[bɪstóʊ]

图 bestowal 授与、贈り物
♪ bestow A on B で「B に A を授ける」
という意味。

動 ～を与える、授与する

Otto Wichterle created the first soft contact lenses, **bestowing** the wearer with improved eyesight.

オットー・ヴィヒテーレはソフトコンタクトレンズを初めて作り、装着者の視力を矯正した。

0106

incarnation
[ìnkɑːnéɪʃən]

≒ ② embodiment
♪ carn は「肉」を意味する語根で、carnivorous（肉食の）などにも含まれる。

名 ①（ある時期における）型 ②顕現、肉体化

Previous **incarnations** of the phone were very limited in comparison, with only basic features included.

その電話の昔の型には基本的機能しかなく、今のものに比べて非常に限定されていた。

0107

array
[əréɪ]

♪ an array of で「一連の～」という意味。

名（ずらりと）並んだもの

The computer program is able to recognise and label an **array** of colours and patterns.

そのコンピュータプログラムは、一連の色と模様を認識して分類することができる。

0108

fidelity
[fɪdéləti]

≒ ② faithfulness, loyalty

名 ①（再現などの）忠実さ、正確さ ②忠誠、忠実

The audio **fidelity** is high thanks to the two microphones built into the video camera.

ビデオカメラに内蔵された 2 つのマイクのおかげで音声の忠実度は高い。

0109

cutting-edge
[kʌtɪŋèdʒ]

≒ contemporary, state-of-the-art

形 最先端の

The university's new technology campus was fitted with only the most **cutting-edge** computers.

その大学の工学部の新キャンパスには最先端のコンピュータばかりが備えられていた。

0110

interruption
[ìntərʌ́pʃən]

動 interrupt ～を中断させる；邪魔する
≒ ① suspension ② disruption

名 ①中断 ②邪魔、妨害

During storms, battery power gives constant access to electricity without **interruption**.

嵐の間は、バッテリー電源から途切れることなく安定して電気を利用できる。

0111 □□□□□

amplify
[ǽmpləfàɪ]

图 amplification 増幅
≒ ① develop, expand
♪ カタカナ語の「アンプ」は amplifier（増幅器）から。

動 ① ～を増幅する、拡大する
　② 〈考えなど〉を敷衍する

A microphone is used to **amplify** the speaker's voice so people who are far away can hear.

マイクは話者の声を増幅して遠くにいる人に聞こえるようにするために使われる。

0112 □□□□□

incorporate
[ɪnkɔ́ːpərèɪt]

形 incorporated 法人の
图 incorporation 合併；会社
≒ ① include, combine, integrate

動 ① ～を組み込む　② ～を法人化する

Future technologies could **incorporate** wireless power into everyday products such as lights.

今後の技術によって照明のような日用品にも無線電力が組み込まれるだろう。

0113 □□□□□

specification
[spèsəfɪkéɪʃən]

動 specify ～を明確に述べる
♪ 短縮形の spec はカタカナ語にもなっている。

名 ① 〈遂行上必要な〉要件、水準
　② [specifications で]〈機械などの〉仕様書

The demand for computers with higher **specifications** is fuelled by the consumer market.

より性能のよいコンピュータを求める声は消費者市場で強い。

0114 □□□□□

antiquated
[ǽntəkwèɪtɪd]

≒ archaic, obsolete, out-of-date, outmoded

形 〈考え・物などが〉時代遅れの

CDs and DVDs have already become **antiquated** forms of media in favour of online delivery systems.

ネット配信システムが好まれるようになり、CD や DVD はもう時代遅れの媒体になっている。

0115 □□□□□

bewildering
[bɪwíldərɪŋ]

動 bewilder ～を当惑させる
图 bewilderment 当惑
≒ puzzling, perplexing

形 途方に暮れるほどの

A **bewildering** amount of possibilities opened up with the creation of the lithium-ion battery.

リチウムイオン電池が生み出されたことにより、途方に暮れるほどの可能性が広がった。

0116 □□□□□

catalyst
[kǽtəlɪst]

形 catalytic 触媒（作用）の
動 catalyse ～に触媒作用を及ぼす
≒ ① impetus, incentive

名 ① 触発するもの　② 触媒

Social media has been one major **catalyst** of the improvement in mobile technology.

ソーシャルメディアはモバイルテクノロジーの向上を大きく触発してきたものの一つだ。

0378

0117 ☐☐☐☐☐

encode

[ɪnkóʊd]

↔ decode

♪ 〈en- (~に) + code (暗号)〉の構造。

動 〈情報など〉を暗号にする

Files need to be **encoded** so that the computer can understand them.

ファイルはコンピュータが識別できるように暗号化されなければならない。

0118 ☐☐☐☐☐

abstraction

[æbstrǽkʃən]

形 abstract 抽象的な

名 ① 抽象化 ② 抽象的な考え、抽象概念

Abstraction — the ability to truly understand data — is still one of the most difficult tasks for AI.

抽象化―データを真に理解する能力―は人工知能にとっていまだに最も難しい課題の一つだ。

0119 ☐☐☐☐☐

reel

[ríːl]

♪ 糸・磁気テープなどを巻きつける巻き軸のこと。

名 リール

動 〈魚など〉をリールでたぐり寄せる

Reels of magnetic tape were used for storing audio and video.

音と映像を保存するために何リールもの磁気テープが使われた。

0120 ☐☐☐☐☐

roam

[róʊm]

≒ wander, ramble, rove

♪ Rome (ローマ) と同音。

動 (目的もなく) 歩き回る、うろつく

The robot was given independence and allowed to **roam** on its own to explore the area.

そのロボットは自立していて、単独でエリア内を動き回って探索することができた。

0121 ☐☐☐☐☐

endeavour

[ɪndévə]

≒ [動] strive, struggle

♪ 🇺🇸 endeavor

動 努める 名 努力、試み

The Wright brothers had **endeavoured** to create a working plane for years before they succeeded.

ライト兄弟は空を飛べる飛行機を作ろうと何年も努力を重ねた末に成功した。

0122 ☐☐☐☐☐

breakthrough

[bréɪkθrùː]

≒ advance, enhancement, improvement, refinement

↔ setback

名 重大な発見、飛躍的進歩

The creation of the Internet was a technological **breakthrough** that completely changed the world.

インターネットの創出は世界を完全に変えた科学技術の飛躍的進歩だった。

物理 化学 数学

工学・テクノロジー

天文 気象 地学 環境

0123 □□□□□

outmoded
[àutmóudɪd]

≒ obsolete, antiquated,
out-of-date

形 時代遅れの

In comparison to world superpowers, many
countries have **outmoded** defence systems.

世界の超大国に比べれば、多くの国の防衛システムは時代遅れ
になっている。

0124 □□□□□

tint
[tínt]

動 ～に色合いをつける
名 色合い

Glass is **tinted** by adding coloured dyes as
it is produced.

ガラスは製造過程で着色剤を加えることで色がつけられる。

0125 □□□□□

boon
[búːn]

≒ advantage, blessing

名 恩恵、恵み

The washing machine was considered a
massive **boon** for mothers, saving countless
hours at home.

洗濯機は家事の時間を大いに短縮してくれ、母親たちにとって大
変な恩恵に思われた。

0126 □□□□□

usher
[ʌ́ʃə]

≒ [動] precede, steer
♪ u の発音に注意。

動 [usher in で] ～の先駆けとなる
名 (劇場などの)案内係

Advances in digital technology **ushered in**
the Age of Information.

デジタル技術の発展が情報化時代を呼び込んだ。

0127 □□□□□

supplant
[səplɑ́ːnt]

≒ displace, replace, supersede

動 ～に取って代わる

Streaming videos online has **supplanted**
physical media, and is not expected to be
replaced anytime soon.

オンラインの動画ストリーミングが物理的な媒体に取って代わり、
しばらくはその座を奪われることはなさそうだ。

0128 □□□□□

blur
[bláː]

形 blurry ぼやけた
≒ obscure, cloud

動 ～をあいまいにする

Advances in technology are beginning to
blur the lines between science fiction and
reality.

技術の進歩によって SF と現実の境界線があいまいになってき
ている。

0401

0129 ☐☐☐☐☐

stereoscopic

[stɜ̀ʊriəʊskɔ́pɪk]

图 stereoscope 実体鏡

✑ stereoscopic camera (立体カメラ)、
stereoscopic picture (3次元画像)
などのように使う。

形 立体的な、三次元的な

Virtual reality glasses allow **stereoscopic**
vision, so the user can see the depth of the
image clearly.

VR ゴーグルを装着すると立体的に見えるので、使用者は画像の
奥行きをはっきりと感じられる。

0130 ☐☐☐☐☐

state-of-the-art

[stéɪtəvðəɑ́ːt]

✑ 科学技術によるものを指す。

形 最新式の

The government's investment in **state-of-
the-art** military technology is higher than
any other country.

最新式軍事技術への政府の投資はほかのどの国よりも多い。

0131 ☐☐☐☐☐

gadget

[ɡǽdʒɪt]

≒ appliance, widget

✑ しばしば名前や用途のわからないもの
に使う。

名 (小型の) 機械、装置

Today the number of **gadgets** we use is
actually decreasing, as our phones replace
multiple devices.

今日、私たちが使う機器は実は減っている。携帯電話が種々のデ
バイスの代わりをしているからだ。

0132 ☐☐☐☐☐

microscope

[máɪkrəskòʊp]

形 microscopic 顕微鏡の

✑ scope は「見る」を意味する語根で、
periscope (潜望鏡)、telescope (望
遠鏡) などにも含まれる。

名 顕微鏡

You cannot see bacteria with your bare
eyes, but you can if you look through a
microscope.

細菌は裸眼では見えないが、顕微鏡をのぞけば見える。

0133 ☐☐☐☐☐

configuration

[kənfìɡjəréɪʃən]

≒ ① arrangement
② conformation

名 ①配置、配列 ②形態 ③(コンピュータの) 設定

The telescope can be used in a variety of
different **configurations**, with or without a
computer.

望遠鏡は、コンピュータがついていてもいなくても、部品を様々
に組み合わせて使うことができる。

0134 ☐☐☐☐☐

quantum

[kwɔ́ntəm]

≒ [名] quantity

✑ 物理の「量子」の意味もある。複数形
は quanta。

形 ①(進歩などが) 飛躍的な ②量の
名 量

Computer technology has seen a **quantum**
leap in progress in the past two decades.

コンピュータ技術は過去20年で飛躍的進歩を遂げた。

物理 化学 数学

工学・テクノロジー

天文 気象 地学 環境

MP3>>> 027

工学・テクノロジー

☐☐☐☐☐
saw のこぎり
[sɔ́ː]

☐☐☐☐☐
blade 刃；タービン翼
[bléɪd]

☐☐☐☐☐
sandpaper 紙やすり
[sǽndpèɪpə]

☐☐☐☐☐
cement セメント
[səmént]

☐☐☐☐☐
screw ネジ
[skrúː]

☐☐☐☐☐
screwdriver ドライバー
[skrúːdràɪvə]

☐☐☐☐☐
bolt ボルト
[bóʊlt]

☐☐☐☐☐
fuse ヒューズ
[fjúːz]

☐☐☐☐☐
charcoal 木炭
[tʃɑ́ːkòʊl]

☐☐☐☐☐
amplifier アンプ, 増幅器
[ǽmpləfàɪə]

☐☐☐☐☐
microphone マイク
[máɪkrəfòʊn]

☐☐☐☐☐
battery 電池
[bǽtəri]

☐☐☐☐☐
resolution 解像度
[rèzəlúːʃən]

☐☐☐☐☐
semiconductor 半導体
[sèmikəndʌ́ktə]

☐☐☐☐☐
artificial intelligence 人工知能
[ɑːtəfíʃəl ɪntélɪʤəns]

☐☐☐☐☐
biometric identification 生体認証
[baɪəʊmétrɪk aɪdentəfɪkéɪʃən]

天文 Astronomy

0135 □□□□□
hemisphere
[hémɪsfɪə]
♪ 〈hemi (半分) + sphere (球)〉の構造。

名 ①（地球などの）半球 ②（脳の）半球

The Galápagos penguin is the only one of its kind that lives in the northern **hemisphere**.

ガラパゴスペンギンは北半球に生息する唯一のペンギンだ。

0136 □□□□□
amorphous
[əmɔ́ːfəs]
≒ ① shapeless

形 ①非結晶質の ②決まった形のない、無定形の

These gas clouds are constantly moving and **amorphous**; they are of no fixed shape or size.

こうしたガス雲は常に動いていて、非結晶質で、形や大きさが固定していない。

0137 □□□□□
astronaut
[ǽstrənɔ̀ːt]
♪ astro- は、「宇宙」を意味する接頭辞。ロシア・旧ソ連の宇宙飛行士はcosmonaut と言う。

名 宇宙飛行士

In 1969 the first **astronauts** walked on the surface of the Moon.

1969 年に宇宙飛行士が初めて月面を歩いた。

0138 □□□□□
gravity
[grǽvəti]
≒ gravitation
♪ zero gravity (無重力)、centre of gravity (重心) という表現も覚えておこう。

名 重力、万有引力

The lack of **gravity** in space reduces muscle strength if astronauts do not exercise regularly.

宇宙は無重力なので、宇宙飛行士は定期的に運動をしないと筋肉が衰える。

0139 □□□□□
wobble
[wɔ́bl]
派 wobbly グラグラする
≒ tremble, quiver

動 グラグラする、揺れる

Our planet spins, but it also **wobbles** up to 12 metres from its original position.

地球は回っているが、元の位置から最大 12 メートルの幅で揺れてもいる。

0140 □□□□□
infinite
[ínfənət]
図 infinity 無限
≒ limitless, immeasurable, boundless
↔ finite

形 無数の、はかり知れないほどの

The universe is possibly **infinite**, with billions of stars and planets in all of the galaxies.

あらゆる星雲に何十億もの星や惑星があるので、宇宙は無限なのかもしれない。

物理 化学 数学 工学テクノロジー

天文

気象 地学 環境

0141 □□□□□

void

[vɔ́ɪd]

≒ [名] ② gap
[形] ① empty ② null

名 ① 空間、真空 ② すき間、割れ目
形 ① 空虚な ② 無効の

Radio astronomers found a vast, empty **void** in space almost one billion light years across.

電波天文学者は宇宙空間に直径10億光年ほどの広大な空洞があるのを発見した。

0142 □□□□□

accelerate

[əksélərèɪt]

名 acceleration 加速（度）、促進
形 accelerative 加速させる
♪ カタカナ語の「アクセル」は accelerator から。

動 ① 加速する ② ～を加速させる

The ship **accelerated** to full speed, and it did not slow down until just before arriving at the destination.

船はフルスピードになるまで加速し、目的地に到着する直前まで減速しなかった。

0143 □□□□□

cosmic

[kɔ́zmɪk]

名 cosmos 宇宙
♪ 発音に注意。cosmosと異なり、sの音が濁る。

形 宇宙の；宇宙旅行の

Cosmic rays come from the Sun, from outside of the solar system, and from other galaxies.

宇宙線は太陽、太陽系の外部、そしてその他の星雲から届く。

0144 □□□□□

orbit

[ɔ́:bət]

形 orbital 軌道の
♪ 宇宙の話題で使うことが多いが、原子核の周りを回る電子の軌道も orbit。

動 （～の）軌道を回る 名 軌道

The company's satellites **orbit** the Earth, staying in the same location as the world rotates.

その企業の人工衛星は、地球の自転に合わせて地球の軌道を回るので、同じ位置に留まる。

0145 □□□□□

magnify

[mǽgnəfàɪ]

≒ ① enlarge, amplify
② exaggerate
♪ 〈magn(i)（大きな）+ -fy（～にする）〉の構造。

動 ① 〈レンズなどが〉～を拡大する
② ～を大げさに見せる、誇張する

Engineers added an extra mirror to the space telescope to **magnify** images more than ever before.

エンジニアはその宇宙望遠鏡にもう一つ鏡を追加し、観測画像を史上最大の大きさに拡大した。

0146 □□□□□

celestial

[səléstiəl]

≒ heavenly
↔ terrestrial

形 空の、天の

The sailors were dependent on **celestial** navigation, using the stars to find their way.

船乗りは星を見て進路を割り出す天文航法に頼っていた。

0457

0147 □□□□□

lunar

[lúːnə]

♪ luna は「月」を意味する語根で、lunatic（発狂した）、lunacy（精神異常）などにも含まれる。昔は月の満ち欠けが精神に異常をもたらすと考えられた。

形 月の

A **lunar** landscape is characterised by rocky plains with craters.

月の地形は、岩だらけの平原にクレーターがあるのが特徴的だ。

0148 □□□□□

axis

[æksɪs]

♪ 複数形は axes [æksɪːz]。

名 ①（球体が回転する）軸、（地球の）地軸
②（座標の）軸

The world rotates on its **axis** once every 24 hours.

地球は地軸を中心にして 24 時間ごとに 1 回回る。

0149 □□□□□

propel

[prəpél]

≒ drive, impel

♪ カタカナ語の「プロペラ」は propeller から。

動 ～を推進する、前進させる

The rocket was **propelled** around the moon before using gravity to launch back to Earth.

ロケットは月を周回し、それから重力を使って地球に戻ってきた。

0150 □□□□□

revolve

[rɪvɑ́lv]

≒ rotate, whirl

♪「回転ドア」は revolving door と言う。

動 回転する

The Earth rotates every 24 hours, but **revolves** around the Sun every 365.256 days.

地球は 24 時間かけて自転するが、太陽の周りを公転するには 365.256 日かかる。

0151 □□□□□

astronomical

[æstrənɑ́mɪkl]

名 astronomy 天文学
名 astronomer 天文学者

♪ astro は「宇宙、星」を意味する語根で、astronaut は「宇宙飛行士」。

形 天文の、天文学（上）の

Astronomical tools allow us to see galaxies many light years away.

天文器具のおかげで我々は何光年も離れた銀河を見ることができる。

0152 □□□□□

eclipse

[ɪklíps]

♪「日食」は solar eclipse、「月食」は lunar eclipse。

名 食

In 2000, there was a total lunar **eclipse** which cast darkness on the UK.

2000 年に皆既月食があり、イギリスを暗闇に包んだ。

物理 化学 数学 工学・テクノロジー

天文

気象 地学 環境

0153

bearing

[béəriŋ]

≒ ② demeanour

□□□□□

名 ①方向感覚 ②振る舞い、態度

Sailors have long used the stars to maintain their **bearings** and keep from getting lost.

船乗りは長い間星を使って方向感覚を維持し、迷わないようにしてきた。

0154

extraterrestrial

[èkstrətəréstriəl]

♪ 略語は ET。terrestrial は「地球上の」。

□□□□□

名 地球外生物、宇宙人
形 地球外の

Evidence of water on Mars gives hope for **extraterrestrial** life in the universe.

火星に水の痕跡があることは、宇宙に地球外生物がいる可能性を示している。

0483

Terminology

◀ MP3>>> 032

天文

□□□□□
cosmos
[kɔ́zməs]
（秩序ある体系として
の）宇宙

□□□□□
galaxy
[gǽləksi]
銀河

□□□□□
Milky Way
[mílki wéɪ]
天の川

□□□□□
nebula
[nébjələ]
星雲

□□□□□
dwarf planet
[dwɔ́:f plǽnət]
準惑星

□□□□□
asteroid
[ǽstərɔ̀ɪd]
小惑星

□□□□□
Mercury
[mə́:kjəri]
水星

□□□□□
Venus
[víːnəs]
金星

□□□□□
Mars
[máːz]
火星

□□□□□
Jupiter
[ʤúːpətə]
木星

□□□□□
Saturn
[sǽtəːn]
土星

□□□□□
Uranus
[júərənəs]
天王星

□□□□□
Neptune
[néptjuːn]
海王星

□□□□□
Pluto
[plúːtəʊ]
冥王星

□□□□□
constellation
[kɔ̀nstəléɪʃən]
星座

□□□□□
zodiac
[zɔ́ʊdiæ̀k]
黄道帯

□□□□□
comet
[kɔ́mɪt]
彗星

□□□□□
meteor
[míːtiə]
流星、隕石

□□□□□
meteorite
[míːtiəràɪt]
隕石

□□□□□
satellite
[sǽtəlàɪt]
衛星

□□□□□
spacecraft
[spéɪskræ̀ft]
宇宙船

□□□□□
manned
[mǽnd]
有人の

□□□□□
unmanned
[ʌnmǽnd]
無人の

□□□□□
thrust
[θrʌ́st]
推力

□□□□□
revolution
[rèvəlúːʃən]
（地球の）公転

□□□□□
rotation
[rəʊtéɪʃən]]
（地球の）自転

□□□□□
crescent
[krésnt]
三日月

□□□□□
observatory
[əbzɔ́:vətri]
観測所

気象 Meteorology

---

0155 □□□□□
atmospheric
[ætməsférɪk]

图 atmosphere 大気

♪ atmospheric pollution（大気汚染）の
ように名詞の前で使う。

形 大気（中）の、空気の

When **atmospheric** pressure drops, it signals that clouds or storms are coming.

気圧の低下は雲や嵐の到来を示す。

0156 □□□□□
torrential
[tərénʃəl]

图 torrent 急流、奔流

形 奔流のような；〈雨が〉滝のような

Water is good for crops, but **torrential** rain may damage them.

水は作物のためになるものだが、滝のような雨は作物をためにするかもしれない。

0157 □□□□□
thaw
[θɔ́ː]

≒ [動] melt

動 〈氷・雪などが〉解ける
名 雪解け

Once the ice on the soil has **thawed**, farmers are able to plant seeds and trees.

地表の氷が解ければ、農家の人たちは種や木を植えることができる。

0158 □□□□□
stuffy
[stʌ́fi]

≒ stifling

形 〈部屋などが〉風通しの悪い、息苦しい

As monsoon season arrives, it starts to feel **stuffy** and humid throughout the country.

雨季が到来すると、国中が蒸し蒸しじめじめと感じられるようになる。

0159 □□□□□
drought
[dráʊt]

♪ [raʊ] の発音に注意。dry（乾燥した）
の同語源語。

名 干ばつ

Australia's most populated state is now in **drought** due to so little rainfall.

オーストラリアで最も人口の多い州は今、雨がほとんど降らず、干ばつになっている。

0160 □□□□□
hover
[hʌ́və]

≒ ② drift, float

♪ ヘリコプターやハチドリの hovering
（ホバリング）はカタカナ語にもなって
いる。

動 ①〈数値が〉ほぼ安定している
　　②〈空中に〉浮いたまま留まる

Winter temperatures **hovered** just above freezing, dipping into minus figures only after January.

冬になっても気温は0度をやや超えたあたりに留まり、1月が過ぎてようやく0度以下になった。

0515

0161 ☐☐☐☐☐

hail

[héɪl]

♪ drizzle (霧雨)、frost (霜)、fog (霧)、mist (もや)、haze (霞)、sleet (みぞれ) などの語も覚えておこう。

名 あられ、ひょう
動 ～を歓迎する

In colder climates, rain turns to **hail**, which can hurt or even kill birds and other wildlife.

気候がより寒冷になると、雨があられに変わり、鳥などの野生生物を傷つけたり命さえ奪ったりしかねない。

0162 ☐☐☐☐☐

variable

[véəriəbl]

動 vary 変わる
名 variability 変動性、可変性
名 variation 変化

名 ① 変数 ② 変化するもの
形 可変の、変わりやすい

All possible **variables** were considered, such as temperature, humidity, and air pressure.

気温、湿度、気圧など、考えうる限りの不確定要素が考慮された。

0163 ☐☐☐☐☐

precipitation

[prɪsípɪtèɪʃən]

動 precipitate 降水する、降る
♪ 雨、雪、みぞれなどを含む。

名 降水；降水[雨]量

Drier climates with much less **precipitation** are home to many unusual plants and animals.

降水量がはるかに少ない比較的乾燥した気候の地域には珍しい動植物が多く生息している。

0164 ☐☐☐☐☐

evaporate

[ɪvǽpərèɪt]

名 evaporation 蒸発
♪ 〈e- (外へ) + vapor (蒸気) + -ate (動詞を作る接尾辞)〉の構造。

動 ① ～を蒸発させる ② 蒸発する、消える

They left the tray in the Sun, waiting for the water to **evaporate** and disappear.

彼らはそのトレーを日なたに置き、水分が蒸発して乾くのを待った。

0165 ☐☐☐☐☐

shady

[ʃéɪdi]

名 shade 日陰
♪ 直射日光から守られた快適さを含意する。

形 日陰になった

Desert animals tend to sleep in **shady** places because the heat of the sun is too intense.

砂漠の動物は日陰で眠ることが多い。太陽の熱が過酷だからだ。

0166 ☐☐☐☐☐

downpour

[dáʊnpɔ̀ː]

≒ deluge
♪ pour だけでも「大雨」の意味がある。

名 どしゃ降り、豪雨

Unlike the dry seasons, wet seasons are characterised by heavy **downpours** that can result in flooding.

乾季と違い、雨季の特徴は豪雨で、洪水が発生することもある。

物理 化学 数学 工学テクノロジー 天文

気象

地学 環境

0167 □□□□□
temperate
[témpərət]
≒ ① moderate

形 ① 温暖な ② 穏やかな

Due to the **temperate** climate, homes in the area do not need to be equipped with heaters.

その地域は気候が温暖なので、家に暖房を備える必要がない。

0168 □□□□□
muggy
[mʌ́gi]
≒ damp, humid, sticky, sultry

形 〈天気が〉蒸し暑い、じめじめした

The **muggy** weather of Central America bothers some, but it attracts many retirees trying to escape the cold.

中央アメリカの蒸し暑さを嫌がる人もいるが、寒いところから抜け出したい退職者の多くにとっては魅力的だ。

0169 □□□□□
climatic
[klaɪmǽtɪk]
图 climate 気候

形 気候(上)の、風土的な

Many notable **climatic** effects are apparent in dry seasons, with bushfires becoming much more common.

山火事がますます一般的になるなど、乾期における多くの重大な気候の影響が明らかだ。

0170 □□□□□
turbulent
[tə́ːbjələnt]
图 turbulence 混乱、乱気流
≒ fierce, tempestuous

形 大荒れの

A period of calm was followed by months of **turbulent** weather.

穏やかな日々のあとに何か月も大荒れの天気が続いた。

0543

Terminology

◀ MP3≫ 036

気象

□□□□□
temperature 温度、気温
[témprətʃə]

□□□□□
atmosphere 大気
[ǽtməsfìə]

□□□□□
humidity 湿度
[hju:mídəti]

□□□□□
drizzle 霧雨
[drízl]

□□□□□
sprinkle 小雨
[spríŋkl]

□□□□□
storm 嵐
[stɔ́:m]

□□□□□
thunderstorm 雷雨
[θʌ́ndəstɔ̀:m]

□□□□□
blizzard 暴風雪
[blízəd]

□□□□□
fog 霧
[fɔ́g]

□□□□□
frost 霜
[frɔ́st]

□□□□□
haze もや、かすみ
[héɪz]

□□□□□
breeze そよ風
[brí:z]

□□□□□
gale 強風
[géɪl]

□□□□□
gust 突風
[gʌ́st]

□□□□□
tornado 竜巻
[tɔ:néɪdəʊ]

□□□□□
monsoon 季節風
[mɔnsú:n]

□□□□□
flood 洪水
[flʌ́d]

□□□□□
thermometer 温度計
[θəmɔ́mətə]

□□□□□
hygrometer 湿度計
[haɪgrɔ́mətə]

□□□□□
barometer 気圧計
[bərɔ́mətə]

□□□□□
sunrise 日の出
[sʌ́nràɪz]

□□□□□
sunset 日没
[sʌ́nsèt]

□□□□□
afterglow 夕焼け
[ǽftəglòʊ]

地学 Geology

0171 ☐☐☐☐☐

outcrop
[áʊtkrɔ̀p]

♪ 岩石・地層・鉱床などが地表に露出している部分のこと。

名 (岩の) 露出部

There was nothing on the plain but small hills and rocky **outcrops**.

その平野にはいくつかの小さな丘とむき出しの岩しかなかった。

0172 ☐☐☐☐☐

altitude
[ǽltətjùːd]

≒ elevation, height
♪ 平均海面や地表面からの距離のこと。

名 高さ、海抜

Sherpas are able to climb to high **altitudes** due to being raised in the mountains.

シェルパ族の人たちは山で育つので、高地に登ることができる。

0173 ☐☐☐☐☐

permeate
[pɔ́ːmièit]

图 permeation 浸透
形 permeable 浸透性のある
≒ penetrate, pervade

動 ～に充満する、浸透する

Rainwater **permeates** the ground and resupplies the water table below.

雨水が地面に浸透し、地下水を補給する。

0174 ☐☐☐☐☐

estuary
[éstjʊri]

≒ inlet
♪ 平易に言えば mouth of a river。

名 広い河口、河口域

Estuaries, which connect to seas, are typically full of life, including birds, fish, and invertebrates.

海に接する河口域には概して鳥や魚や無脊椎動物といった生物がいっぱいいる。

0175 ☐☐☐☐☐

mountainous
[máʊntɪnəs]

♪ mountain range (山脈)、mountaintop (山頂)、mountainside (山腹) などの語も覚えておこう。

形 山の多い、山地の

Japan is a **mountainous** country, so there is not a lot of land that can be used for agriculture.

日本は山国なので、農業に使える土地があまりない。

0176 ☐☐☐☐☐

pebble
[pébl]

形 pebbly 小石の多い
♪ 海や川などの作用で丸くなった石を指す。

名 (丸い) 小石

Pebbles and other rocks cover many of the country's beaches.

その国の海岸は小石などの岩石が広がっているところが多い。

0570

0177 □□□□□

lava

[lάːvə]

♪ 火山から流れ出る液状のものも、冷えて凝固したものも表す。

名 溶岩；火山岩

Almost half of the recent fires were caused by **lava** from a nearby volcano.

最近の火事のほぼ半数は近くの火山から流れ出した溶岩によって引き起こされた。

0178 □□□□□

plateau

[plætóʊ]

♪ フランス語から来た語。複数形は plateaus あるいは plateaux。

名 ①高原、台地 ②停滞期

The hikers had travelled for a week before they reached the **plateau** at the top of the mountain.

ハイカーたちは1週間歩いて、ようやく山頂の高原にたどり着いた。

0179 □□□□□

offshore

[ɔ́fʃɔ́ː]

↔ onshore

♪ 名詞の前で使う。

形 沖の、沖合いの

Workers on **offshore** oil rigs may go weeks — or even months — without seeing their family on land.

沖合いの石油掘削現場で働く人々は、陸地にいる家族と何週間も、時には何か月も会えないことがある。

0180 □□□□□

molten

[móʊltn]

♪ 高温で溶けたものに使う。バター、雪など低温でも溶けるものには melted を使う。

形 〈岩・金属などが〉溶けた

Molten lava from deep under the volcano comes rushing out.

火山の地中深くから溶岩が噴き出す。

0181 □□□□□

glacier

[gléɪsiə]

形 glacial 氷河の

♪ 発音に注意。「氷河期」は ice age と言う。

名 氷河

Huge **glaciers** are breaking off and melting, causing a rise in sea levels.

巨大な氷河が崩れて溶け、海面上昇を引き起こしている。

0182 □□□□□

archipelago

[ὰːkɪpéləgòʊ]

♪ islet (小島)、peninsula (半島) などの語も覚えておこう。

名 群島、諸島

The Indonesian **archipelago** is the world's largest, with over 17,000 islands contained within it.

インドネシア群島は世界最大で、1万7千以上の島が含まれている。

物理 化学 数学 工学テクノロジー 天文 気象

地学

環境

0183

☐☐☐☐☐

terrain
[təréɪn]

≒ landscape, territory
♪ 発音に注意。

名 地形、地勢

The hilly **terrain** was made useful by the introduction of wind farms.

その丘陵地は風力発電基地を設置することによって有効活用された。

0184

☐☐☐☐☐

blast
[blǽst]

♪ 時事の文脈では「激しい非難：～を激しく非難する」の意味でも使われる。

名 ① 爆発、爆風 ② 突風
動 ～を爆破する

Blasts from the volcano destroyed much of the surrounding countryside.

その火山の爆発により、周囲の田園地帯の多くが損なわれた。

0185

☐☐☐☐☐

iceberg
[áɪsbɜːg]

♪ 英語にも the tip of the iceberg（氷山の一角）という表現がある。

名 氷山

The huge A-68 **iceberg** broke off from the Antarctic and started to float away.

巨大な A-68 氷山が南極から分離して漂流し始めた。

0186

☐☐☐☐☐

crust
[krʌst]

♪ パンの皮 [耳] も crust と言う。

名 ① 地殻 ② 〈一般に〉堅い外皮

The hard layer of the Earth is called the **crust**.

地球の固い層は地殻と呼ばれる。

0187

☐☐☐☐☐

erupt
[ɪrʌ́pt]

名 eruption 噴火
≒ ① explode, burst, blow up
♪ erupt in（突然～を始める）という表現も覚えておこう。

動 ① 噴火する ② 〈暴動などが〉勃発する

People living near an active volcano are usually given plenty of warning before it **erupts**.

活火山の近くの住人に対しては通常、火山が噴火する前に何度も警報が出る。

0188

☐☐☐☐☐

marsh
[mɑ́ːʃ]

≒ swamp

名 沼地、湿地

The **marsh** is an important feeding area for the birds during the rainy season.

雨季の間、その沼地は鳥たちの大切なえさ場になる。

0189 □□□□□

tremor

[trémə]

圏 tremulous 震える、おののく
≒ quake

名 ①震動；微動 ②震え

The deadly **tremors** began just after sunrise, and within minutes buildings were collapsing.

その恐ろしい揺れは日の出の直後に発生し、数分もしないうちに建物が崩れ始めた。

0190 □□□□□

basalt

[bǽsɔːlt]

♪ 岩石名については p. 056 も参照。

名 玄武岩

A scientist researching the volcano collected samples of rocks such as **basalt**.

その火山を調査した科学者は玄武岩などの岩石の試料を集めた。

0191 □□□□□

mantle

[mǽntl]

♪ 地球表面の地殻 (crust) と、中心にある核 (central core) との中間にある層。

名 マントル

The Earth's **mantle** is made up of many kilometres of tough rock.

地球のマントルは何キロメートルにも及ぶ固い岩でできている。

0192 □□□□□

penetrate

[pénətrèit]

图 penetration 貫通
≒ ① pierce, go through

動 ①～を貫く、貫通する ②浸透する、染み込む

The drill **penetrated** the hard rock surface and liquid was forced inside to remove the shale gas.

シェールガスを取り出すために、ドリルが固い岩面を突き破り、液体が注入された。

0193 □□□□□

groove

[grúːv]

≒ ① trench
♪ 「掘る」を意味するオランダ語から派生した語で grave (墓) も同語源。

名 ①（敷居・レコードなどの）溝 ②型にはまった生活

The drill finds a **groove** in the rock and starts to create a narrow hole.

ドリルは岩の溝を探り当て、小さい穴を開け始める。

0194 □□□□□

aquifer

[ǽkwəfə]

♪ aqu(a) は「水」を意味する語根。地下水を含む、礫や砂からなる地層。

名 帯水層

The **aquifer** — underground rock and sand which holds water — is essential to local plants.

帯水層—地下で水を保持する岩石や砂—は地域の植物にとって欠かせないものだ。

物理 化学 数学 工学テクノロジー 天文 気象

地学

環境

0195 □□□□□
dormant
[dɔ́:mənt]

名 dormancy 休止、静止
≒ ① inactive
↔ ① active

形 ①〈火山などが〉活動休止中の
② 冬眠中の、眠っている

Although Mount Vesuvius is a **dormant** volcano, it is still very dangerous and could erupt again.

ベスビオ山は休火山だが、今でも非常に危険で、再噴火する可能性がある。

0196 □□□□□
gape
[géɪp]

≒ ② stare, gaze

動 ①〈穴・傷が〉ぽっかりと開く
②（驚きで）口をぽかんと開けて見る

As salt mixes with water underground, **gaping** holes appear around the Dead Sea.

塩が地下で水と混じるために、死海の周囲にぽっかりと穴が開いている。

0197 □□□□□
avalanche
[ǽvəlὰːntʃ]

≒ ① snowslide ② deluge

名 ① 雪崩 ② 殺到

Deforestation in mountainous areas increases the likelihood of **avalanches** during snowy seasons.

山間部の森林を伐採すると、雪の季節に雪崩が起きやすくなる。

0198 □□□□□
silt
[sílt]

形 silty 沈泥の
♪ 川の流れによって運ばれる細かい土砂のこと。

名 沈泥、シルト

Silt that collected on the banks of the Nile would be used for farming by Egyptians.

エジプト人はナイル川の中州にたまった沈泥を農業に使った。

0199 □□□□□
hinterland
[híntəlæ̀nd]

名 奥地、内陸地方

The barely-populated **hinterland**, while far from the sea, heavily depended on rivers for agriculture and transportation.

その内陸の過疎地は海から離れていたので、農業や輸送を行うのに川に大きく依存していた。

0200 □□□□□
longitude
[lɔ́ŋɡɪtjùːd]

♪「経線」は line of longitude、「緯度」は latitude と言う。

名 経度

The application displays the **longitude** and latitude of your exact location on Earth.

このアプリはあなたがまさにいる地球上の位置の経度と緯度を示す。

0617

0201 □□□□□

desolate

[désələt]

图 desolation 荒廃
≒ barren, deserted

形 荒涼とした、人けのない

Although a desert can seem **desolate**, there is much life beneath the sand.

砂漠は荒涼としているように見えるかもしれないが、砂の下にはたくさんの生物がいる。

0202 □□□□□

hilly

[híli]

♪ mountainous (山の多い、山地の)、rolling (なだらかな起伏のある) という語も覚えておこう。

形 〈土地が〉丘の多い、起伏に富んだ

The **hilly** nature of the countryside makes it difficult to build on.

その田園地方は丘の多い地形なので建設しにくい。

0203 □□□□□

inland

[形] [ínlənd] [副] [ìnlǽnd]

♪「沿岸の」は coastal。共に名詞の前で使う。

形 内陸の、沿岸[国境]から離れた
副 内陸に

Power plants located **inland** are less vulnerable to natural disasters.

内陸にある発電所の方が自然災害の影響を受けにくい。

0204 □□□□□

boulder

[bóuldə]

♪ 特に直径 200 - 256mm 以上のものを指す。

名 (浸食を受けた) 大きな丸石; 巨礫

Traffic was backed up because a large **boulder** had fallen from the mountain and was obstructing the road.

交通渋滞が起きたのは、山から大きな岩が落ちて道を塞いでいたためだった。

0205 □□□□□

topography

[təpɑ́grəfi]

≒ ① terrain
♪ top(o) は「場所」を意味する語根で、topic (話題)、topology (位相幾何学) などにも含まれる。

名 ①地形、地勢 ②地形図

A detailed analysis of the **topography** of the area showed how dangerous the mountains were.

その地域の地形を詳細に調べると、山が非常に危険であることがわかった。

0206 □□□□□

trench

[trénʧ]

≒ ① ditch

名 ①(細長い) 溝 ②塹壕

Over millions of years, running water from rivers created deep **trenches** in the rock.

何百万年もかけて、川から流れる水がその岩に深い溝を刻んだ。

物理 化学 数学 工学・テクノロジー 天文 気象

地学

環境

0207 ☐☐☐☐☐

gorge
[gɔ́:dʒ]

≒ [名] ravine

♪ valley は「山にはさまれて川が流れる（広義の）谷」、canyon は「深く切り立った壮大な谷」。

名 (小) 峡谷　動 がつがつ食べる

The limestone **gorge**, which cuts 137 metres into the ground, features two caves that are open to the public.

その石灰岩の峡谷は深さ 137 メートルで、一般公開されている 2 つの洞窟が呼び物になっている。

0208 ☐☐☐☐☐

swamp
[swɔ́mp]

≒ [名] marsh

名 沼地、湿地
動 ～を圧倒する

Florida features a large number of **swamps**, the home of animals such as alligators.

フロリダにはワニなどの動物が生息する沼がたくさんある。

0209 ☐☐☐☐☐

latitude
[lǽtətjù:d]

形 latitudinal 緯度の

♪「緯線」は latitude line あるいは parallel、「経度」は longitude と言う。

名 緯度、(ある緯度の) 地域

Countries in northern **latitudes**, such as Norway, experience long periods of daylight in summer.

ノルウェーなどの北方の国々では、夏は日が出ている時間が長い。

0210 ☐☐☐☐☐

erode
[ɪróʊd]

名 erosion 浸食、腐食
形 erosive 浸食性の、腐食性の
≒ ① wear down, wear away, wear out

動 ①～を侵食する；浸食される
　②〈関係など〉を損なう

Waves and wind hitting the coast have **eroded** the land by approximately ten metres every year.

岸に打ちつける波や風によって、陸が毎年約 10 メートル浸食されている。

0654

◀ MP3>>> 044

地学

□□□□□
Antarctica 南極
[æntάːktɪkə]

□□□□□
continent 大陸
[kάntɪnənt]

□□□□□
equator 赤道
[ɪkwéɪtə]

□□□□□
volcano 火山
[vɔlkéɪnəu]

□□□□□
canyon 大峡谷
[kǽnjən]

□□□□□
basin 盆地
[béɪsn]

□□□□□
cliff がけ
[klíf]

□□□□□
cavern 大洞窟
[kǽvn]

□□□□□
desert 砂漠
[dézət]

□□□□□
wilderness 荒野
[wíldənəs]

□□□□□
geyser 間欠泉
[gáɪzə]

□□□□□
current 海流
[kʌ́rənt]

□□□□□
tide 潮流、潮の干満
[táɪd]

□□□□□
cape 岬
[kéɪp]

□□□□□
peninsula 半島
[pənínsjʊlə]

□□□□□
gulf 湾
[gʌ́lf]

□□□□□
channel 水路
[tʃǽnl]

□□□□□
canal 運河
[kənǽl]

□□□□□
seashore 海辺
[síːʃɔ̀ː]

□□□□□
shoal 浅瀬
[ʃóʊl]

□□□□□
cove 入り江
[kóʊv]

□□□□□
inlet 入り江
[ínlət]

□□□□□
lagoon 潟、礁湖
[ləgúːn]

□□□□□
stream 小川
[stríːm]

□□□□□
waterfall 滝
[wɔ́ːtəfɔ̀ːl]

□□□□□
cascade 小さな滝
[kæskéɪd]

□□□□□
earthquake 地震
[ɔ́ːθkwèɪk]

□□□□□
eruption 噴火
[ɪrʌ́pʃən]

□□□□□
wildfire 山火事
[wáɪldfàɪə]

□□□□□
mineral 鉱物
[mínərəl]

□□□□□
marble 大理石
[máːbl]

□□□□□
crystal 水晶
[krístl]

□□□□□
jade 翡翠<ruby>翡翠<rt>ひ すい</rt></ruby>
[dʒéɪd]

□□□□□
lime 石灰
[láɪm]

□□□□□
pumice 軽石
[pʌ́mɪs]

□□□□□
granite 花崗岩
[grǽnɪt]

□□□□□
seismograph 地震計
[sáɪzməgràːf]

環境 Environmental Science

0211 ☐☐☐☐☐
deplete
[dɪplíːt]

图 depletion 消耗；枯渇
≒ exhaust, empty, use up

動 〈資源など〉を激減させる、枯渇させる

A reliable source of renewable energy needs to be found before oil and coal resources are **depleted**.

石油や石炭の資源が枯渇する前に、安定した再生可能エネルギー源を見つけなければならない。

0212 ☐☐☐☐☐
logging
[lɔ́gɪŋ]

图 動 log 丸太；丸太にして切る、切り出す

名 伐採

The act of cutting down trees is called **logging**, and it is damaging to the local wildlife.

木を切り倒す行為を伐採と呼ぶが、それが地域の野生生物に悪影響を与えている。

0213 ☐☐☐☐☐
habitat
[hǽbətæt]

≒ dwelling
♪ habit の古用法「住む」の派生語。inhabitant（住民、生息動物）、habitable（住むのに適した）なども同様。

名 （動植物の）生息地、生息場所

The natural **habitats** of animals are protected by many laws.

動物の自然生息地は多くの法律で守られている。

0214 ☐☐☐☐☐
tumble
[tʌ́mbl]

≒ [動] ① plummet, plunge ② topple

動 ①急落する ②転ぶ、倒れる
名 転倒

Due to overfishing, numbers of sharks have **tumbled** in recent years to their lowest-ever figure.

乱獲により、サメの数は近年、史上最低値に落ち込んでいる。

0215 ☐☐☐☐☐
imminent
[ímənənt]

图 imminence 差し迫った状態、切迫
≒ impending, looming

形 切迫した、差し迫った

Animals such as Sumatran tigers and bonobos are in **imminent** danger of extinction.

スマトラトラやボノボなどの動物は絶滅の危機が差し迫っている。

0216 ☐☐☐☐☐
seep
[síːp]

图 seepage 染み込む [出る] こと
≒ ooze

動 染み込む、染み出る

Pesticides which drain into rivers or **seep** into soil can cause damage to the environment.

殺虫剤が川に流れ込んだり土に浸み込んだりすると、環境を損なう恐れがある。

物理 化学 数学 工学・テクノロジー 天文 気象 地学

環境

0217 ☐☐☐☐☐

curtail

[kə:téil]

图 curtailment 削減、制限
≒ abridge, shorten
♪ tail は「切る」の意の語根で、detail（詳細）、retail（小売り）などにも含まれる。

動 ～を切り詰める、削減する

The best way to **curtail** our effect on the environment is to use public transport.

環境への影響を減らす一番よい方法は公共交通機関を利用することだ。

0218 ☐☐☐☐☐

sludge

[slʌ́dʒ]

≒ slime

名 （水底の）沈泥、へどろ

The machine filters water from the **sludge**, allowing waste to become usable drinking water.

この機械は水をろ過して汚泥を取り除き、廃水を飲める水にする。

0219 ☐☐☐☐☐

toxic

[tɑ́ksɪk]

图 toxin 毒（素）
≒ poisonous, venomous
♪ tox は「毒」を意味する語根で、detox（解毒（する））などにも含まれる。

形 毒性のある、有毒な

Immediately after the disaster, the air was **toxic**, and residents had to leave for their safety.

その災害の直後は大気が毒されていたので、住民は身の安全のために避難しなければならなかった。

0220 ☐☐☐☐☐

hostile

[hɑ́staɪl]

图 hostility 敵意、反感
≒ ① harsh
② unfriendly, antagonistic

形 ①〈環境などが〉厳しい ②敵意を持った

Rising sea levels have resulted in **hostile** conditions for polar bears and other arctic mammals.

海面上昇により、ホッキョクグマなどの北極圏のほ乳類たちが生息しにくい環境になっている。

0221 ☐☐☐☐☐

pollutant

[pəlúːtənt]

動 pollute ～を汚染する
图 pollution 汚染
≒ contaminant

名 汚染物質、汚染源

It is alarming that **pollutants** are commonly found in our drinking water.

飲み水に普通に汚染物質が入っているというのは憂慮すべきことだ。

0222 ☐☐☐☐☐

extinct

[ɪkstíŋkt]

图 extinction 絶滅
≒ ① defunct, vanished
↔ ① existent ② active

形 ①絶滅した ②死火山の

Although the dinosaurs are now **extinct**, we can see similarities in some modern-day animals.

恐竜はもう絶滅しているが、現代の動物の中に類似点が認められることもある。

0717

0223　□□□□□

menace

[ménəs]

副 menacingly 脅かすように
≒ [名] ① threat ② nuisance
　 [動] threaten, intimidate, frighten
♪ 発音に注意。

名 ①脅威、威嚇　②厄介者
動 ～を脅かす

In his book, he argues that the real **menace** behind climate change is large corporations.

彼は著書において、気候変動の背後にある真の脅威は大企業だと論じている。

0224　□□□□□

unfit

[ʌnfít]

≒ ① inappropriate, unsuitable

形 ①（目的・条件などに）適さない
　 ②健康でない、虚弱な

Because of the pollution, the area is **unfit** for humans to live in.

その場所は汚染されていて、人が住むのに適さない。

0225　□□□□□

scarcity

[skéəsəti]

形 scarce 乏しい、不十分な
≒ dearth, deficiency, shortage

名 欠乏、不足

Climate change has led to an increase in water **scarcity**, particularly for those from poorer countries.

気候変動により、特に貧しい国の人々が使う水が不足することが増えている。

0226　□□□□□

fume

[fjú:m]

♪ fum は「煙」を意味する語根で、
　 fumigate（～をいぶす）、perfume（芳香、香水）などにも含まれる。

名 （有害な）煙、ガス

Exhaust **fumes** from motorbikes contribute heavily to the pollution crisis in Vietnam.

オートバイの排気ガスはベトナムの汚染危機の大きな原因だ。

0227　□□□□□

irreversible

[ìrɪvə́:səbl]

≒ irrevocable
↔ reversible

形 元に戻せない、不可逆の

The effects of global warming may be **irreversible**, and we can only hope to prevent further damage.

地球温暖化の影響は元に戻せないかもしれず、私たちに望めるのはこれ以上の悪影響を防ぐことだけかもしれない。

0228　□□□□□

cumulative

[kjú:mjələtɪv]

≒ accumulative

形 累積的な、累加による

The **cumulative** effect of humans has reduced the world's population of elephants to thousands.

人間が及ぼす影響が累積して、世界のゾウの数は数千にまで減っている。

物理　化学　数学　工学テクノロジー　天文　気象　地学

環境

0229

forestry
[fɔ́rəstri]

ℐ afforestation（植林）、deforestation（森林伐採）、forester（森林管理官）などの語も覚えておこう。

名 林業；森林管理

Education in **forestry** is essential for those wishing to manage woodland areas.

森林地帯を管理したい人には林業教育が不可欠だ。

0230

landfill
[lǽndfìl]

≒ dump, tip
ℐ「（海の）埋め立て」は reclamation と言う。

名 埋め立て（地）、廃棄物処理場

The main downside of **landfill** is that the waste is not reused, just buried underground.

埋め立ての一番の欠点は、ごみが再利用されずにただ地下に埋められることだ。

0231

cherish
[tʃérɪʃ]

形 cherished
〈感情・思い出などが〉心に抱かれた
≒ care for, treasure

動 ～を大事にする

If we do not **cherish** and look after our wildlife, it could be lost forever.

野生生物を大事にし見守ってやらなければ、永遠に失われてしまうかもしれない。

0232

loom
[lúːm]

≒ impend, brew
ℐ loom large（〈危険・困難などが〉不気味に迫る）という表現も覚えておこう。

動 次第に迫って来る

Numerous climate scientists have warned that environmental disaster **looms** ahead.

非常に多くの気候学者が、環境が大きく損なわれる事態が迫って来ていると警告している。

0233

decimate
[désəmèit]

名 decimation 大量殺戮
≒ ② annihilate, wipe out

動 ① ～に大損害を与える
② 多くの〈人・動物〉を殺す

The cod population has been **decimated** due to overfishing in the North Sea.

タラは北海で乱獲されて数が激減している。

0234

combustible
[kəmbʌ́stəbl]

名 combustion 燃焼
名 combustibility 可燃性
≒ flammable, inflammable

形 燃えやすい、可燃性の

Engines use **combustible** fuel such as petrol, but we are trying to use greener alternatives.

エンジンはガソリンなどの可燃性燃料を使うが、私たちはもっと環境に優しい代替物を使おうとしている。

0750

0235

☐☐☐☐☐

imperative
[ɪmpérətɪv]

≒ ① vital, crucial

形 ①必須の、避けられない ②命令の

Environmentalists warn that it is **imperative** to reduce the amount of pollution being produced worldwide.

環境保護主義者は、世界中で発生している汚染の量を減らすことが必須だと警告している。

0236

☐☐☐☐☐

culprit
[kÁlprɪt]

≒ ② criminal, offender

名 ①問題の原因 ②犯人、容疑者

Climatologists have concluded that there is not one individual **culprit** for environmental damage.

気候学者たちは、環境破壊の原因は何か1つにあるわけではないという結論に達している。

0237

☐☐☐☐☐

residue
[rézɪdjùː]

形 residual 残りの、残留の
≒ remains, remnant, remainder

名 残り、残留物

Pesticides leave a chemical **residue** on the outside of fruit and vegetables that should be washed away.

果物や野菜の外側には殺虫剤の化学薬品が残っているので、それを洗い落とすべきだ。

0238

☐☐☐☐☐

sanctuary
[sǽŋktʃuəri]

♪ sacr/sanct は「聖なる」を意味する語根で、sacrifice (犠牲)、sanctify (〜を神聖にする) などにも含まれる。

名 ①鳥獣保護区域 ②聖域

The area was popular for hunting until it was made a **sanctuary** for local wildlife in 1983.

その場所は人気の狩猟地だったが、1983年に地域の野生生物の保護区域に指定された。

0239

☐☐☐☐☐

endangered
[ɪndéɪndʒəd]

動 endanger 〜を危険にさらす
♪ endangered language (絶滅の危機に瀕した言語) などのようにも使う。

形 (絶滅の) 危機に瀕した

Scientists have expressed concern at the rate **endangered** animals are dying off.

科学者は絶滅危惧種が死に絶えつつある割合に懸念を表している。

0240

☐☐☐☐☐

biomass
[báɪəʊmæs]

♪ 〈bio (生物) + mass (質量)〉で②が第1義だが、転じて「エネルギー源としての排出物を含む生物群の総体 (①)」も表す。

名 ①バイオマス ②生物量

Waste crops and wood — known as **biomass** — are being used to create energy.

バイオマスとして知られる農産物や木材の廃棄物はエネルギー生産に使われている。

物理 化学 数学 工学・テクノロジー 天文 気象 地学

環境

0241
pragmatic
[prægmǽtɪk]

图 pragmatism
実用的な考え、実用主義
≒ practical, utilitarian

形 実用的な、実践的な

Many believe that nuclear power is a necessary part of any **pragmatic** clean-energy solution.

実用的なクリーンエネルギーを確保する手段として原子力発電は絶対に必要だと考える人は多い。

0242
fragile
[frǽdʒaɪl]

图 fragility 壊れやすさ
≒ ① delicate, frail
↔ ① tough, sturdy
♪ 「割れ物注意」は英語では Fragile。

形 ① 壊れやすい、もろい ② はかない

Humans threaten the **fragile** homes of thousands of animals in the Amazon rainforest.

人間はアマゾン雨林の何千もの動物のもろいすみかを脅かしている。

0243
rewilding
[rɪwáɪldɪŋ]

♪ 姿を消した動植物を元の場所に人為的に戻すことでその生態系を復元しようとすること。

名 再野生化

The **rewilding** of many animals can only be achieved with support from wildlife organisations.

多くの動物の再野生化は野生生物団体の支援がなければ成しえない。

0244
catastrophe
[kətǽstrəfi]

形 catastrophic 破壊的な
≒ ① disaster
♪ 語末の発音に注意。

名 ① 大災害、大惨事 ② 大失敗

A series of environmental **catastrophes** greatly damaged the economy of the small island nation.

環境破壊が続いたために、その小さな島国の経済は大打撃を受けた。

0245
Arctic
[áːktɪk]

♪ Antarctic（南極（の））も覚えておこう。

形 北極（圏）の
名 北極（圏）

Arctic animals, such as the polar bear, are used to living in the cold.

ホッキョクグマなどの北極の動物は寒冷地で生きることに慣れている。

0246
wreak
[ríːk]

≒ bring about

動 〈損害など〉をもたらす

The brown stink bug has been **wreaking** havoc ever since it was accidentally introduced to North America in 1996.

クサギカメムシは 1996 年に北アメリカにたまたま持ち込まれて以来、大損害をもたらしている。

0778

0247

offset

[動] [ɔ̀fsét] [名] [ɔ́fsèt]

≒ [動] counterbalance, compensate, cancel out

動 ～を相殺する
名 相殺するもの、オフセット

Necessary carbon emissions can be **offset** by investing in green technology.

必要な炭素の排出は、環境に優しい技術への投資によって相殺できる。

0248

litter

[lítə]

♪ 公共の場所に捨てられた紙くずやびん・缶などのごみを指す。

名 (散らかされた) ごみ
動 〈ごみなど〉を散らかす

Indonesia's increasing **litter** problem is worsened by imports from other countries.

インドネシアで増加しているごみの問題は、他国から輸送されてくるものによって悪化している。

0249

brunt

[bŕʌnt]

♪ bear [take] the brunt of (～の矢面に立つ) の形で覚えておこう。

名 (攻撃の) 矛先、矢面

The poor are most likely to take the **brunt** of the effects of climate change.

貧しい人たちが気候変動の影響をもろに受ける可能性が極めて高い。

0250

eliminate

[ɪlímənèɪt]

名 elimination 削除、撲滅
≒ ① get rid of, remove, exclude, rule out

動 ① ～を取り除く ② ～を撲滅する

The Centre for Climate Change wants to **eliminate** all single-use plastics by 2050.

気候変動センターは 2050 年までに使い捨てプラスチック製品を排除したいと思っている。

0251

havoc

[hǽvək]

≒ destruction, ruin, devastation, demolition, chaos
♪ play [wreak] havoc on (～に大被害をもたらす) という表現を覚えておこう。

名 (大規模な) 破壊、混乱

Global warming is causing **havoc** to animals and the natural environment across the globe.

地球温暖化は世界中の動物や自然環境に大打撃を与えている。

0252

proactive

[prəʊǽktɪv]

♪ 〈pro- (前に) + active (活動的な)〉の構造。

形 先のことを考えた、事前に対策を講じる

Scientists have long warned that we need to be more **proactive** about climate change.

科学者はずっと以前から気候変動について事前にもっと対策を講じる必要があると警告していた。

0253 □□□□□
indiscriminate
[ìndɪskrímənət]

♪ discriminate は「差別する：見分ける」
という意味の動詞。

形 無差別の、見境のない

It is widely known that the **indiscriminate** use of chemicals has a significant impact on the environment.

化学物質を見境なく使うと環境に多大な影響が出るということは広く知られている。

0254 □□□□□
irrevocable
[ɪrévəkəbl]

名 irrevocability 変更できないこと
≒ permanent, irreversible, unchangeable

形 変更できない、取り消せない

Although we can slow down climate change, the long-term effects are **irrevocable**.

気候変動を遅らせることはできるが、長期的影響は避けられない。

0255 □□□□□
finite
[fáɪnaɪt]

≒ limited
↔ infinite
♪ fi の発音に注意。

形 限りのある、有限の

Fossil fuel deposits are **finite**, so alternative forms of energy will become more and more important.

化石燃料の埋蔵量には限りがあるので、代替エネルギーがますます重要になるだろう。

0256 □□□□□
incineration
[ɪnsìnəréɪʃən]

動 incinerate
　～を焼却する；火葬する
≒ ② cremation

名 ① 焼却　② 火葬

Most waste that is not recyclable is sent for **incineration**.

リサイクルできないごみの大部分は焼却に回される。

0257 □□□□□
disposal
[dɪspóʊzl]

動 dispose 処分する
≒ removal
♪ at one's disposal（自由に使える）という使い方も重要。

名 処分、処理

The **disposal** of nuclear waste is difficult; getting rid of the materials is incredibly costly.

核廃棄物の処理は困難だ。この物質の除去には途方もない費用がかかる。

0258 □□□□□
annihilate
[ənáɪəlèɪt]

名 annihilation 全滅、絶滅
≒ eradicate, exterminate, wipe out
♪ nihi の発音に注意。

動 ～を全滅させる、絶滅させる

Unless the destruction of nature is somehow decreased, the human race may **annihilate** itself.

自然破壊を何とかして減らさない限り、人類は滅亡してしまうかもしれない。

Terminology

MP3>>> 053

環境

□□□□□
pollution　　汚染
[pəlúːʃən]

□□□□□
contamination　汚染
[kəntæ̀mənéɪʃən]

□□□□□
radioactivity　放射能
[rèɪdiəʊæktívəti]

□□□□□
afforestation　植林
[əfɔ̀rəstéɪʃən]

□□□□□
biotope　　ビオトープ、生態環境
[báɪətòʊp]

□□□□□
biodiversity　生物多様性
[bàɪəʊdaɪvə́ːsəti]

□□□□□
carbon dioxide　二酸化炭素
[káːbən daɪɔ́ksaɪd]

□□□□□
fossil fuel　化石燃料
[fɔ́sl fjùːəl]

□□□□□
petroleum　石油
[pətróʊliəm]

□□□□□
greenhouse gas
[gríːnhaʊs gæs]　温室効果ガス

□□□□□
coral reef　珊瑚礁
[kɔ́rəl ríːf]

□□□□□
microplastics　マイクロプラスチック
[màɪkrəʊplǽstɪks]

□□□□□
sustainable development
[səstéɪnəbl dɪvéləpmənt]　持続可能な成長

物理　化学　数学　工学テクノロジー　天文　気象　地学

環境

IELTS のパッセージの出典元をチェックしよう

IELTS、特にリーディングでは、一般の媒体からほとんどそのまま引用したパッセージが多く出題されています（編集されている場合もあります）。したがって、他の語学試験と違い、普段から様々な媒体の英文に触れておくことは、そのまま IELTS 対策になります。無料で読めるものも多いのでぜひ活用してください。

出典元は幅広く、ちょっと変わったところでは企業や大学のサイト、『ブリタニカ百科事典』の記事などが使われる場合もありますが、以下の媒体からは複数回出題されており、特に要チェックです。

① New Scientist　　　　② Geographical Magazine
③ National Geographic　④ The Guardian

　　①：原則的に有料ですが、一部、直近の記事は無料で読むことができます。
　　②〜④：多くの記事が無料で公開されています。ただし④は新聞なので、ここから
　　　　　出題される場合、（出典元があまりにわかりやすいので）時事問題は避け
　　　　　られる傾向にあります。

上記以外のお薦め無料サイトもご紹介しておきましょう。

⑤ Research University of Cambridge
IELTS の実施団体の一つケンブリッジ大学のサイトです。幅広い出題傾向に沿ったアカデミックな記事が多く、数百語程度と読みやすい長さのパッセージになっています。最近の公式問題でもこのサイトにあったパッセージが確認されています。

⑥ 60-Second Science
タイトルと異なり実際には 2 〜 3 分の長さですが、科学の最新情報をコンパクトにまとめた記事とその音声が多数公開されています（Podcast にもなっていますが、こちらは音声のみ）。

英文を日本語の補助なしで読むのは不安な方には、次のコラム (p.139) で裏技をご紹介します。

自然科学II

Natural Science II

生物 Biology

0259 □□□□□
aquatic
[əkwǽtɪk]

♪ aqu(a) は「水」を意味する語根で、aquarium（水槽、水族館）、aqueduct（送水路）などにも含まれる。

形 水生の、水辺の

Ducks have developed feet perfectly suited to their **aquatic** habitats.

アヒルは水辺の生息地にぴったり合う足を発達させてきた。

0260 □□□□□
incubate
[íŋkjəbèɪt]

名 incubation 抱卵、孵化
名 incubator （人工）孵化器
≒ hatch

動 〈卵〉を抱く；孵化する

Male emperor penguins need to **incubate** the eggs for over two months.

オスのコウテイペンギンは 2 か月以上卵を抱いていなければならない。

0261 □□□□□
mammal
[mǽml]

♪ mamma は「乳房」を意味するラテン語で、mammography（乳房 X 線撮影法）もそこから来ている。

名 ほ乳動物、ほ乳類

Mammals such as cows, pigs, and goats are commonly raised on farms throughout Asia.

牛や豚やヤギなどのほ乳類がアジア全域の農場で広く飼育されている。

0262 □□□□□
pant
[pǽnt]

≒ gasp

動 息を切らす

A dog **pants** when it needs to cool itself down, as water evaporates from its mouth.

犬は体温を下げなければならないときにあえぐ。そうすると、口から水分が蒸発する。

0263 □□□□□
susceptible
[səséptəbl]

名 susceptibility 感染しやすさ
≒ liable, sensitive, vulnerable

形 影響されやすい、感染しやすい

As winter comes, many plants **susceptible** to the cold start to freeze and die.

冬の到来とともに、寒さに弱い多くの植物が弱って枯れ始める。

0264 □□□□□
terrestrial
[təréstriəl]

♪ terr(a) は「土地、大地」を意味する語根で、territory（領土）や subterranean（地下の）などにも含まれる。

形 ①陸上の、陸生の ②地上の、地球の

Terrestrial animals spend most of their lives on land, not in the sea or air.

陸生動物は生涯のほとんどを海中や空中ではなく陸上で過ごす。

0826

0265 　　□□□□□

adaptation

[ædæptéɪʃən]

♪ 〈ad-（～に）+ apt（適した）〉の構造。

名 ①適応、順応 ②脚色、改作

When migration is not possible, **adaptation** is sometimes an animal's only hope for survival.

移動ができない場合、適応が時に動物が生き残る唯一の可能性である。

0266 　　□□□□□

echolocation

[èkəʊləʊkéɪʃən]

♪ コウモリ・鯨などの超音波による位置測定能力のこと。

名 反響位置測定

Animals such as bats and whales use **echolocation** to navigate dark areas and find food.

コウモリやクジラといった動物は暗がりを進んでえさを見つけるために音波探知を用いる。

0267 　　□□□□□

ashore

[əʃɔ́ːr]

≒ on shore
♪ 〈a-（～に）+ shore（岸）〉の構造。

副 岸に[へ]、陸に[へ]

They wondered why these sea animals come **ashore** when they cannot survive for long on dry land.

この海の動物は水のない陸地では長く生きられないのになぜ上陸するのだろう、と彼らは不思議に思った。

0268 　　□□□□□

squeak

[skwíːk]

≒ [名] squeal

名 金切り声　動 金切り声を出す

The dormouse communicates with little **squeaks** that are similar to the sounds a small rat might make.

ヤマネは小さいネズミの鳴き声に似た細い金切り声でコミュニケーションをとる。

0269 　　□□□□□

amphibian

[æmfíbiən]

♪「（乗り物などが）水陸両用の」という意味もある。

名 両生類の動物
形 両生類の

Amphibians, such as frogs, live in a wide range of habitats, from lakes to deserts.

カエルなどの両生類は湖から砂漠まで様々な生息地で暮らしている。

0270 　　□□□□□

alienate

[éɪliənèɪt]

名 alienation 疎外（の状態）；疎外感

動 ～を遠ざける、阻害する

The animal was **alienated** from its family because it was smaller than the rest of the babies.

その動物はほかの赤ちゃんより小さかったので、家族と別の場所に移された。

生物

野生動物　植物　医学　生理学　薬学　人類学　食料生産　スポーツ

0271 □□□□□

segment

[ségmənt]

名 segmentation 分割
≒ ① section

名 ①(自然にできた)部分、区分 ②線分

The three **segments** of the wasp's body are the head, thorax, and abdomen.

ハチの体の3つの部分は頭部、胸部、腹部だ。

0272 □□□□□

strain

[stréɪn]

↗ 同じつづりで、「〈神経など〉を張りつめる;重圧」を表す語もある。

名 菌株、変種

Scientists managed to create a **strain** of the plant that is resistant to the disease.

科学者たちはその病気に耐性のある植物の変種をなんとか作り出した。

0273 □□□□□

noxious

[nɔ́kʃəs]

≒ harmful, pernicious, poisonous, toxic

形 有毒の、有害な

Hikers are warned of the **noxious** weeds in the area, which are harmful to humans.

ハイカーはその地域の有毒な草に注意するよう呼びかけられている。その草は人間に害を及ぼす。

0274 □□□□□

circulation

[sə̀:kjuléɪʃən]

動 circulate 流通する、~を流通させる
形 circulatory 循環の

名 ①循環 ②流通、発行部数

Blood **circulation** slows during long flights because passengers remain motionless for hours.

長距離飛行では乗客は何時間も動かずにいるので、血液循環が遅くなる。

0275 □□□□□

fungus

[fʌ́ŋgəs]

↗ 複数形は fungi あるいは funguses。

名 (かび・キノコ・酵母菌などの)真菌

The **fungus** will attack other plants to feed itself and grow.

真菌はほかの植物にはびこって自らに栄養を与え、成長する。

0276 □□□□□

metamorphose

[mètəmɔ́:fəʊz]

名 metamorphosis 変態
≒ ② convert, transform, transmute

動 ①変態する ②変貌する、変容する

When it's inside a cocoon, the caterpillar **metamorphoses** into a butterfly.

イモムシは繭の中にいる間にチョウに変態する。

0277

slit

[slít]

♪ スカートの「スリット」もこの slit。

☐☐☐☐☐

名 (細長い)切れ目、裂け目

The newly-born baby mole has tiny **slits** for eyes that hardly open at all.

生まれたばかりの赤ちゃんモグラは目が小さな切れ目のようになっていて、まず開かない。

0278

ooze

[úːz]

形 oozy 泥状の、にじみ出る
≒ ② exude, seep

☐☐☐☐☐

動 ①〈液体〉を流れ出させる、にじみ出させる
　　② 流れ出る、にじみ出る

The aloe vera leaves are snapped and will **ooze** a healing liquid, ideal for sunburn.

アロエの葉を切ると、日焼け治療に最適の液がにじみ出る。

0279

appendage

[əpéndɪdʒ]

動 append ～を追加する
≒ ② addition, adjunct

☐☐☐☐☐

名 ① 付属器官 ② 付属物

The insect's two mouth **appendages** are used for holding or cutting food.

その昆虫の2つの口の付属器官はえさをつかんだり切ったりするのに使われる。

0280

nourishment

[nʌ́rɪʃmənt]

動 nourish (食物・栄養分を与えて)
　～を養う、育てる
≒ sustenance, aliment
♪ ou の発音に注意。

☐☐☐☐☐

名 栄養(分)、滋養

The river acts as a source of **nourishment** for local communities, providing both food and drinking water.

その川は地域社会の栄養源になっている。そこから食べ物も飲み水も得られるからだ。

0281

microbe

[máɪkrəʊb]

≒ microorganism, germ

☐☐☐☐☐

名 微生物、細菌

These tiny living things are called **microbes**, and are invisible to the human eye.

この小さな生物は微生物と呼ばれ、人の目には見えない。

0282

shun

[ʃʌ́n]

≒ eschew, evade

☐☐☐☐☐

動 ～を避ける、遠ざける

Natural selection sometimes shows mothers **shunning** or rejecting the weaker babies in favour of the stronger ones.

母親が強い子をかわいがり、弱い子を避けたり拒んだりすることも、一種の自然淘汰だ。

生物

野生動物　植物　医学　生理学　薬学　人類学　食料生産　スポーツ

0283 ☐☐☐☐☐
slither
[slíðə]
≒ slide, wriggle, crawl
♪ なめらかでない表面を滑ること、体をくねらせて進むことを指す。

動 ずるずる滑る

Snakes are far from typical animals, as they **slither** on the ground instead of moving with feet.

ヘビは普通の動物とは大違いだ。足を使って動くのではなく地面を這うのだから。

0284 ☐☐☐☐☐
parasite
[pǽrəsàit]
形 parasitic 寄生する

名 ①寄生虫 ②寄生者、パラサイト

If the number of **parasites** increases too much, the host animal is likely to die.

寄生虫が増えすぎると宿主の動物は死ぬだろう。

0285 ☐☐☐☐☐
terrify
[térəfài]
≒ frighten, horrify, scare

動〈人〉を恐れさせる、怖がらせる

Dogs are **terrified** by fireworks and other loud noises, so it is recommended to keep them indoors.

犬は花火などの大きな音を怖がるので、室内に入れておくとよい。

0286 ☐☐☐☐☐
secrete
[sikríːt]
名 secretion 分泌；分泌物［液］
≒ release, produce, excrete

動〈器官が〉～を分泌する

Oil is **secreted** from the skin, making it look shiny.

肌から皮脂が分泌され、そのために肌がテカつく。

0287 ☐☐☐☐☐
interbreed
[ìntəbríːd]
♪ breed（～を飼育する、繁殖させる）に「～の間」を意味する接頭辞 inter- がついた語。

動 ～を(…と)（異種）交配させる

Mules, created from **interbreeding** horses and donkeys, are useful for carrying goods.

馬とロバを交配させて生み出されたラバは、荷物の運搬に役立つ。

0288 ☐☐☐☐☐
descendant
[dɪséndənt]
形 descend（人から人へ）受け継がれる
↔ ancestor
♪ descend は「降りる」の意。世代を下ったものが descendant。

名 子孫、末裔

Research into the animal revealed it was a **descendant** of an ancient breed of cat.

その動物を調べた結果、古代の猫の種族の子孫であることが判明した。

0888

0289 □□□□□

heredity

[hərédəti]

形 hereditary 遺伝的な

名 遺伝（形質）；遺伝的性向

What influences our behaviour; is it **heredity**, our environment, or a combination of the two?

我々の行動に影響を与えるものとは、遺伝だろうか。環境だろうか。あるいはこの2つの組み合わせだろうか。

0290 □□□□□

larva

[láːvə]

♪ 複数形は larvae。「さなぎ」は pupa、「成虫」は imago。

名 幼虫、幼生

Many forms of **larvae** look entirely different from their adult forms, such as tadpoles and caterpillars.

オタマジャクシや毛虫など、幼生の形態が成体とまったく違うものは多い。

0291 □□□□□

algae

[ǽldʒiː]

♪ ae の発音に注意。単数形は alga [ǽlgə] だが、ほとんど使わない。

名 藻、藻類

Algae is the primary source of food for many aquatic animals, such as krill.

藻はオキアミなど多くの水生動物の主要食糧源だ。

0292 □□□□□

vantage

[vǽːntɪdʒ]

♪ vantage point（（攻撃・眺望などで）見晴らしのきく地点［位置］）という表現を覚えておこう。

名 有利（な立場）、優勢

Animals will spend hours trying to find a suitable **vantage** point from which to observe their prey.

動物は獲物を観察するのに適した見晴らしのよい地点を何時間もかけて探そうとする。

0293 □□□□□

ultrasonic

[ʌ̀ltrəsɔ́nɪk]

♪ 〈ultra-（超えた）+ sonic（音の））の構造。hypersonic は「超音速の」、infrasonic は「超低周波の」。

形 超音波の

Moths can hear the **ultrasonic** frequencies that bats use, which allows them to avoid being eaten.

蛾はコウモリが使う超音波周波数を聞き取れるので、捕食されるのを避けることができる。

0294 □□□□□

reactive

[riǽktɪv]

動 react 反応する
名 reaction 反応
≒ ① sensitive ② responsive

形 ① 反応する、敏感な
② 〈物質が〉反応を起こしやすい

The Venus flytrap is **reactive**; it instantly closes when an insect touches it.

ハエトリグサは敏感で、虫が触れた瞬間に葉を閉じる。

生物

野生動物　植物　医学　生理学　薬学　人類学　食料生産　スポーツ

0295 □□□□□

nip
[níp]
≒ ① bite ② pinch

動 ① 〈動物が〉〜を軽くかむ ② 〜をはさむ、つねる

Some animals bite for defence, but rabbits actually **nip** people as a means of communication.

自己防衛のためにかむ動物もいるが、ウサギは実はコミュニケーション手段として人を軽くかむ。

0296 □□□□□

vertebrate
[vɔ́ːtəbrèit]

♪ vertebra（脊椎）のある動物という意味。「無脊椎動物」は invertebrate。

名 脊椎動物

Vertebrates are characterised by the possession of a spine.

脊椎動物の特徴は背骨があることだ。

0297 □□□□□

scuffle
[skʌ́fl]
≒ tussle

名 小競り合い、取っ組み合い

Kittens often appear to be having a **scuffle**, but it's only for fun; they aren't actually fighting.

子猫はよく取っ組み合いをしているようにみえるが、それはただ楽しんでいるだけで、実際はけんかしているのではない。

0298 □□□□□

cellular
[séljʊlə]

♪ cell(ular) phone（携帯電話）の cellular（セルラー式の）は、「サービスエリアを多数の小区域に分ける」方式のこと。

形 細胞の、細胞でできた

With a microscope, one can see that the **cellular** structure of plants resembles the bricks of a building.

顕微鏡で見ると、植物の細胞の構造は建物のれんがに似ていることがわかる。

0299 □□□□□

buzzing
[bʌ́zɪŋ]

動 buzz 〈虫・飛行機などが〉ブンブン言う
♪ 動詞形 buzz に「る」をつけたカタカナ語が「バズる」。

形 （虫・機械などの）ブンブンという

The rapid vibration of a bee's wings produces its characteristic **buzzing** sound.

ハチが羽を素早くばたつかせると、あの独特のブンブンという音が出る。

0300 □□□□□

thermal
[θɔ́ːml]

♪ therm(o)- は「熱」を意味する語根で、thermometer（温度計）、thermo-dynamics（熱力学）などにも含まれる。

形 ① 保温性の高い ② 熱の、温度の

Animals have fat and fur to act as a **thermal** layer, protecting them from the cold.

動物の体についている脂肪と毛皮は保温層として働き、動物を寒さから守る。

Terminology

生物

◀ MP3>>> 061

□□□□□
organism 有機体
[ɔ́ːɡənìzm]

□□□□□
embryo 胚、胚芽
[émbriðʊ]

□□□□□
fetus 胎児
[fíːtəs]

□□□□□
instinct 本能
[ínstiŋkt]

□□□□□
tissue 組織
[tíʃuː]

□□□□□
gene 遺伝子
[dʒíːn]

□□□□□
double helix 二重らせん
[dʌ́bl híːlɪks]

□□□□□
chromosome 染色体
[krɔ́ʊməsɔ̀ʊm]

□□□□□
carnivore 肉食動物
[káːnəvɔ̀ː]

□□□□□
herbivore 草食動物
[hɔ́ːbəvɔ̀ː]

□□□□□
marsupial 有袋動物
[mɑːsúːpiəl]

□□□□□
canine イヌ科（の動物）
[kéɪnaɪn]

□□□□□
mane たてがみ
[méɪn]

□□□□□
hoof ひづめ
[húːf]

□□□□□
horn 角（つの）
[hɔ́ːn]

□□□□□
claw かぎづめ
[klɔ́ː]

□□□□□
feather 羽、羽毛
[féðə]

□□□□□
bug （比較的小さな）虫
[bʌ́ɡ]

□□□□□
worm （ミミズなどの）虫
[wɔ́ːm]

□□□□□
pupa さなぎ
[pjúːpə]

□□□□□
cocoon 繭（まゆ）
[kəkúːn]

□□□□□
antenna 触角
[ænténə]

□□□□□
gill えら
[ɡíl]

□□□□□
scale うろこ
[skéɪl]

□□□□□
shellfish 貝類
[ʃélfɪʃ]

□□□□□
mould カビ
[mɔ́ʊld]

□□□□□
yeast 酵母
[jíːst]

□□□□□
enzyme 酵素
[énzaɪm]

生物

野生動物 植物 医学 生理学 薬学 人類学 食料生産 スポーツ

野生動物 Wildlife

0301 ☐☐☐☐☐
hibernation
[hàibənéiʃən]
動 hibernate 冬眠する

名 冬眠

Before going into **hibernation**, bears will eat enough food to keep them alive through the winter.

冬眠に入る前、クマは冬の間生きていられるように十分な食べものを食べる。

0302 ☐☐☐☐☐
sting
[stíŋ]
≒ ① prick
♪ sting-stung-stung と活用。

動 ①〈昆虫・植物が〉〈針・とげで〉～を刺す ②〈心など〉を傷つける

Honey bees, unlike wasps, die after **stinging** their target.

ミツバチはスズメバチなどと違って標的を刺すと死んでしまう。

0303 ☐☐☐☐☐
offspring
[ɔ́fsprìŋ]
≒ progeny
♪ 複数形は offspring（単複同形）。〈off（離れた）+ spring（源）〉の構造。

名 子、子孫

Dolphins will feed their **offspring** for the first 6 to 24 months of life.

イルカは生後 6 ～ 24 か月の間子どもに授乳する。

0304 ☐☐☐☐☐
rodent
[róʊdnt]
♪ ネズミ・リスなどのこと。

名 齧歯類の動物

Many **rodents**, such as rats, can be seen during floods because their homes are full of water.

洪水が起きるとネズミなど齧歯類の動物を多く見かける。住みかが水であふれるからだ。

0305 ☐☐☐☐☐
maternal
[mətə́:nl]
≒ motherly
♪「父の、父親の」は paternal。

形 母の、母親の

Gorillas are very **maternal** animals; the mother carries the child, feeding it until four years old.

ゴリラはとても母性の強い動物だ。母ゴリラは子どもが 4 歳になるまで抱えて歩き、えさを与える。

0306 ☐☐☐☐☐
ritual
[rítʃuəl]
≒ [名] ① habit, practice ② ceremony
[形] ceremonial
♪ 関連語の rite（儀式）も覚えておこう。

名 ①決まり切ったやり方、習慣 ②儀式
形 儀式の

This dance is a **ritual** to show the creature is ready to mate.

このダンスは生物が求愛を示すときに決まって行うものだ。

0955

0307 □□□□□

captive

[kǽptɪv]

名 captivity 捕らわれの状態
動 captivate ～をとりこにする

形 捕らえられた、拘束された

Zoos are regularly criticised for keeping animals **captive** instead of letting them roam free in the wild.

動物園は、動物を自然の中で自由に行動させずに閉じ込めていると、ことあるごとに批判される。

0308 □□□□□

thrive

[θráɪv]

≒ ① prosper, flourish ② prosper

動 ①〈動植物が〉育つ ②〈事業などが〉栄える

Many animals **thrive** under special conditions, like frogs, which enjoy stormy weather.

特殊な環境で繁殖する動物は多い。例えば、カエルは荒天を好む。

0309 □□□□□

exotic

[ɪgzɑ́tɪk]

名 exoticism 異国趣味
≒ ① foreign
♪ アクセントは o の位置。

形 ① 外国産の、外来種の ② 異国風の

Exotic birds and mammals are increasingly hunted due to their unusual appearance.

外来種の鳥やほ乳類はその珍しい外観のために狩られることが増えている。

0310 □□□□□

superiority

[su(:)pìəriɔ́rəti]

形 superior 優秀な、上質の
≒ dominance, excellence

名 優越、優勢

Geckos show **superiority** — or who is boss — by biting other geckos' tails.

ヤモリはほかのヤモリの尾をかむことで優位性―どちらが上なのか―を示す。

0311 □□□□□

beak

[bíːk]

♪ ワシ・タカなどの猛禽類の硬くて先の曲がったものを指す。

名 くちばし

The toucan is recognisable for its long red and orange **beak**.

オオハシは赤とオレンジの長いくちばしで見分けがつく。

0312 □□□□□

fin

[fín]

♪ gill (えら)、scale (うろこ) などの語も覚えておこう。

名 (魚の) ひれ

The triangular **fin** on a dolphin's back helps it to turn quickly in the water.

イルカの三角形の背びれはイルカが水中で素早く曲がるのを助ける。

生物 野生動物 植物 医学 生理学 薬学 人類学 食料生産 スポーツ

0313 □□□□□
reptile
[réptail]

形 reptilian は虫類の
♪ ワニ・トカゲ・ヘビなどの動物。

名 は虫類（の動物）
形 は虫類の

Reptiles such as snakes and lizards can live comfortably in hot and dry climates.

ヘビやトカゲなどのは虫類は暑く乾燥した気候でも快適に生きられる。

0314 □□□□□
bulky
[bʌ́lki]

名 bulk 容積、かさ
≒ hulking

形 かさばった、大きくて扱いにくい

Rhinos are known for their horns and their **bulky** bodies.

サイは角と大きな体で知られている。

0315 □□□□□
hive
[háiv]

♪ beehive とも言う。

名 ミツバチの巣（箱）

Worker bees will use wax to create their **hive** to store honey for the winter.

働きバチは冬に備えて蜂蜜を蓄える巣を作るのに蜜ろうを使う。

0316 □□□□□
venomous
[vénəməs]

名 venom
（蛇・クモ・サソリなどの）毒液
≒ poisonous

形 〈蛇・クモ・ハチなどが〉有毒な

A bite from the **venomous** viper snake can be deadly unless it is treated.

有毒なマムシにかまれた場合、治療しないと死に至る可能性がある。

0317 □□□□□
burrow
[bʌ́rou]

≒ [動] dig, undermine [名] den

動 （動物が）穴を掘る
名 巣穴

When other creatures swim by, the fish **burrows** into the ground to hide.

ほかの生物が通り過ぎると、その魚は海底に穴を掘って隠れる。

0318 □□□□□
excrete
[ikskríːt]

名 excretion 排泄 [分泌] 作用
≒ discharge, secrete

動 （〜を）排泄する、分泌する

The cane toad **excretes** a toxic liquid from its body which can kill even humans.

オオヒキガエルは体から人間さえ命を落としかねない毒液を分泌する。

0986

0319

predator
[prédətə]

⬚⬚⬚⬚⬚

圏 predatory 捕食性の、肉食の
♪「えじき、獲物」は prey。

名 捕食者、天敵

As forests continue to be destroyed, natural **predators** of smaller animals are beginning to fall in numbers.

森林破壊が続くと、小動物の天敵の数が減少し始める。

0320

alight
[əláit]

⬚⬚⬚⬚⬚

♪ alight on（〜に目が留まる）という使い方もある。

動〈鳥・虫が〉降りて止まる

The zoologists were pleasantly surprised to see an eagle **alight** on a nearby rock.

その動物学者たちはワシが近くの岩に止まるのを見て胸が躍った。

0321

cling
[klíŋ]

⬚⬚⬚⬚⬚

≒ adhere, stick
♪ cling to（〜にしがみつく、固執する）の形で覚えておこう。

動 しがみつく、固執する

Young gorillas **cling** to their mothers until the age of three or four.

ゴリラの子は 3、4 歳になるまで母親にしがみついている。

0322

decoy
[díːkɔi]

⬚⬚⬚⬚⬚

≒ lure, bait

名 おとり（役）

Plastic **decoys** are placed in trees to attract birds to them.

鳥を引きつけるために木にプラスチック製のおとりが置かれている。

0323

protrude
[prətrúːd]

⬚⬚⬚⬚⬚

图 protrusion 突き出ること
圏 protruding 突き出ている
≒ poke, stick out

動 突き出る

The typical sign of a shark is a fin **protruding** from the seawater.

典型的なサメのしるしは海面から突き出た背びれだ。

0324

anatomy
[ənætəmi]

⬚⬚⬚⬚⬚

圏 anatomical 構造上の

名 ①（解剖学的）構造 ②解剖学

The giraffe's unique **anatomy** allows it to reach the leaves growing high up in the trees.

キリンはその独特な体の構造のおかげで、木の上の方に生えている葉を食べられる。

0325 ☐☐☐☐☐

entangle

[ɪntǽŋgl]

≒ intertwine, tangle
↔ untangle

動 ~をもつれさせる、絡ませる

Discarded fishing nets put wildlife in danger, as animals become **entangled** and cannot escape.

打ち捨てられた漁網が野生動物を危険にさらしている。動物たちは網に絡まって抜け出せなくなるからだ。

0326 ☐☐☐☐☐

withstand

[wɪðstǽnd]

≒ endure, resist, sustain

動 ~に耐える

Polar bears can **withstand** extreme cold conditions because of their thick layer of fat.

ホッキョクグマは厚い脂肪層のおかげで極寒の環境に耐えられる。

0327 ☐☐☐☐☐

courtship

[kɔ́:tʃɪp]

≒ ② courting, wooing

名 ①(動物の)求愛行動 ②(女性への)求愛、求婚

The **courtship** of the mantis involves dancing, and may end with the female eating her partner.

カマキリは求愛中にダンスをし、最後にはメスがオスを食べてしまうこともある。

0328 ☐☐☐☐☐

nocturnal

[nɔktə́:nl]

≒ ② nightly, nighttime
↔ ② diurnal
♪ 音楽用語の「ノクターン(夜想曲)」は nocturne。

形 ①〈動物が〉夜行性の ②夜の、夜間の

We rarely see owls during the day, as they are **nocturnal**.

フクロウは夜行性なので、昼間に見かけることはめったにない。

0329 ☐☐☐☐☐

manoeuvre

[mənú:və]

≒ [動] ② manipulate
♪ ■ maneuver

動 ①巧みに進む ②~を巧みに操作する
名 操作、手順

The shape of the fish allows it to **manoeuvre** through the water with ease.

魚はその形のおかげで水中を楽々と進むことができる。

0330 ☐☐☐☐☐

streak

[strí:k]

形 streaky 筋の入った、縞になった
≒ ① stripe

名 ①筋、縞 ②(気質・行動などの)傾向

The skunk is known by the two **streaks** of white running down the back of its body.

スカンクは背中の2本の白い縦縞で見分けられる。

1018

0331 □□□□□

migratory
[máɪɡrətəri]

動 migrate 移住する
名 migration 移住、渡り
⇔ resident

形 移住する、移動性の

The **migratory** patterns of these birds has been altered by the wind changes.

これらの鳥の移動ルートは風の変化によって変わっている。

0332 □□□□□

stash
[stǽʃ]

≒ cache, hoard, stockpile

動〈貴重品など〉を隠す、しまう

Before autumn, squirrels **stash** tens or hundreds of nuts they will need to survive the winter.

リスは秋になる前に、冬を乗り切るのに必要な木の実を何十個、何百個も蓄える。

0333 □□□□□

edible
[édəbl]

≒ eatable
⇔ inedible

形 食べられる

Mice do not have a particular diet; they will eat anything **edible**, even their own waste.

ネズミは食べる物が特に決まっておらず、食べられるものは何でも、自分の排泄物でさえ、食べる。

0334 □□□□□

spawn
[spɔ́ːn]

♪ 水生動物の透明な膜で守られた卵を指す。

動（魚・カエルなどが）〈卵〉を産む
名（魚・カエルなどの）卵

The female frog will **spawn** thousands of eggs, of which only around five may survive until adulthood.

メスのカエルは何千個もの卵を産むが、成長してカエルになるのはそのうちのわずか5個ほどだろう。

0335 □□□□□

prey
[préɪ]

≒ victim
♪ pray（祈る）と同じ発音。

名 えじき、獲物

The **prey** of wild animals will hide from their predators using colour or dark spaces.

野生動物の獲物は色や暗い場所を利用して捕食者から隠れようとする。

0336 □□□□□

energetic
[ènədʒétɪk]

♪ アクセントは ge の位置。「エネルギッシュ」はドイツ語 energisch から来た語で、英語では energetic。

形 精力的な、活発な

At night, the owl is far more **energetic** and active, and this is when it hunts for food.

フクロウは夜になるとずっと精力的で活発になり、この時にえさを探す。

生物

野生動物

植物 医学 生理学 薬学 人類学 食料生産 スポーツ

0337
perch
[pɔ́:tʃ]
≒ [動] alight
↔ [動] take off

☐☐☐☐☐

動〈鳥が〉〈止まり木に〉止まる　**名** 止まり木

The birds rarely leave the rainforest, but sometimes they can be seen **perching** on lampposts in the city.

その鳥が雨林を離れることはまれだが、時に街灯に止まっているのが見かけられる。

0338
dominance
[dɔ́mɪnəns]
動 dominate ～に影響を及ぼす
形 dominant 支配的な
≒ domination

☐☐☐☐☐

名 支配、優勢

Giraffes fight with their necks to assert **dominance** over others and determine who is the strongest.

キリンは、自らの優位性を主張し、誰が最強なのかを明確にするために、首を使って戦う。

0339
waggle
[wǽgl]
≒ wag

☐☐☐☐☐

動〈体の一部〉を小刻みに振る、揺する

When they sense danger, the squirrels may **waggle** their tails to alert other squirrels nearby.

リスは危険を察知すると、しっぽを振って近くの仲間に警告する。

0340
herbivorous
[hɔːbívərəs]
名 herbivore 草食動物
♪「肉食の」は carnivorous、「雑食の」は omnivorous。

☐☐☐☐☐

形 草食(性)の

A koala is a **herbivorous** mammal, living on a diet of leaves.

コアラは葉っぱを食べて生きる草食ほ乳類だ。

0341
odour
[óʊdə]
♪ ■odor

☐☐☐☐☐

名 におい

The animals use their natural **odour** to scare off unwanted visitors.

その動物は招かざる訪問者を撃退するのに、生まれつき持ったにおいを使う。

0342
filthy
[fílθi]
名 filth 汚物、不潔なもの

☐☐☐☐☐

形 汚れた、不潔な

Pigs are unable to sweat, so they will roll in the mud to stay cool, which makes them **filthy**.

ブタは汗をかくことができないため、泥の中で転がって体を冷やす。それで体が汚れるのだ。

1046

0343 □□□□□

perseverance

[pə̀ːsəvíərəns]

▣ persevere 辛抱する、耐える
≒ persistence, tenacity

名 忍耐（力）、根気強さ

The salmon's **perseverance** is remarkable; it can climb thousands of metres just to lay its eggs.

サケの忍耐力はものすごい。ただ産卵するだけのために何千メートルも遡上するのだ。

0344 □□□□□

abound

[əbáʊnd]

≒ overflow, teem
♪〈主語＋ abound in ＋場所〉と〈場所＋ abound with ＋もの〉の２つの使い方を覚えておこう。

動 たくさんある、富む

The small lake, once **abounding** with life, is now home to only a small number of fish.

その小さな湖はかつて生物であふれていたが、今では魚が少しいるだけだ。

0345 □□□□□

replenish

[rɪplénɪʃ]

图 replenishment 補充、補給
≒ refill, restore, renew

動 ～を補充する、補給する

In China, panda sanctuaries have been established in order to **replenish** the population.

中国ではパンダの数を増やすために保護区が設置されている。

0346 □□□□□

potent

[póʊtənt]

图 potency 力；影響力
≒ powerful, influential

形 よく効く、強力な

The fat-tailed scorpion's venom is so **potent** it is responsible for up to 400 deaths a year.

ファットテールスコーピオンの毒は猛毒で、多いときは年に 400 人がこの毒のために亡くなる。

0347 □□□□□

picky

[píki]

▣ pick ～を選ぶ
≒ choosy

形 好みがうるさい、えり好みが激しい

Female pandas normally mate only once a year, making them **pickier** than most animals.

メスパンダは通常、年に 1 度しか交尾しないので、たいがいの動物よりも好みがうるさい。

0348 □□□□□

stray

[stréɪ]

♪ マタイの福音書などに登場する「迷える子羊」(stray sheep) の stray。

動 道に迷う、さまよう
形 ①道に迷った ②離れ離れになった

The gazelle will **stray** from its home to find food, leaving its young alone.

ガゼルはえさを求めてねぐらを離れ、子どもを置き去りにしてしまう。

野生動物

生物 植物 医学 生理学 薬学 人類学 食料生産 スポーツ

0349

bait

[béɪt]

≒ ① lure

♪ ai の発音に注意。

图 ①（釣りなどの）えさ
②おとり、誘惑するもの

Wildlife photographers sometimes use **bait** to attract animals.

野生生物を撮る写真家は時にえさを使って動物をおびき寄せる。

0350

proliferate

[prəʊlífərèɪt]

图 proliferation 急増
≒ multiply, mushroom

動 急速に増殖する

The European rabbit **proliferated** across Australia after its introduction in 1857.

アナウサギは 1857 年にオーストラリアに持ち込まれて以来、全国で増殖した。

0351

endemic

[endémɪk]

↔ ② pandemic

形 ①〈動植物が〉〈地域に〉固有の
②〈病気が〉〈地域などに〉特有の、風土性の

Endemic to the Galapagos islands, this tortoise can be found nowhere else in the world.

このカメはガラパゴス諸島固有のもので、世界のほかのどこにも見つからない。

0352

submerged

[sʌbmɔ́ːdʒd]

動 submerge
　〜を水中に沈める、水浸しにする
≒ sunken, underwater

形 水中に沈んだ、水面下の

A sea turtle can stay **submerged** under the water for months in winter.

ウミガメは冬には何か月も水中に潜ったままでいることがある。

0353

detach

[dɪtǽtʃ]

图 detachment 分離
≒ separate, disconnect
↔ attach

動 〜を分離する、取り外す

After the leech has fed, it **detaches** itself from the body of the animal.

ヒルは十分に血を吸うと、動物の体から離れる。

0354

freshwater

[fréʃwɔ̀ːtə]

♪ 名詞の「真水」は fresh water と言う。
　saltwater（塩水の、海水の）という語
　も覚えておこう。

形 淡水の、真水の

British lakes and rivers are home to many **freshwater** fish and wildlife.

イギリスの湖や川には多くの淡水魚や野生生物が生息している。

1081

野生動物

生物

植物 医学 生理学 薬学 人類学 食料生産 スポーツ

0355　⬜⬜⬜⬜⬜

elusive

[ɪlúːsɪv]

動 elude 〜をかわす、逃れる
名 elusion 回避

形 ①つかまえにくい、見つけにくい
　　②とらえどころのない

Scientists have to set up hidden cameras to track the movement of the **elusive** snow leopard.

つかまえにくいユキヒョウを追跡するために、科学者たちは隠しカメラを設置しなければならない。

0356　⬜⬜⬜⬜⬜

migrate

[máɪɡreɪt]

名 migration 移住
♪ migr は「移る」を意味する語根で、immigrant（移民）、emigrate（他国へ移住する）などにも含まれる。

動 移住する、〈鳥などが〉渡る

These woodland creatures **migrate** before winter to avoid the cold.

この森林地帯の生物は寒さを避けるために冬がくる前に渡る。

0357　⬜⬜⬜⬜⬜

navigate

[nǽvəɡeɪt]

名 navigation 航海、航行
名 navigator 航海者

動 ①〈動物が〉進路を見つける
　　②航海する、進む

It is thought that birds use the Sun and stars to **navigate** during the day and night.

鳥は太陽と星を使って昼も夜も進路を見つけると考えられている。

0358　⬜⬜⬜⬜⬜

stalk

[stɔ́ːk]

♪「〈人〉を（ひそかに）つけ回す」の意味もあり、-er（〜する人）がついたのが stalker（ストーカー）。

動 〈動物などが〉〈獲物に〉忍び寄る

Moving slowly through the bushes, the tiger **stalks** its prey, trying not to be seen.

トラは姿を見られないように茂みの中をゆっくりと進み、獲物に忍び寄る。

0359　⬜⬜⬜⬜⬜

brood

[brúːd]

♪ oo の発音に注意。

名 一度にかえったひな鳥；（動物の）ひと腹の子

Birds will stay with their **brood** after hatching in order to protect the chicks.

鳥は、ひなが卵からかえると、ひなたちを守るためにずっとそばにいる。

0360　⬜⬜⬜⬜⬜

solitary

[sɑ́lətəri]

≒ ① alone, lonely
　 ② isolated, secluded, remote

形 ①〈人・動物などが〉群居しない、独居性の
　　②人里離れた

Komodo dragons tend to live **solitary** lives until mating season, when the males fight for territory.

コモドオオトカゲは単独生活をすることが多いが、発情期になるとオスは縄張り争いをする。

0361 □□□□□

coexistence
[kòʊɪgzístəns]

動 coexist 同時に存在する、共存する
形 coexistent 共存する

名 共存

The barnacle and the whale, two very different sea animals, live in happy **coexistence**.

フジツボとクジラは2つのまったく異なる海洋動物だが、快適に共存している。

0362 □□□□□

juvenile
[dʒúːvənàɪl]

≒ ① immature, youthful
② adolescent

形 ①〈動植物が〉子どもの、若い ②青少年の

Juvenile birds can be identified by their feathers, which look different from those of adult birds.

若い鳥はその羽毛で見分けることができる。それは成鳥の羽毛とは見た目が異なる。

0363 □□□□□

glossy
[glɔ́si]

名 gloss つや、光沢
≒ polished, shiny, lustrous, sleek

形 つやつやした、光沢のある

The rich, **glossy** fur was used to make expensive coats for the wealthy.

その毛並みがよく光沢のある毛皮は、富裕層のための高価なコートを作るのに使われた。

0364 □□□□□

coil
[kɔ́ɪl]

♪ 名詞はカタカナ語の「コイル」になっている。

動 ～をぐるぐる巻く
名 ぐるぐる巻き

The snake bites its prey, **coiling** its body around the animal to stop it from escaping.

ヘビは獲物をかみ、体中に巻きついて逃がさない。

0365 □□□□□

swivel
[swívl]

≒ ① revolve ② pivot, rotate

動 ①～を回転させる ②旋回する

The owl can **swivel** its head 270 degrees in each direction.

フクロウは頭をどの方向へも270度回すことができる。

0366 □□□□□

communicative
[kəmjúːnəkèɪtɪv]

動 communicate 情報を伝達する
名 communication 情報伝達

形 情報伝達の

Birdsong is a type of **communicative** singing — humans speak, birds sing.

鳥のさえずりは一種の情報伝達のための鳴き声だ。つまり、人は話し、鳥はさえずるのだ。

1111

野生動物

生物

植物 医学 生理学 薬学 人類学 食料生産 スポーツ

0367

□□□□□

wag

[wǽg]

≒ waggle

動 〈体の一部〉を振る、揺り動かす

You can see when elephants are happy because they start **wagging** their tails from side to side.

ゾウがうれしいときは見てわかる。しっぽを左右に振り始めるからだ。

0368

□□□□□

orderly

[ɔ́ːdəli]

≒ neat, tidy
↔ disorderly

形 整然とした、秩序ある

There is an **orderly** structure to a wolf pack, in which each wolf holds a specific rank.

オオカミの群れには整然とした構造があり、そこではそれぞれのオオカミが特定の地位を持っている。

0369

□□□□□

glide

[gláɪd]

♪「〜するもの」を意味する -er のついた glider はカタカナ語にもなっている。

動 滑るように動く、滑空する

The flight of birds is a combination of remarkable wing strength and the ability to effortlessly **glide**.

鳥の飛行は翼の驚異的な強さと苦もなく滑空する能力の組み合わせだ。

0370

□□□□□

traverse

[trəvə́ːs]

≒ cut across

動 〜を横断する

The salmon **traverse** long distances — up to 3,000 kilometres — to lay their eggs.

サケは産卵するために最長で3千キロもの長距離を横断する。

0371

□□□□□

transparent

[trænspǽrənt]

名 transparency 透明 (性)
≒ lucid, limpid, see-through
♪「透き通って向こう側がはっきり見える」こと。「半透明な」は translucent。

形 透き通った、透明な

The **transparent** jellyfish is almost impossible to see in the dark due to its clear body.

透き通ったクラゲは、その透明な体のせいで、暗闇ではほとんど見えない。

野生動物

□□□□□ **bull** [búl]	雄牛	□□□□□ **toad** [tóʊd]	ヒキガエル
□□□□□ **ox** [ɔ́ks]	雄牛	□□□□□ **tadpole** [tǽdpòʊl]	オタマジャクシ
□□□□□ **moose** [múːs]	アメリカヘラジカ	□□□□□ **salamander** [sǽləmæ̀ndə]	サンショウウオ
□□□□□ **camel** [kǽml]	ラクダ	□□□□□ **swallow** [swɔ́loʊ]	ツバメ
□□□□□ **donkey** [dɔ́ŋki]	ロバ	□□□□□ **hen** [hén]	めんどり
□□□□□ **mule** [mjúːl]	ラバ	□□□□□ **chick** [tʃík]	ひよこ、ひな
□□□□□ **squirrel** [skwírəl]	リス	□□□□□ **crow** [króʊ]	カラス
□□□□□ **sloth** [slóʊθ]	ナマケモノ	□□□□□ **pigeon** [pídʒən]	ハト
□□□□□ **leopard** [lépəd]	ヒョウ	□□□□□ **crane** [kréɪn]	ツル
□□□□□ **mole** [móʊl]	モグラ	□□□□□ **eagle** [íːgl]	ワシ
□□□□□ **seal** [síːl]	アザラシ	□□□□□ **hawk** [hɔ́ːk]	タカ
□□□□□ **crocodile** [krɔ́kədàɪl]	ワニ、クロコダイル	□□□□□ **falcon** [fɔ́ːlkən]	ハヤブサ
□□□□□ **alligator** [ǽləgèɪtə]	ワニ、アリゲーター	□□□□□ **goose** [gúːs]	ガチョウ
□□□□□ **lizard** [lízəd]	トカゲ	□□□□□ **parrot** [pǽrət]	オウム

1163

□□□□□
canary カナリア
[kənéəri]

□□□□□
peacock クジャク
[pí:kɔ̀k]

□□□□□
beetle 甲虫
[bí:tl]

□□□□□
termite シロアリ
[tɔ́:maɪt]

□□□□□
honeybee ミツバチ
[hʌ́nibì:]

□□□□□
wasp スズメバチ
[wɔ́sp]

□□□□□
mosquito 蚊
[məskí:təu]

□□□□□
firefly ホタル
[fáɪəflàɪ]

□□□□□
silkworm 蚕
[sílkwɔ́:rm]

□□□□□
centipede ムカデ
[séntəpì:d]

□□□□□
snail カタツムリ
[snéɪl]

□□□□□
earthworm ミミズ
[ɔ́:θwɔ́:rm]

□□□□□
scorpion サソリ
[skɔ́:piən]

□□□□□
tuna マグロ
[tjú:nə]

□□□□□
salmon サケ
[sǽmən]

□□□□□
cod タラ
[kɔ́d]

□□□□□
herring ニシン
[hérɪŋ]

□□□□□
shark サメ
[ʃá:k]

□□□□□
eel ウナギ
[í:l]

□□□□□
octopus タコ
[ɔ́ktəpəs]

□□□□□
squid イカ
[skwíd]

□□□□□
jellyfish クラゲ
[ʤélifiʃ]

□□□□□
sponge 海綿動物
[spʌ́nʤ]

□□□□□
crab カニ
[krǽb]

□□□□□
oyster カキ
[ɔ́ɪstə]

生物

野生動物

植物　医学　生理学　薬学　人類学　食料生産　スポーツ

◀ MP3 >>> 075-076

0372

twig
[twíg]
≒ offshoot

名 小枝、若枝

House wrens typically build their nests out of small **twigs** and grasses.

イエミソサザイは普通、小枝や草で巣を作る。

0373

shrub
[ʃrʌb]
≒ bush
♪ 幹がなく根元から枝分かれしたものを指す。庭の生け垣用。

名 低木、灌木

The botanical garden's flowers, **shrubs** and bushes draw hundreds of visitors every day.

その植物園の花や低木や茂みが毎日何百人もの来園者を引き寄せる。

0374

thorny
[θɔ́:ni]
≒ ① prickly
② problematic, tricky

形 ①〈植物が〉とげの多い
②〈問題などが〉やっかいな

The **thorny** stem of the rose will protect the flower from animals.

バラのとげだらけの茎は動物から花を守る。

0375

nectar
[néktə]
♪「樹液」は sap と言う。

名 (花の) 蜜

Many animals and insects feed on **nectar**, including bats and butterflies.

コウモリやチョウなど、蜜を吸う動物や昆虫は多い。

0376

overrun
[ðʊvərʌ́n]
≒ ① infest
♪ ①の意味ではふつう受け身の形で使う。

動 ①〈雑草・害虫などが〉〈場所〉にはびこる
② ～を侵略する

The castle's courtyard had not been tended to in years, so it had become **overrun** with weeds.

その城の中庭は何年も手入れされていなかったので、雑草がはびこるようになっていた。

0377

foliage
[fóʊliidʒ]
♪「(1本または複数の草・木の) 葉全体」を指す。「個々の葉」は leaf と言う。

名 (木々の) 葉

Tourists fly from all over the world to see the beautiful autumn **foliage**.

この美しい紅葉を見るために世界中から観光客がやって来る。

1189

0378

pollinate
[pálənèit]

图 pollination 授粉
♪「花粉」は pollen。

□□□□□

動 ～に授粉する

Some flowers are **pollinated** by bees, while others rely on the wind to spread their seeds and multiply.

ハチに授粉してもらう花もあれば、風に種をまき散らしてもらって繁殖する花もある。

0379

absorption
[əbzɔ́ːpʃən]

動 absorb ～を吸収する
形 absorbent 吸収力のある

□□□□□

名 ①吸収(すること) ②吸収合併

The **absorption** of carbon dioxide by plants is essential to all life on Earth.

植物による二酸化炭素の吸収は地球のすべての生物にとって非常に重要だ。

0380

canopy
[kǽnəpi]

♪ 林冠とは森林の上層部のこと。forest floor (林床) も覚えておこう。

□□□□□

名 ①林冠 ②天蓋、覆い

Monkeys tend to stay high in the **canopies** of the trees, away from predators on the ground.

サルは地上の捕食者から逃れるために木の上の方にとどまっていることが多い。

0381

overhang
[動] [òuvəhǽŋ] [名] [óuvəhæ̀ŋ]

≒ [動] hang over, project, protrude [名] projection

□□□□□

動 張り出す[突き出る] 名 突出部

The **overhanging** vines of the wisteria make the archways in the garden beautiful in late spring.

張り出したフジのつるが晩春の庭のアーチ道を美しく飾っている。

0382

sprout
[spráʊt]

≒ [動] ① burgeon, germinate

□□□□□

動 ①〈芽・葉が〉出る、生える
　②〈ひげ・角などが〉生え始める
名 芽

At the start of spring, new leaves begin to **sprout** from the branches.

春の始まりに枝から新しい葉が生え始める。

0383

lush
[lʌ́ʃ]

≒ luxuriant, verdant

□□□□□

形 〈植物が〉よく茂った、青々とした

The Amazon rainforest is known for its **lush** greenery and abundant wildlife.

アマゾン熱帯雨林はうっそうとした森林と無数の野生生物で知られている。

生物　野生動物　植物　医学　生理学　薬学　人類学　食料生産　スポーツ

0384 □□□□□

grove
[gróuv]

♪ 非柑橘類の果樹園は orchard と言う。

名 (柑橘類・オリーブなどの) 果樹園

Large fans are used in the winter to keep the orange **groves** from being damaged by the cold.

オレンジ樹林が冷害を受けないように、冬には大きな送風機が使われる。

0385 □□□□□

propagate
[prɑ́pəgèit]

名 propagation 繁殖
≒ ① breed, multiply, reproduce

動 ①繁殖する；～を繁殖させる
②伝わる、伝播する

Many flowers have been **propagated** from cuttings from a single parent plant.

1本の親木から切った枝から多くの花が繁殖した。

0386 □□□□□

seedling
[síːdlɪŋ]

♪ seed (種)、seedbed (苗床) も覚えておこう。

名 実生の草木；苗木

From the seed comes a **seedling** that will hopefully become a full-grown tree.

種から苗が育ち、うまくいけばそれが成木になる。

0387 □□□□□

spore
[spɔ́ː]

♪ 「菌類」は fungi、「藻類」は algae、「苔」は moss。

名 胞子

Spores from plants are released into the air in the process of reproduction.

繁殖の過程で植物の胞子が空中に放出される。

0388 □□□□□

vegetation
[vèdʒətéiʃən]

動 vegetate (植物のように) 生長する
形 vegetative 植物の
≒ flora, greenery

名 (ある地域に生育する) 植物、植生

Local **vegetation** can be severely affected by the construction of tall buildings.

この地域の植生は高層ビル建設によって深刻な影響を受けかねない。

0389 □□□□□

perennial
[pəréniəl]

♪ 「一年生の；一年生植物」は annual と言う。

形 (植物が) 多年生の **名** 多年生植物

Many gardeners prefer **perennial** plants because planting new ones every year is too much work.

庭いじりをする人はだいたい多年生の植物を好む。毎年新しい植物を植えるのは手間だからだ。

1228

0390

hardy
[hάːdi]
≒ ② tough, stout

形 ① 〈植物が〉耐寒性の
　② 〈人・動物が〉頑丈な、たくましい

Plants in cold climates need to be **hardy** in order to survive the harsh winters.

寒冷気候の植物は厳しい冬を生き抜くために耐寒性でなければならない。

0391

decompose
[dìːkəmpóuz]
图 decomposition 腐敗、分解
≒ ① decay, rot

動 ① 腐敗する、自然分解する
　② 〜を（成分・元素などに）分解する

After death, plant life **decomposes**, releasing carbon and nutrients.

植物は枯れると自然分解し、炭素と栄養素を放出する。

0392

resilient
[rɪzíliənt]
图 resilience 回復力
≒ ② flexible

形 ① 回復力がある、立ち直りが早い
　② 弾力性のある

The plants are very **resilient** to cold weather and will typically survive winter.

それらの植物は寒さに非常に強く、通常、冬越しする。

0393

germinate
[dʒə́ːmənèit]
图 germination 発芽
♪「（感情・アイデアなどが）芽生える」という比喩的な意味もある。

動 〈種が〉発芽する

They waited for the seed to **germinate** and grow into a small plant.

彼らは種が発芽して小さな植物に成長するのを待った。

0394

disperse
[dɪspə́ːs]
图 dispersion
　ちりぢりになること；分散
≒ ① diffuse, scatter, spread, disseminate ② dissipate

動 ① 〜をまき散らす、広める
　② 〈群衆など〉を追い散らす

Dandelion seeds are **dispersed** by being blown by the wind.

タンポポの種は風に吹き飛ばされてまき散らされる。

0395

fragrant
[fréigrənt]
图 fragrance 香り、芳香
≒ aromatic, perfumed, savoury

形 香りのよい

The plant is known not only for its medicinal qualities but also its **fragrant** aroma.

その植物は薬効だけでなく、かぐわしい香りでも知られている。

生物　野生動物　**植物**　医学　生理学　薬学　人類学　食料生産　スポーツ

植物

□□□□□
conifer 針葉樹
[kάnəfə]

□□□□□
evergreen 常緑樹
[évəgrìːn]

□□□□□
fern シダ
[fə́ːn]

□□□□□
moss コケ
[mɔ́s]

□□□□□
vine つる（植物）；ブドウの木
[váɪn]

□□□□□
stem 茎
[stém]

□□□□□
trunk 幹
[trʌ́ŋk]

□□□□□
stub 切り株
[stʌ́b]

□□□□□
bark 樹皮
[bάːk]

□□□□□
sap 樹液
[sǽp]

□□□□□
bud 芽、つぼみ
[bʌ́d]

□□□□□
thorn とげ
[θɔ́ːn]

□□□□□
bulb 球根
[bʌ́lb]

□□□□□
bloom 花
[blúːm]

□□□□□
petal 花弁
[pétl]

□□□□□
pollen 花粉
[pɔ́lən]

□□□□□
seed （野菜や果物の）種
[síːd]

□□□□□
photosynthesis 光合成
[fòʊtəʊsínθəsɪs]

□□□□□
orchid ラン
[ɔ́ːkəd]

□□□□□
thistle アザミ
[θísl]

□□□□□
hyacinth ヒヤシンス
[háɪəsɪnθ]

□□□□□
cactus サボテン
[kǽktəs]

□□□□□
pine マツ
[páɪn]

□□□□□
maple カエデ、モミジ
[méɪpl]

□□□□□
beech ブナ
[bíːtʃ]

□□□□□
elm ニレ
[élm]

□□□□□
birch カバノキ
[bə́ːtʃ]

□□□□□
bamboo 竹
[bæmbúː]

1254

□□□□□
mulberry
[mʌ́lbəri]
クワ

□□□□□
sugar cane
[ʃúgə kèɪn]
サトウキビ

□□□□□
oak
[óʊk]
オーク、カシ

生物　野生動物　**植物**　医学　生理学　薬学　人類学　食料生産　スポーツ

0396 □□□□□

fatigue

[fətíːg]

≒ exhaustion, lassitude, tiredness, weariness

♪ フランス語から来た語。metal fatigue（金属疲労）のように物質にも使われる。

名 疲労、倦怠感

Fatigue is rarely an issue for the guides, as they are able to walk without rest.

ガイドは休みなく歩けるので、疲労はめったに問題にならない。

0397 □□□□□

epidemic

[èpədémɪk]

≒ [名] contagion
　[形] contagious, infectious

名 流行、伝染（病）　形 伝染性の

We all know obesity harms your health, yet it has become an **epidemic** in the United States.

私たちの誰もが肥満は健康を害すると知っているが、それでもなおアメリカでは肥満がはやっている。

0398 □□□□□

forgo

[fɔːgóʊ]

≒ abstain (from), refrain (from)

動 〈楽しみ〉を慎む、あきらめる

If an individual is struggling to lose weight, it is recommended to **forgo** dessert.

減量に苦しんでいる人がいたら、デザートをあきらめることをお勧めする。

0399 □□□□□

tolerance

[tɔ́lərəns]

形 tolerant 寛容な
動 tolerate ～を大目に見る
≒ ① resistance ② sufferance

名 ①耐性 ②寛容、寛大さ

The King of Pontus regularly ate small amounts of poison to develop a **tolerance** against it.

ポントスの王は定期的に少量の毒を飲んで、体が毒に耐えられるようにした。

0400 □□□□□

retard

[rɪtάːd]

名 retardation 遅延；妨害
≒ delay, hinder, hamper, impede

動 ～を遅らせる、妨げる

They experimented with a chemical that appeared to **retard** the growth of cancerous tumours.

彼らはがん性腫瘍の増殖を妨げると思われる化学薬品を使って実験した。

0401 □□□□□

eradicate

[ɪrǽdəkèɪt]

名 eradication 根絶、撲滅
形 eradicable 根絶できる
≒ remove, root up, exterminate, eliminate

動 〈病気など〉を根絶する

Although chemotherapy is an effective treatment, it cannot reliably **eradicate** a cancer.

化学療法は効果的な治療法だが、がんを確実に根絶できるわけではない。

0402 □□□□□

exploratory

[ɪksplɔ́rətəri]

動 explore 〜を探検する、踏査する

≒ investigative, probative

形 調査の、探検の

Some forms of **exploratory** surgery can now be done by camera alone.

診査手術の中には今ではカメラだけで済ませられるものもある。

0403 □□□□□

sterilise

[stérəlàɪz]

形 sterile 不毛の；不妊の

名 sterilisation 消毒

≒ ① disinfect

♪ ▇ sterilize

動 ①〜を殺菌する、消毒する
②〈土地〉を不毛にする

Tools were poorly **sterilised** in early surgeries, leading to many infections.

初期の外科手術では用具がしっかりと殺菌されておらず、多くの感染症を引き起こした。

0404 □□□□□

scrub

[skrʌ́b]

≒ scour

動 〜をごしごし磨く

Officials advised people to **scrub** themselves thoroughly before leaving farms to reduce the chance of spreading disease.

当局は、病気が広がる可能性を抑えるために、農場から出る前に全身の汚れをこすり落とすよう人々に忠告した。

0405 □□□□□

feeble

[fíːbl]

≒ frail, infirm

形 弱い、無力な

She grew **feeble** with old age, and she spent the last decade of her life in a wheelchair.

彼女は老齢で体が弱り、最後の10年は車いす生活だった。

0406 □□□□□

dehydration

[dìːhaɪdréɪʃən]

動 dehydrate 〜を脱水する

♪〈de-（除く）+ hydr（水）+ -ation（〜すること）〉の構造。

名 脱水症状

Fires and a lack of rain led to animals dying of **dehydration** on Kangaroo Island.

カンガルー島では火事と雨不足で動物が脱水症状を引き起こして死んだ。

0407 □□□□□

deficit

[défəsɪt]

形 deficient 不足した

≒ ① crunch, dearth, shortage

↔ ① surplus

名 ①不足、赤字 ②弱点

A **deficit** of fruit and vegetables in a child's diet can negatively affect their health.

子どもの食事に果物や野菜が不足すると、健康に悪影響が出ることがある。

0408

ailment
[éilmənt]
≒ disorder, complaint

名 (軽い) 病気、持病

Patients with the disease often complain of headaches and other minor **ailments**.

その病気の患者は、しばしば頭痛とその他の軽い不調を訴える。

0409

airborne
[éəbɔ̀:n]
♪ -borne は「〜で運ばれる」を意味する接尾辞で、waterborne (水で媒介される) などの語を作る。

形 ① 〈花粉・菌などが〉風で運ばれる ②空輸の

Illnesses can be transmitted through **airborne** bacteria, such as when people cough.

病気は、咳をした場合のように、空気感染するバクテリアを通して伝染することがある。

0410

insidious
[ɪnsídiəs]
≒ sneaky, subtle

形 ひそかに進む、油断のならない

The COVID-19 type of coronavirus is **insidious**, as it can take multiple weeks to detect after infection.

COVID-19 型のコロナウイルスは潜行性で、感染してから保菌が確認されるまで数週間かかることもある。

0411

rehabilitate
[rì:əbílətèit]
名 rehabilitation
社会復帰訓練、リハビリテーション

動 〜を社会復帰させる

After a traumatic experience, such as military service, it might be necessary to be **rehabilitated**.

兵役のようなトラウマとなる経験をしたあとでは、社会復帰のための治療を受ける必要があるだろう。

0412

leafy
[lí:fi]
≒ ② verdant

形 ① 〈野菜などが〉葉物の ②〈場所が〉緑の多い

Nutritionists are trying to encourage adults to switch from sugary foods to **leafy** salads instead.

栄養士は成人に糖分の多い食品の代わりに葉物のサラダを食べるよう奨励しようとしている。

0413

localise
[lóukəlàiz]
名 localisation 局地化
形 localised 局地的な
♪ ▇ localize

動 ① 〜をある地域に限定する、局部にとどめる
②〜の位置を特定する

Antibiotics are applied directly to the wound in order to **localise** the infection.

感染を局部にとどめておくために、抗生物質が傷に直接塗布される。

1324

0414

haunt

[hɔ́:nt]

形 haunted 幽霊の出る、取りつかれた

♪「お化け屋敷」は haunted house と言う。

動 ①〜にとりつく、〜を悩ませる
　②〈場所〉に頻繁に現れる

The disorder **haunts** people with flashbacks of very negative experiences in their lives.

その疾患を持つ人は、人生における非常につらい経験がしつこくフラッシュバックしてきて苦しむ。

0415

premature

[prémətʃə]

≒ untimely

♪〈pre-(前)＋ mature(成熟した)〉の構造。

形 時期尚早な

His **premature** death at just 37 was due to an infection caused by a gunshot wound.

彼がわずか 37 歳という若さで亡くなったのは、銃撃による傷から感染したためだった。

0416

distressing

[dɪstrésɪŋ]

名 distress 苦痛

≒ ② deplorable

形 ①苦悩させる ②悲惨な、みじめな

The results of the medical tests were **distressing**, yet there was still hope.

医療検査の結果は心が重くなるものだったが、まだ希望はあった。

0417

lethargy

[léθədʒi]

形 lethargic 無気力な

≒ ① laziness

名 ①無気力、倦怠 ②嗜眠

Lethargy, a general lack of energy and responsiveness, can be a sign of a serious illness in a pet.

ペットが無気力で、どこかしら元気がなかったり反応が悪かったりするのは、深刻な病気の兆候かもしれない。

0418

vulnerable

[vʌ́lnərəbl]

名 vulnerability 脆弱性

≒ sensitive, susceptible

形 〈人・体などが〉弱い、〈病気に〉かかりやすい

The deeper they go, divers become more and more **vulnerable** to health risks.

ダイバーは深く潜れば潜るほど、ますます健康のリスクにさらされる。

0419

stammer

[stǽmə]

副 stammeringly どもって

≒ [動] stutter

名 吃音、口ごもり
動 口ごもる、どもる

Children with a **stammer** should be taken to see a speech therapist.

吃音のある子どもは言語療法士のところに連れていって診てもらうとよい。

生物　野生動物　植物

医学

生理学　薬学　人類学　食料生産　スポーツ

0420 enrich
[ɪnrítʃ]

名 enrichment 豊かにすること
≒ ① ameliorate, improve, enhance

動 ① ～を向上させる、〈栄養価など〉を高める
② ～を豊かにする ③〈同位元素〉を濃縮する

Numerous foods for vegans are **enriched** with iron and other healthy nutrients.

完全菜食主義者のための食品の多くは、鉄などの健康によい栄養素で強化されている。

0421 inject
[ɪndʒékt]

名 injection 注射
♪ ject は「投げる」を意味する語根で、eject (～を放出する)、project (～を投射する) などにも含まれる。

動 ～を注射する、注入する

The medicine must be **injected** directly into the patient's muscle tissue.

その薬剤は患者の筋肉組織に直接注入しなければならない。

0422 habitual
[həbítʃuəl]

動 habituate〈人〉を慣らす
≒ ① chronic, addictive, inveterate
♪ アクセントの位置に注意。

形 ① 常習的な ② 習慣的な、いつもの

Giving up smoking is made significantly more difficult if it is a **habitual** action, for example.

例えば喫煙が常習的な行動になっている場合は、禁煙するのはかなり難しくなる。

0423 counteract
[kàʊntərǽkt]

名 counteraction 中和
形 counteractive 中和する
≒ neutralise, offset

動〈悪影響など〉を中和する、和らげる

This medicine, if given quickly enough, can **counteract** the poison.

この薬は、すぐに投与すれば、その毒を中和できる。

0424 longevity
[lɔndʒévəti]

≒ ① long life ② life span
↔ ① short life

名 ① 長寿 ② 寿命

The **longevity** of her life can be explained by her healthy diet and relaxed lifestyle.

彼女が長生きなのは、健康によい食事とゆったりとした生活のおかげだろう。

0425 decent
[dí:snt]

名 decency 上品さ
≒ prudent, modest
↔ indecent
♪ 発音に注意。

形 よい、きちんとした

A **decent** night's sleep is important for our general health.

心身にわたって健康でいるには、夜きちんと眠ることが重要だ。

1363

0426 ☐☐☐☐☐

dietary

[dáɪətəri]

图 diet 食事、規定食

形 飲食物の、食事の

Many healthcare centres give **dietary** as well as medical advice, since food affects health greatly.

多くの保健所では、医療だけでなく食事に関する助言も行っている。食べ物は健康に大きな影響を与えるからだ。

0427 ☐☐☐☐☐

vigorous

[vígərəs]

图 vigour (心身の) 活力、精力
≒ energetic

形 精力的な、活力にあふれた

Light exercise is important, but some doctors recommend over an hour of **vigorous** activity per week.

軽い運動は大事だが、週に1時間以上の激しい運動を勧める医者もいる。

0428 ☐☐☐☐☐

wholesome

[hóʊlsəm]

≒ healthy
♪ 元々 whole には「健全な」という意味があった。

形 健康によい

It wasn't until the 1990s that we really understood the benefits of fresh, **wholesome** food.

1990年代になってようやく私たちは新鮮で健康によい食べ物の恩恵を真に理解した。

0429 ☐☐☐☐☐

excessively

[ɪksésɪvli]

图 excess 超過
形 excessive 過度な、法外な
≒ extremely, extravagantly

副 過度に、法外に

People who drink **excessively** are more likely to get liver disease.

大酒飲みは肝臓疾患にかかりやすい。

0430 ☐☐☐☐☐

sanitary

[sǽnətəri]

≒ hygienic
♪ san は「健康な、健全な」を意味する語根で、sane (健全な)、sanatorium (療養所) などにも含まれる。

形 公衆衛生の、衛生上の

The poor **sanitary** conditions were highlighted by the presence of rats in the kitchen.

ひどい衛生状態の極めつけは台所にいるネズミたちだった。

0431 ☐☐☐☐☐

grimace

[gríməs]

≒ [動] frown, scowl

動 顔をゆがめる
名 しかめっ面

In the days after the accident, she **grimaced** with pain whenever she tried to sit up.

事故後の数日間、彼女は起き上がろうとするたびに痛みで顔をゆがめた。

生物　野生動物　植物

医学

生理学　薬学　人類学　食料生産　スポーツ

0432
succumb
[səkʌ́m]

≒ ② surrender, give in, yield
♪ 発音に注意。最後の b は発音しない。

動 ①（病気などで）倒れる、死ぬ ②屈する

Owing to the pressure of their jobs, many workers have **succumbed** to physical and mental illnesses.

多くの労働者が仕事のプレッシャーから心身の病いに倒れている。

0433
posture
[pɑ́stʃə]

≒ carriage, pose, poise

名 姿勢、態度

Sitting upright and maintaining good **posture** throughout the day is essential for back health.

一日中背筋を伸ばして座り、よい姿勢を保つことが、背中の健康に欠かせない。

0434
intake
[íntèɪk]

♪ take in で「〜を摂取する」という意味になる。

名 摂取

Despite food consumption increasing in schools, vitamin **intake** was down overall.

学校での食物消費量は増加したのに、ビタミン摂取量は全体として減った。

0435
specimen
[spésəmɪn]

≒ sample
♪ 複数形は specimens。

名 標本、サンプル

Every blood **specimen** taken from cows in the area was tested for the disease.

その地域の牛から採取された血液検体はすべてその病気にかかっていないかどうか検査された。

0436
rouse
[ráʊz]

≒ ① arouse, awaken ② stimulate
♪ 発音に注意。

動 ①〜を目覚めさせる ②〜を刺激する

Soldiers are **roused** from sleep with a tough morning exercise routine.

兵士たちはいつもの厳しい朝の訓練で眠気が吹き飛ぶ。

0437
acupuncture
[ǽkjupʌ̀ŋktʃə]

♪ acupressure（指圧）、herbal medicine（植物療法）、hypnotherapy（催眠療法）なども覚えておこう。

名 はり（治療）

Putting special needles into the skin to relieve pain or treat other health conditions is called **acupuncture**.

特殊な針を皮膚に刺して痛みを和らげたりそのほかの症状を治療したりすることをはり治療と呼ぶ。

1396

0438　□□□□□

outbreak

[áʊtbrèɪk]

≒ flare-up

♪ break out (勃発する、突発する) も覚えておこう。

名 (病気などの) 突発、(戦争などの) 勃発

The Ebola virus saw **outbreaks** across West Africa, with over 30,000 cases reported.

エボラウイルスは西アフリカ中で発生し、3万を超える症例が報告された。

0439　□□□□□

diagnosis

[dàɪəgnóʊsɪs]

動 diagnose 〜を診断する

♪ 複数形は diagnoses。

名 診断

Patients should seek a formal **diagnosis** from a doctor instead of researching online.

患者はネット検索をする代わりに医師にちゃんと診断してもらうべきだ。

0440　□□□□□

chronic

[krɑ́nɪk]

≒ persistent, confirmed, habitual, inveterate

↔ acute

形 慢性の

The patient suffered from **chronic** pain for years until he took this medicine.

その患者はこの薬を使うまで何年も慢性の痛みに苦しんでいた。

0441　□□□□□

nutrient

[njúːtriənt]

名 nutrition 栄養

≒ [形] nourishing, nutritional, nutritious

名 栄養物、栄養素
形 栄養になる

A concentrated diet with enough **nutrients** is essential for astronauts on long journeys.

長期滞在中の宇宙飛行士には十分な栄養素を含む濃縮食品が不可欠だ。

0442　□□□□□

cardiac

[kɑ́ːdiæ̀k]

♪ cardi(o)- は「心臓の」を意味する接頭辞で、cardiogram (心電図) などにも含まれる。

形 心臓の

Eating leafy green vegetables improves the health of your heart, reducing the chance of **cardiac** disease.

葉物野菜を食べると、心臓が健康になり、心臓病になる可能性が低減する。

0443　□□□□□

complement

[名] [kɑ́mplɪmənt] [動] [kɑ́mplɪmènt]

≒ [名] supplement [動] complete

♪ compliment (ほめ言葉、賛辞) と発音は同じ。

名 完全にするもの、補完物
動 〜を完全にする、補完する

Supplements are a good **complement** to a healthy lifestyle, but they aren't a replacement.

サプリメントは健康的な生活のためのよい補完物だが、食事の代わりにはならない。

0444

mobility
[moʊbíləti]

囲 mobile 動ける、可動性の
♪ カタカナ語の「モビリティ」は自動車や
IT分野の主要トレンドとなりつつある。

□□□□□

图 移動性、可動性

Motor neurone disease reduced Stephen Hawking's **mobility** to almost zero.

運動ニューロン疾患によってスティーブン・ホーキングはほとんど動くことができなくなった。

0445

efficacy
[éfikəsi]

囲 efficacious 有効な
≒ effectiveness, efficiency

□□□□□

图 有効性

The **efficacy** of the needle-based treatment is doubted by most of the medical community.

医療業界のほとんどの人は鍼治療の有効性を疑っている。

0446

vaccinate
[væksənèɪt]

图 vaccine ワクチン
图 vaccination 予防接種

□□□□□

動 〈人〉に予防接種をする

Before travelling to Uganda, travellers need to be **vaccinated** against hepatitis and cholera.

ウガンダに渡航する前に、旅行者は肝炎とコレラの予防接種をする必要がある。

0447

fatty
[fǽti]

图 fat 脂肪
≒ greasy, oily

□□□□□

形 〈食べ物が〉脂肪を多く含む、脂っこい

Fatty foods, such as hamburgers, should not be part of a regular diet.

ハンバーガーのような脂っこい食べ物は日常的に食べるべきではない。

0448

trait
[tréɪ]

≒ characteristics
♪ 修飾語と共に用いる。

□□□□□

图 特徴

A person's physical **traits** are affected by genes as well as by lifestyle choices.

人の身体的特徴は取り入れているライフスタイルだけでなく遺伝にも影響を受ける。

0449

insert
[ɪnsɔ́:t]

图 insertion 挿入

□□□□□

動 ～を挿入する、差し込む

The tube was **inserted** into the patient's mouth so he could breathe properly.

患者が正常に呼吸できるように、口にチューブが挿入された。

1430

0450 ☐☐☐☐☐

mutate

[mjuːtéɪt]

图 mutation 突然変異、変化
圏 mutational 変化する；突然変異の

動 突然変異する、～を変化させる

The flu virus **mutates** rapidly, which is one reason flu shots are not always effective.

インフルエンザウイルスはどんどん変異していく。それが、予防接種が必ずしも有効ではない一つの理由だ。

0451 ☐☐☐☐☐

mortality

[mɔːtǽləti]

圏 mortal 致命的な、死の
≒ death

名 死亡

Mortality rates have improved rapidly due to improvements in healthcare and medicine.

保健医療と医学の改善により、死亡率が急速に低下している。

0452 ☐☐☐☐☐

genetic

[dʒənétɪk]

图 gene 遺伝子

形 遺伝の、遺伝子の

A **genetic** disease can occur when changes take place in the DNA of a living organism.

生体の DNA に変化が起こると遺伝性疾患が生じることがある。

0453 ☐☐☐☐☐

assault

[əsɔ́ːlt]

≒ [動] aggress, assail

動 ～を襲う、攻撃する　名 攻撃

Parkinson's disease will slowly **assault** the central nervous system, damaging one's ability to move and think properly.

パーキンソン病は中枢神経系をゆっくりと蝕み、人が正常に動いたり考えたりする能力を損なう。

0454 ☐☐☐☐☐

deteriorate

[dɪtíəriərèɪt]

图 deterioration 悪化
≒ degenerate, degrade, worsen
↔ ameliorate

動 悪化する、劣化する

By 1973, the disease took hold and her health **deteriorated** rapidly, leading to her death.

彼女は 1973 年にはすでに病に侵されていて、健康状態はみるみる悪化し、死に至った。

0455 ☐☐☐☐☐

adverse

[ǽdvɚːs]

≒ ① unfavourable, harmful
↔ ① favourable

形 ①有害な、不利な　②逆の、反対の

Adverse effects of the drug include shaking and muscle pain.

その薬の副作用には震えや筋肉痛がある。

生物　野生動物　植物

医学

生理学　薬学　人類学　食料生産　スポーツ

0456 □□□□□

curse
[kə́:s]

≒ ① bane, scourge
　② swear word

名 ① 災い(の元) ② のろい(の言葉)

The **curse** of addiction cannot be cured by prescribing more drugs; a practical approach is needed.

中毒というやっかいなものは薬をより多く処方すれば治るわけではない。実情に合わせた治療が必要だ。

0457 □□□□□

ward
[wɔ́:d]

♪ 行政区画の「区」も ward と言う。

名 病棟、病室

Hospital **wards** would empty during the week and fill up at the weekends.

病棟は平日は空いていて週末になるといっぱいになった。

0458 □□□□□

flush
[flʌ́ʃ]

≒ ② blush, glow
♪ flash (きらめく：きらめき) と混同しないようにしよう。

動 ① ～を勢いよく流す、洗い流す
　　② 〈人・顔・ほおが〉紅潮する

Doctors recommend to drink plenty of water to **flush** out any excess salt.

医師たちは余分な塩分を洗い流すために水をたくさん飲むことを勧める。

0459 □□□□□

degenerate
[dɪdʒénərèɪt]

名 degeneration 退化
形 degenerative 退化する、退行性の
≒ decay, deteriorate, worsen

動 退化する、悪化する

Shortly after finding she had the disease, her health **degenerated** quickly.

彼女がその病気にかかっていることが判明した直後に、彼女の体調は急激に悪化した。

0460 □□□□□

alleviate
[əlí:vièɪt]

名 alleviation (一時的な) 緩和、軽減
≒ allay, assuage, ease, relieve

動 〈困難・苦痛など〉を(一時的に) 軽減する

Medicines can **alleviate** depression, but they cannot cure it.

薬はうつを軽減することはできるが、治すことはできない。

0461 □□□□□

discern
[dɪsə́:n]

形 discernible 認識できる
≒ ① distinguish ② perceive

動 ① ～を見分ける、識別する ② ～を認識する

The cameras can **discern** which people are likely to carry the disease.

そのカメラはその病気にかかっている可能性がある人を識別できる。

0462 ⬜⬜⬜⬜⬜

holistic
[hoʊlístɪk]

图 holism 全体論

形 全体論的な

Holistic medicine considers medical issues in relation to patients' mind and emotions, not just their body.

ホリスティック医学では、医療問題を、患者の体だけでなく心や感情と関連させて考える。

0463 ⬜⬜⬜⬜⬜

ingestion
[ɪndʒéstʃən]

動 ingest 〈食物・薬品など〉を摂取する

名 (食物・薬品などの) 摂取、吸収

Studies have linked moderate **ingestion** of red wine to improved heart health.

赤ワインを適度に摂取すると心臓の機能が向上することが研究によってわかっている。

0464 ⬜⬜⬜⬜⬜

choke
[tʃóʊk]

≒ ① strangle, suffocate ② clog

動 ① 窒息する；〜を窒息させる ② 〜をふさぐ

The inventor of the Heimlich manoeuvre had it used on himself as he **choked** on his food.

ハイムリック法を編み出した人は、自分が食べ物をのどに詰まらせたときにその方法を自分に使ってもらった。

0465 ⬜⬜⬜⬜⬜

savour
[séɪvə]

≒ relish
⤴ 🇺🇸 savor

動 〈食べ物〉をゆっくり味わう

Watching TV while eating limits our ability to **savour** food, distracting us from its flavour.

食事中にテレビを見ると、味以外に気を取られて料理を楽しむ能力が低減する。

0466 ⬜⬜⬜⬜⬜

suppress
[səprés]

图 suppression 抑圧
≒ ① hold back, restrain, stifle, subdue, repress ② quash

動 ① 〈好ましくないもの〉を抑える、抑制する ② 〜を鎮圧する

Diet pills that **suppress** your hunger can be very dangerous for your health.

空腹を抑えるダイエット用の錠剤は健康に大きな危険を及ぼすことがある。

0467 ⬜⬜⬜⬜⬜

moisten
[mɔ́ɪsn]

形 moist 湿った
图 moisture 湿気、水分
≒ dampen

動 〜を湿らす、ぬらす

Artificial eye drops are used to **moisten** the eyes in people experiencing dry eye.

ドライアイの症状がある人の目を潤すのに、人口涙液の目薬が使われる。

生物 野生動物 植物

医学

生理学 薬学 人類学 食料生産 スポーツ

0468	☐☐☐☐☐

immune
[ɪmjúːn]

名 immunity 免疫 (力)
動 immunise ~に免疫力をつける

形 免疫のある

Humans are now **immune** to a variety of diseases, thanks to modern medicine.

現代医学のおかげで人間は今や様々な病気に対して免疫がある。

0469	☐☐☐☐☐

soothe
[súːð]

形 soothing 落ち着かせる；やわらげる
≒ ① alleviate, appease, mitigate, mollify, relieve

動 ①〈苦痛など〉を和らげる
　②〈人・動物〉をなだめる

This traditional medicine of herbs has been used for centuries to **soothe** pain.

この伝統的な植物療法は痛みを和らげるために何世紀もの間行われてきた。

0470	☐☐☐☐☐

deficiency
[dɪfíʃənsi]

形 deficient 不足した
≒ dearth, inadequacy, insufficiency, shortage

名 不足、欠乏

The doctor clarified that the anaemia was the result of a **deficiency** of iron.

その医者は、貧血は鉄不足によって起こることを解明した。

0471	☐☐☐☐☐

precede
[prɪsíːd]

名 precedence 先行、優先権
形 precedent 先行する

動 ~に先行する

Stressful life events commonly **precede** anxiety attacks in patients with mood disorders.

気分障害を患う患者が不安発作を起こす前には、通例、ストレスを感じるような出来事が生じている。

1499

Terminology

医学

□□□□□
virus ウイルス
[váɪrəs]

□□□□□
germ ばい菌、病原菌
[ʤə́:m]

□□□□□
pathogen 病原体
[pǽθəʤən]

□□□□□
infection 感染症、伝染病
[ɪnfékʃən]

□□□□□
contagion 感染
[kəntéɪʤən]

□□□□□
quarantine 隔離、検疫
[kwɔ́rəntì:n]

□□□□□
symptom 症状
[sɪ́mptəm]

□□□□□
complication 合併症
[kɔ̀mplɪkéɪʃən]

□□□□□
fever 熱
[fí:və]

□□□□□
cough せき
[kɔ́f]

□□□□□
hiccup しゃっくり
[hɪ́kʌp]

□□□□□
spasm 発作；けいれん
[spǽzm]

□□□□□
palpitation 動悸
[pæ̀lpətéɪʃən]

□□□□□
anaemia 貧血
[əní:miə]

□□□□□
headache 頭痛
[hédèɪk]

□□□□□
nausea 吐き気
[nɔ́:siə]

□□□□□
vomiting 嘔吐
[vɔ́mɪtɪŋ]

□□□□□
indigestion 消化不良
[ìndəʤéstʃən]

□□□□□
diarrhoea 下痢
[dàɪəríə]

□□□□□
ache 痛み
[éɪk]

□□□□□
itch かゆみ
[ítʃ]

□□□□□
exhaustion 疲労
[ɪgzɔ́:stʃən]

□□□□□
obesity 肥満
[əʊbí:səti]

□□□□□
malnutrition 栄養失調
[mæ̀ln(j)u(:)tríʃən]

□□□□□
tumour 腫瘍
[tjú:mə]

□□□□□
cancer 癌
[kǽnsə]

□□□□□
diabetes 糖尿病
[dàɪəbí:ti:z]

□□□□□
stroke 脳卒中
[stróʊk]

生物 野生動物 植物

医学

生理学 薬学 人類学 食料生産 スポーツ

□□□□□
paralysis 麻痺
[pərǽləsɪs]

□□□□□
allergy アレルギー
[ǽlədʒi]

□□□□□
osteoporosis 骨粗鬆症
[ɔ̀stiəʊpɔːsəs]

□□□□□
leukaemia 白血病
[luːkíːmiə]

□□□□□
pneumonia 肺炎
[n(j)u(ː)móʊniə]

□□□□□
tuberculosis 結核
[t(j)u(ː)bɔ̀ːkjəlóʊsəs]

□□□□□
asthma 喘息
[ǽsmə]

□□□□□
bronchitis 気管支炎
[brɔŋkáɪtəs]

□□□□□
influenza インフルエンザ
[ìnfluénzə]

□□□□□
relapse 再発 (する)
[rɪlǽps]

□□□□□
neurosis 神経症、ノイローゼ
[n(j)ʊəróʊsɪs]

□□□□□
amnesia 記憶喪失
[æmníːziə]

□□□□□
dementia 認知症
[dɪménʃə]

□□□□□
depression 鬱
[dɪpréʃən]

□□□□□
mania 躁
[méɪniə]

□□□□□
insomnia 不眠症
[ɪnsɔ́mniə]

□□□□□
hay fever 花粉症
[héɪ fiːvə]

□□□□□
cavity 虫歯 (の穴)
[kǽvəti]

□□□□□
injury 怪我
[índʒəri]

□□□□□
fracture 骨折
[frǽktʃə]

□□□□□
blister 水ぶくれ
[blístə]

□□□□□
frostbite 凍傷
[frɔ́stbàɪt]

□□□□□
bruise 打撲
[brúːz]

□□□□□
sprain 捻挫
[spréɪn]

□□□□□
dislocation 脱臼
[dìsləkéɪʃən]

□□□□□
scratch かすり傷、掻き傷
[skrǽtʃ]

□□□□□
stab 刺し傷
[stǽb]

□□□□□
swelling 腫れ
[swélɪŋ]

1543

☐☐☐☐☐
treatment 治療
[trí:tmənt]

☐☐☐☐☐
stethoscope 聴診器
[stéθəskòup]

☐☐☐☐☐
remedy 治療法
[rémədi]

☐☐☐☐☐
cure 治療（法）
[kjúə]

☐☐☐☐☐
surgery 手術
[sə́ːʤəri]

☐☐☐☐☐
operation 手術
[ɔ̀pəréiʃən]

☐☐☐☐☐
quinine キニーネ
[kwiní:n]

☐☐☐☐☐
wheelchair 車椅子
[wí:ltʃèə]

☐☐☐☐☐
eyesight 視力
[áisàit]

☐☐☐☐☐
hearing 聴力
[híəriŋ]

☐☐☐☐☐
pulse 脈拍
[pʌ́ls]

☐☐☐☐☐
vigour 体力
[vígə]

☐☐☐☐☐
cholesterol コレステロール
[kəléstərɔ̀l]

☐☐☐☐☐
starch デンプン
[stá:tʃ]

☐☐☐☐☐
glucose グルコース、ブドウ糖
[glú:kəuz]

☐☐☐☐☐
carbohydrate 炭水化物
[kὰ:bəuháidreit]

☐☐☐☐☐
nicotine ニコチン
[níkətì:n]

☐☐☐☐☐
astigmatism 乱視
[əstígmətìzm]

☐☐☐☐☐
bespectacled 眼鏡をかけた
[bispéktəkld]

☐☐☐☐☐
ambulance 救急車
[ǽmbjələns]

生物　野生動物　植物

医学

生理学　薬学　人類学　食料生産　スポーツ

0472　□□□□□

sensory
[sénsəri]

♪ sense (感覚) の形容詞形。名詞の前で使う。

形 知覚の、感覚の

Our **sensory** organs — especially our eyes and ears — inform us about the world in which we live.

感覚器官、特に目と耳は、私たちが暮らす世界について私たちに教えてくれる。

0473　□□□□□

brittle
[brítl]

≒ breakable, fragile

形 砕けやすい、もろい

Brittle bone disease affects roughly one in 15,000 people, putting millions at risk of fractures.

骨粗しょう症はおよそ1万5千人に1人が患っていて、何百万人もの人が骨折するリスクを負っている。

0474　□□□□□

wean
[wíːn]

≒ ② detach

動 ①〈赤ん坊〉を離乳させる ②〜を引き離す

After children are **weaned** off their mother's milk, they can begin to drink other things.

子どもは離乳したらほかの飲み物を飲ませ始めてよい。

0475　□□□□□

cue
[kjúː]

≒ signal, sign
♪ テレビ・ラジオで使われる「キューを出す」の「キュー」はこれ。

名 合図

Sunlight works as a **cue** for your body to awaken.

日の光は私たちの体が目覚めるための合図として働く。

0476　□□□□□

pore
[póː]

♪ 動詞はしばしば pore over の形で使われる

名 (皮膚の) 毛穴；(葉の) 気孔
動 注意深く読む

The **pores** allow sweat to be released to cool the body down.

体を冷やすために毛穴から汗が出る。

0477　□□□□□

peripheral
[pərífərəl]

名 periphery 周囲
≒ marginal ② irrelevant

形 ①周囲の、周辺(部)の ②些末な、重要でない

Peripheral vision loss, also called tunnel vision, makes it difficult to see anything in front of you.

周辺視野の喪失は視野狭窄症とも呼ばれ、目の前のものがなんであれ見づらくなる。

0478
□□□□□

clumsy
[klʌ́mzi]

≒ ① awkward, maladroit, all thumbs

形 ① 不器用な ② 不細工な、不格好な

If you are always bumping into things, it's okay; being **clumsy** is part of being human.

しょっちゅう物にぶつかっていても大丈夫。どんくさいのも人間らしさの一つだ。

0479
□□□□□

innate
[inéit]

≒ inborn, native

形 〈能力・資質などが〉生まれつき備わっている

Humans are born with the **innate** ability to communicate verbally.

人間は言葉を使って意思疎通できる生来の能力を持って生まれてくる。

0480
□□□□□

predispose
[prì:dɪspóʊz]

图 predisposition 傾向；体質
≒ dispose, incline
♪ dispose (〜しがちにする) に接頭辞 pre- (予め) がついた語。

動 〈人〉を(病気に)かかりやすくする、傾かせる

Research showed that certain people are **predisposed** to some diseases due to their ethnicity.

民族によって特定の病気にかかりやすいことが、研究によって示された。

0481
□□□□□

womb
[wúːm]

≒ uterus
♪ 発音に注意。語末の b は発音しない。

名 子宮

Research suggests that an individual's psychology begins to develop while still in the **womb**.

研究によると、人の性格はまだ子宮の中にいるときから発達し始めるらしい。

0482
□□□□□

threshold
[θréʃhoʊld]

≒ limit, brink, verge
♪ 第1義は「敷居」。

名 境界値、閾

The study found that our pain **threshold** increases as we get older, so we feel less pain.

私たちは年齢を重ねるにつれ痛みの許容度が増し、あまり痛みを感じなくなるということが、その研究でわかった。

0483
□□□□□

bodily
[bɑ́dɪli]

≒ physical
↔ mental

形 肉体の、体の

It is between the ages of one and three that children learn to control their **bodily** functions.

子どもが身体機能をコントロールできるようになるのは1歳から3歳までの間だ。

生物 野生動物 植物 医学

生理学

薬学 人類学 食料生産 スポーツ

0484

☐☐☐☐☐

clot
[klát]

≒ [動] congeal, curdle
 [名] clump, lump

動 凝固する　**名** 塊

The medical condition prevents blood from **clotting**, which can make even minor cuts fatal.

この疾患では血液が凝固しないので、ちょっとした切り傷でも死に至ることがある。

0485

☐☐☐☐☐

sniff
[sníf]

≒ [動] snuff
♪ 英語にも「〈情報・秘密など〉をかぎつける」という比喩的な使い方がある。

動（においなどを）クンクンかぐ
名 においをかぐこと

After putting the substance to her nose and **sniffing** it, she knew exactly what it was.

その物質を鼻先に持ってきてかいだとき、彼女はそれが何なのかはっきりとわかった。

0486

☐☐☐☐☐

dizzy
[dízi]

≒ ① giddy, light-headed ② silly

形 ① めまいがする、くらくらする
② そそっかしい、愚かな

Being **dizzy** and feeling like you are going to fall over is often a symptom of anaemia.

めまいがして倒れそうな気がするのはだいたい貧血の症状だ。

0487

☐☐☐☐☐

olfactory
[ɔlfǽktəri]

♪ olfactory centre（嗅覚中枢）、olfactory organ（嗅器官）などのように名詞の前で使う。

形 嗅覚の

The **olfactory** nerve has one job: it allows us to smell.

嗅覚神経の働きはただ一つ、私たちがにおいをかぐことを可能にすることだ。

0488

☐☐☐☐☐

reflex
[rí:fleks]

形 reflexive 反射的な
♪ re の発音に注意。conditioned reflex（条件反射）という表現も覚えておこう。

名 反射（運動）；[reflexes で] 反射神経

These automatic reactions are called **reflexes**, such as when we react to being tapped on the knee.

膝を叩くと足が動くというような無意識の反応を反射と呼ぶ。

0489

☐☐☐☐☐

neural
[n(j)úərəl]

図 neuron 神経細胞
♪ neur(o)は「神経の」を意味する語根で、neurosis（神経症）など多くの医学・生理学用語に含まれる。

形 神経の、神経系の

Neural pathways are connections that the brain makes to transport information.

神経路とは、情報を運ぶために脳が作る連絡通路だ。

1605

---

metabolism

[mətǽbəlìzm]

形 metabolic 代謝の
動 metabolise 代謝する [させる]

名 代謝（作用）、新陳代謝

The cold can slow your **metabolism** down, which makes it easier to gain weight.

寒いと代謝が鈍ることがあり、そうすると体重が増えやすくなる。

---

optical

[ɔ́ptɪkl]

≒ ① ocular, optic, visual
♪ 名詞の前で用いる。optical nerve（視神経）、optical instrument（光学機器）という表現も覚えておこう。

形 ①目の、視覚の、視力の　②光学の

Information passes from the **optical** nerve to the brain, allowing us to see.

情報は視神経を通って脳に届き、それによって私たちは見ることができている。

---

exhale

[ekshéɪl]

≒ breathe out
↔ inhale

動 〈息・煙など〉を吐き出す

If one begins to panic, it is advisable to breathe slowly, inhaling and **exhaling** steadily to relax.

パニックになり始めたら、ゆっくりと呼吸し、落ち着いて息を吸ったり吐いたりしてリラックスするとよい。

---

respiratory

[rɪspírətɔ̀ri]

動 respire 呼吸する
名 respiration 呼吸

形 呼吸の、呼吸に関する

Asthma is a disease that affects a person's **respiratory** system.

ぜんそくは人の呼吸器系を侵す病気だ。

---

inhale

[ɪnhéɪl]

名 inhalation 吸入
≒ breathe in, suck in
↔ exhale

動 （～を）吸い込む

People with asthma need medicine to be able to **inhale** properly.

ぜんそくの人は正常に息を吸うことができるように薬を必要とする。

---

invert

[ɪnvɔ́ːt]

形 inverse 逆の、反対の
名 inversion 逆、転倒
≒ reverse

動 ～を逆さにする

The retina receives images upside-down, which are then **inverted** by the brain.

網膜は像を逆さまに受け取り、脳が次にそれを逆さにする。

生物　野生動物　植物　医学

生理学

薬学　人類学　食料生産　スポーツ

| 0496 | □□□□□ | 名 通路 |

pathway
[pǽːθwèɪ]
≒ path

After brain damage, it takes time for new neural **pathways** to develop.

脳が損傷を受けると、新しい神経経路が時間をかけて形成される。

| 0497 | □□□□□ | 形 聴覚の、耳の |

auditory
[ɔ́ːdɪtəri]

♪ aud は「聞く」を意味する語根で、audience（聴衆）などにも含まれる。

The **auditory** nerves connect the ear to the brain to allow humans to hear.

聴神経が耳を脳につないでいるので、人は音を聞くことができる。

| 0498 | □□□□□ | 名 脊柱、背骨 |

spine
[spáɪn]

形 spinal 背骨の、脊髄の
≒ backbone

The **spine** goes from the base of a person's head down the middle of the back.

背骨は人の首の根本から背中の真ん中を通っている。

1639

Terminology

生理学

◀ MP3 ≫ 099

□□□□□
limb 手足
[lím]

□□□□□
organ 器官
[ɔ́ːgən]

□□□□□
forehead 額
[fɔ́ːhèd]

□□□□□
iris 虹彩
[áɪrɪs]

□□□□□
jaw あご
[ʤɔ́ː]

□□□□□
palm 掌
[páːm]

□□□□□
wrist 手首
[ríst]

□□□□□
chest 胸
[tʃést]

□□□□□
breast 乳房
[brést]

□□□□□
belly お腹、腹部
[béli]

□□□□□
abdomen お腹、腹部
[ǽbdəmən]

□□□□□
navel へそ
[néɪvl]

□□□□□
thigh 太もも
[θáɪ]

□□□□□
calf ふくらはぎ
[káːf]

□□□□□
ankle 足首
[ǽŋkl]

□□□□□
sole 足の裏
[sóʊl]

□□□□□
skeleton 骸骨
[skélətən]

□□□□□
skull 頭蓋骨
[skʌ́l]

□□□□□
joint 関節
[ʤɔ́ɪnt]

□□□□□
artery 動脈
[áːtəri]

□□□□□
vein 静脈
[véɪn]

□□□□□
cerebral cortex 大脳皮質
[sèrəbrəl kɔ́ːteks]

□□□□□
frontal lobe 前頭葉
[frʌ́ntl lòʊb]

□□□□□
cerebellum 小脳
[sèrəbéləm]

□□□□□
spinal cord 脊髄
[spáɪnl kɔ̀ːd]

□□□□□
liver 肝臓
[lívə]

□□□□□
kidney 腎臓
[kídni]

□□□□□
bladder 膀胱
[blǽdə]

生物　野生動物　植物　医学

生理学

薬学　人類学　食料生産　スポーツ

薬学 ^{Pharmacy}

薬学 Pharmacy

0499 □□□□□

dose
[dóʊs]

♪「（1回に照射される）放射線量」も意味する。

名 （薬の）1回の服用量
動 ～に投薬する

A few of the people required large **doses** of the medicine to stay alive.

その中の数人は生きていくのに大量の薬を服用する必要があった。

0500 □□□□□

medication
[mèdəkéɪʃən]

囲 medicate ～に投薬する
形 medical 薬用の
♪ on medication で「薬物治療を受けて」の意。

名 ① 薬剤 ② 薬物療法

Doctors discussed how elderly people are now using more **medications** than ever.

医師たちは高齢者がこれまで以上に薬剤を使っている現状について議論した。

0501 □□□□□

antidote
[ǽntɪdóʊt]

≒ ② rectifier, remedy

名 ① 解毒剤 ② （望ましくない状態の）解消法

If a snake bites you, take a picture of it so the hospital can find the correct **antidote**.

ヘビにかまれたら、病院が正しい血清がわかるようにそのヘビの写真を撮りなさい。

0502 □□□□□

palatable
[pǽlətəbl]

图 palate 味覚（が鋭いこと）
≒ delicious

形 味のよい、口に合う

Bitter medicine is made more **palatable** for children by adding sugars and salt.

苦い薬は砂糖や塩を加えて子どもの口に合うようにしてある。

0503 □□□□□

generic
[dʒənérɪk]

↔ ② specific

形 ① ノーブランドの、一般名称で販売される
② 総称的な、包括的な

When patents expire, **generic** drugs enter the market at much cheaper prices.

特許が切れると、ジェネリック医薬品がはるかに安い価格で市場に参入する。

0504 □□□□□

antibiotic
[æntibaɪɔ́tɪk]

♪ anaesthesia（麻酔）、analgesic（鎮痛剤）などの語も覚えておこう。

名 抗生物質
形 抗生物質の

Antibiotics for fighting infections are essential in times of war.

戦時には感染症と戦うための抗生物質が欠かせない。

1668

0505 □□□□□

pharmaceutical

[fɑ̀ːməsjúːtɪkl]

图 pharmacy 薬学；製薬業；薬局
≒ [名] medication, medicine, remedy

形 製薬の；薬剤（師）の
名 調合薬

Significant investment in the **pharmaceutical** industry has revolutionised modern medicine.

製薬産業への多額の投資が現代医学に大変革をもたらした。

0506 □□□□□

antiseptic

[æntiséptɪk]

♪ septic (腐敗物；腐敗の) に、対抗を意味する接頭辞 anti- のついた語。

名 消毒薬、防腐剤　形 殺菌の

Honey and lemon have long been used as natural **antiseptics** to treat cuts, burns, and infections.

蜂蜜とレモンは切り傷、やけど、感染症を治療するための天然の消毒薬として長く用いられてきた。

0507 □□□□□

disagreeable

[dìsəgríːəbl]

≒ disgusting, offensive, unpleasant
↔ agreeable

形 不愉快な、好みに合わない

Some medicines have a **disagreeable** taste, so companies give them flavours to appeal to children.

薬によってはまずいものもあるので、メーカーは子どもたちが喜ぶような味をつけている。

0508 □□□□□

placebo

[pləsíːbəʊ]

♪ 薬効のない気休め薬。対照実験用に用いられる。

名 偽薬、プラシーボ

Placebos were used to ensure the positive effects were from the drug and not psychological.

偽薬は、症状の改善は薬によるものであり、心理的なものではないことを確かめるために、使われた。

0509 □□□□□

prescribe

[prɪskráɪb]

图 prescription 処方（箋）
≒ ② lay down, define

動 ①〜を処方する　②〜を命じる、規定する

Doctors said they were "deeply worried" about the amount of medicine **prescribed** to patients.

医師たちは、患者たちに処方される薬の量について「非常に懸念して」いると語った。

生物　野生動物　植物　医学　生理学

薬学

人類学　食料生産　スポーツ

自然科学Ⅱ　**119**

薬学

□□□□□
prescription 処方箋
[prɪskrípʃən]

□□□□□
injection 注射
[ɪndʒékʃən]

□□□□□
vaccination 予防接種
[væksənéɪʃən]

□□□□□
vaccine ワクチン
[væksiːn]

□□□□□
immunity 免疫
[ɪmjúːnəti]

□□□□□
tablet 錠剤
[tゑblət]

□□□□□
diet 食餌(療法)、規定食
[dáɪət]

□□□□□
capsule カプセル
[kゑpsjuːl]

□□□□□
pill 丸薬
[píl]

人類学  Anthropology

---

0510 ⬜⬜⬜⬜⬜

primeval
[praɪmíːvl]
≒ ancient, primal, primitive, primordial
♪ 発音とアクセントの位置に注意。

形 原始時代の、太古の

Being animals, humans have a **primeval** desire to seek out food and reproduce.

人間も動物であり、食料を探し繁殖するという原始的な欲求がある。

0511 ⬜⬜⬜⬜⬜

toil
[tɔ́ɪl]
≒ labour, strive

動 (〜に) 骨を折って働く、精を出す

Workers must have **toiled** for hours at a time in the scorching sun.

労働者たちは灼熱の太陽のもとで何時間もぶっ続けて重労働に服したにちがいない。

0512 ⬜⬜⬜⬜⬜

primate
[práɪmeɪt]
♪ 人類 (humans)、類人猿 (apes)、サル (monkeys) を含む動物。

名 霊長類

One unique feature of **primates** like chimpanzees and baboons is their use of tools.

チンパンジーやヒヒのような霊長類に特有の特徴は道具を使用することだ。

0513 ⬜⬜⬜⬜⬜

sustenance
[sʌ́stənəns]
動 sustain 〜を維持する；養う
≒ ① nourishment

名 ①滋養物、食物 ②生活の手段

Humans relied upon hunting and gathering for **sustenance** before modern farming arrived.

近代農業が始まる前は、人類は狩猟採集に頼って食物を得ていた。

0514 ⬜⬜⬜⬜⬜

indigenous
[ɪndídʒənəs]
≒ native, aboriginal, endemic
↔ exotic

形 (ある土地・国に) 固有の、原産の

The history of **indigenous** Australians spans more than 40,000 years.

オーストラリアの先住民の歴史は 4 万年以上に及ぶ。

0515 ⬜⬜⬜⬜⬜

adolescent
[æ̀dəlésnt]
名 adolescence 青年期、思春期
≒ [形] immature, youthful

名 青年、若者
形 青年期の、思春期の

More than two in three American **adolescents** are missing out on regular exercise.

アメリカの若者の 3 人に 2 人以上が定期的な運動をしていない。

生物　野生動物　植物　医学　生理学　薬学

人類学

食料生産　スポーツ

0516 ☐☐☐☐☐

advent
[ǽdvent]

♪ Advent と大文字で始めて「(キリスト
の) 降臨」の意味もある。

名 到来、出現

The **advent** of fire brought with it millions of possibilities.

火を手に入れたことにより計り知れない可能性がもたらされた。

0517 ☐☐☐☐☐

ape
[éɪp]

♪ (尾のない) チンパンジー・ゴリラ・オ
ランウータンなど。サルは monkey。

名 類人猿

These huge **apes** were similar to the modern gorilla and died out around 100,000 years ago.

これらの巨大な類人猿は現代のゴリラに似ていたが、約10万年前に絶滅した。

0518 ☐☐☐☐☐

tramp
[trǽmp]
≒ trample

動 どしんどしんと歩く

Several groups **tramp** through the forests in search of expensive mushrooms and truffles.

高価なマッシュルームやトリュフを探して森中を踏み荒らすいくつかの集団がいる。

0519 ☐☐☐☐☐

nomadic
[noʊmǽdɪk]

图 nomad 遊牧民
≒ itinerant, wandering

形 遊牧の

Most communities that had once been **nomadic** have now settled down in a particular area.

かつての遊牧民族のほとんどが今では特定の場所に定住している。

0520 ☐☐☐☐☐

crude
[krúːd]

≒ ① rough ② primitive, raw,
unrefined
♪ crude oil (原油) という表現も覚えて
おこう。

形 ①粗雑な、大雑把な ②天然の、加工していない

A number of ape species have been observed creating **crude** tools for use in their day-to-day lives.

類人猿のいくつかの種が普段の生活で使う大雑把な道具を作っているのが観察されている。

0521 ☐☐☐☐☐

assimilate
[əsíməlèɪt]

图 assimilation 同化
≒ ① adjust
② incorporate, absorb

動 ①〈民族などが〉同化する、適応する
②〈食べ物など〉を吸収する

Assimilating into a new country is easier for people who learn the local language.

新しい国に適応するのは現地の言語を身につけている人の方が楽だ。

0522

□□□□□

spouse

[spáʊs]

≒ partner

名 配偶者

Although arranged marriages used to be common, nowadays most people choose their own **spouse**.

かつては見合い結婚が一般的だったが、今では大部分の人々は自らの配偶者を選択している。

0523

□□□□□

nurture

[nə́:tʃə]

≒ [動] cultivate, foster

動 ～を育てる、養育する
名 養育、教育

It used to be expected that the mother alone would **nurture** the child.

昔は母親だけが子どもを育てるものと思われていた。

0524

□□□□□

forage

[fɔ́rɪdʒ]

≒ hunt, search

動 (食糧を) あさる、探し回る

Early man would **forage** for herbs and different types of fruit to eat and share.

原始人は野草や種々の果物を探して食べ、分け合った。

0525

□□□□□

homogeneous

[hòʊməʊdʒíːniəs]

動 homogenise ～を均質化する
名 homogeneity 同質；均質性
↔ heterogeneous

形 同質の、同種の

People are classified as **homogeneous** when they share the same ethnicity, culture, or religion.

同じ民族性、文化、宗教を共有している場合、その人々は同種と分類される。

0526

□□□□□

denote

[dɪnóʊt]

名 denotation 明示的意味
≒ indicate, signify, represent

動 ～を示す、意味する

The colour red **denotes** love and passion in some cultures, and luck in others.

赤い色が愛と情熱を表す文化もあれば、幸運を表す文化もある。

0527

□□□□□

sibling

[síblɪŋ]

♪ 兄弟姉妹の1人を指す。複数を表したいときは siblings。

名 (男女の別なく) 兄弟

A child with a brother or sister typically has better social skills than one without any **siblings**.

兄弟や姉妹のいる子は一般的に、兄弟姉妹がまったくいない子よりも優れた社交術を身につけている。

生物　野生動物　植物　医学　生理学　薬学

人類学

食料生産　スポーツ

0528

☐☐☐☐☐

chant

[tʃǽnt]

≒ [動] intone

♪ 言語をリズムで覚える学習法を chants（チャンツ）と言う。

動 ～を唱える　**名** 聖歌、詠唱歌

The Filipino tribe's musical **chanting** has been performed for centuries for rice harvesting and funerals.

そのフィリピンの部族の詠唱歌は、何世紀もの間、米の収穫や弔いのために歌われてきた。

0529

☐☐☐☐☐

bachelor

[bǽtʃələ]

♪ master（修士）、doctor（博士）もあわせて覚えておこう。

名 ①独身［未婚］男性　②学士

After the highly public divorce, he found himself a **bachelor** again for the first time in decades.

彼は世間の注目を浴びつつ離婚をし、何十年ぶりかで再び独身になった。

0530

☐☐☐☐☐

raft

[rǽft]

♪ ゴムボートなどで渓流を下る rafting（ラフティング）はカタカナ語にもなっている。

名 いかだ；（ゴム製の）救命ボート
動 いかだで行く

The local people travel down the river on **rafts** made by tying together long pieces of bamboo.

地元の人たちは長い竹材を結び合わせて作ったいかだで川を下る。

0531

☐☐☐☐☐

cluster

[klʌ́stə]

≒ [動] ② gather, group, assemble
♪ 同種のものが集まること、また集まったもの。

動 ①集まる、群がる　②～を集める
名（果実などの）房、（生物の）集団

New immigrants will often **cluster** together in parts of a city to build stronger relationships.

新しく入ってくる移民は、絆を深めるために、町の一画に集中して住むことが多い。

0532

☐☐☐☐☐

puberty

[pjúːbəti]

≒ adolescence
♪ 生殖が可能になる時期。

名 思春期

The hormone changes that occur during **puberty** can make teens more aggressive.

思春期に生じるホルモンの変化で十代が攻撃的になることがある。

0533

☐☐☐☐☐

handedness

[hǽndɪdnəs]

♪ right[left]-handed（右［左］利きの）という語も覚えておこう。

名 利き手を好んで使う傾向

Left-**handedness** is represented by less than 10% of the population.

左利きは人口の10%にも満たない。

Terminology

人類学

◀ MP3>>> 107

□□□□□		□□□□□	
relative [rélətɪv]	親戚	**funeral** [fjúːnərəl]	葬式
ancestor [ǽnsestə]	先祖	**coffin** [kɔ́fɪn]	棺
lineage [líniɪʤ]	家系、血統	**grave** [gréɪv]	墓
guardian [gáːdiən]	保護者	**tomb** [túːm]	墓
adoption [ədɔ́pʃən]	養子縁組	**caste** [kάːst]	カースト
engagement [ɪngéɪʤmənt]	婚約	**dominant hand** [dɔ́mɪnənt hænd]	利き手
marriage [mǽrɪʤ]	結婚	**right-handed** [ráɪthændɪd]	右利きの
divorce [dɪvɔ́ːs]	離婚	**left-handed** [léfthændɪd]	左利きの
surname [sɔ́ːnèɪm]	姓、名字	**ambidextrous** [æmbɪdékstrəs]	両利きの
infant [ínfənt]	幼児		
adolescence [ædəlésns]	思春期		
adulthood [ɔ́dʌlthòd]	成人期		
decease [dɪsíːs]	死		
inheritance [ɪnhérɪtəns]	遺産		

生物　野生動物　植物　医学　生理学　薬学

人類学

食料生産　スポーツ

0534 ☐☐☐☐☐

barren

[bǽrən]

≒ infertile, sterile, desolate
↔ fertile

形 〈土地が〉不毛の

Without a supply of water, the land would be dry and **barren**, with no crops at all.

水が供給されなければ、その土地は干上がって不毛になり、作物がまったくできなくなるだろう。

0535 ☐☐☐☐☐

fishery

[fíʃəri]

♪ 複数形で「漁場」の意味でも使われる。

名 漁業、水産業

Marine **fisheries** are at risk of plastic pollution, which can enter our food supply.

海洋漁業はプラスチック汚染の危機にあり、それは私たちの食物供給にまで影響するかもしれない。

0536 ☐☐☐☐☐

infest

[ɪnfést]

名 infestation はびこること、まん延
≒ overrun

動 〈場所〉にはびこる、横行する

Pesticides are used to protect the crops from being **infested** by these insects.

作物にこの虫がはびこらないように殺虫剤が使われる。

0537 ☐☐☐☐☐

plague

[pléɪg]

≒ [動] ① infest ② vex, torment
　 [名] epidemic

動 ① 〜を疫病にかからせる ② 〜を悩ませる
名 疫病

Without pesticides, our crops would be **plagued** by insects and other pests.

殺虫剤がなければ、我々の作物は昆虫やその他の有害生物を介して疫病にかかってしまうだろう。

0538 ☐☐☐☐☐

brew

[brúː]

名 brewery 醸造所

動 ① 〈お茶など〉をいれる ② 〈ビールなど〉を醸造する ③ 〈嵐・陰謀などが〉起こりつつある

This supposedly healthy drink, **brewed** from tea and fruit, has become a worldwide hit.

お茶と果物から作られたこの健康飲料とうたわれている飲み物が世界的なヒット商品になっている。

0539 ☐☐☐☐☐

extract

[動] [ɪkstrǽkt] [名] [ékstrækt]

名 extraction 抽出
≒ [動] distil

動 〜を抽出する、採取する
名 抽出物

To **extract** the liquid, the bean is pressed in a machine.

液体を抽出するために、豆は機械で圧搾される。

0540 ☐☐☐☐☐

ethical
[éθɪkl]

图 ethics 道徳、規範

♪「環境や社会に配慮した」商品や消費活動を形容する「エシカル」というカタカナ語にもなっている。

形 道徳(上)の、倫理の

It is known that **ethical** products are a benefit to farmers, as they receive fair pay.

倫理的な製品は農家のためになることが知られている。農家が公正な支払いを受けられるからだ。

0541 ☐☐☐☐☐

dilute
[daɪlúːt]

图 dilution 薄めること、希釈
≒ water down, weaken

動 〈液体など〉を薄める、希釈する

After the juice is extracted from the fruit, it is **diluted** to increase the quantity.

果汁は果物から絞り出されてから増量するために薄められる。

0542 ☐☐☐☐☐

teem
[tíːm]

♪ team (チーム) と同音。進行形で使うことが多い。

動 [teem with で] ～でいっぱいだ

Before being treated with pesticides, the crops were **teeming with** insects.

殺虫剤を散布する前は作物に虫が群がっていた。

0543 ☐☐☐☐☐

parched
[páːtʃt]

動 parch ～をからからにする
≒ arid

形 〈土地などが〉乾燥した、干からびた

The **parched** rivers led to severe drought throughout the country.

河川が干からびた結果、国中が深刻な干ばつになった。

0544 ☐☐☐☐☐

reservoir
[rézəvwàː]

動 reserve ～をとっておく、予約する
♪ フランス語から来た語。発音に注意。

名 ため池、貯水池

A lack of rain left the **reservoir** low on water, which affected the local communities harshly.

雨不足で貯水池の水量が減り、周辺地域は大打撃を受けた。

0545 ☐☐☐☐☐

infertile
[ɪnfə́ːtaɪl]

图 infertility 不妊、不毛
≒ ① impotent ② barren, sterile
↔ ① fertile

形 ①生殖力のない
　　②〈土地などが〉肥沃でない、やせた

Infertile cows do not provide milk, so they are of little value to dairy farmers.

生殖力のない牛は乳を出さないので酪農家にとってはほとんど価値がない。

0546
☐☐☐☐☐

meadow

[médəʊ]

≒ grassland

♪ ea の発音に注意。放牧場は pasture。

名 （放牧・干し草用の） 牧草地

Free-range animals, unlike caged animals, are allowed to live in open **meadows**, feeding on grass.

おりに入れられた動物と違い、放し飼いの動物は広々とした牧草地で草をはんで暮らすことができる。

0547
☐☐☐☐☐

rotate

[rəʊtéɪt]

名 rotation 回転、自転；交替
≒ ② revolve
♪ 「（天体の）公転」は revolution。

動 ①〈農作物〉を輪作する ②（軸を中心に）回転する ③（輪番で）交替する

Farmers need to **rotate** crops between different types to avoid damaging the soil.

土が痩せないように、農家は異なる種類の作物を輪作する必要がある。

0548
☐☐☐☐☐

pesticide

[péstəsàɪd]

♪ pest（害虫）に「殺すもの」を意味する語根 cide のついた語。herbicide なら「除草剤」。

名 殺虫剤

One cause of damage to natural ecosystems is the introduction of **pesticides** to modern agriculture.

自然生態系が損なわれる一因は、現代の農業で殺虫剤が使われるようになったことだ。

0549
☐☐☐☐☐

fertilise

[fɔ́:təlàɪz]

名 fertiliser 肥料
♪ ■ fertilize
「fertile（肥沃な）にする」という意味。

動〈土地など〉を肥沃にする、〜に施肥する

People are using homemade products to **fertilise** their gardens, improving the size and quantity of their vegetables.

人々は庭に施肥するのに自家製の肥料を使って、野菜の大きさや量を改善している。

0550
☐☐☐☐☐

poultry

[póʊltri]

≒ fowl
♪ 鶏・七面鳥・アヒルなど、肉や卵のために飼う鳥を集合的に指す。

名 家禽類

As chickens and ducks are smaller, **poultry** farming is less damaging to the environment than cattle farming.

ニワトリやアヒルは比較的小さいので、家禽類の飼育の方が牛などの飼育よりも環境に害を及ぼさない。

0551
☐☐☐☐☐

plough

[plául]

♪ ■ plow
ough の発音に注意。

名 すき
動 〜をすきで耕作する

The **plough**, used for loosening the soil, has been used for hundreds of years.

土を耕すのに使われるすきは何百年も使われている。

1799

0552 □□□□□

pest
[pést]

♪ pest control（害虫駆除）という表現も覚えておこう。

名 害虫、有害な動物

While it grows quickly, the plant is often eaten by **pests**.

この植物は成長が早いが、害虫に食べられることが多い。

0553 □□□□□

arable
[ǽrəbl]
≒ farmable

形 〈土地が〉耕作に適した、耕作用の

She had gradually expanded the small parcel of **arable** land until she created a complete farm.

彼女は小さな耕作用地を少しずつ広げていき、とうとう立派な農場を作ってしまった。

0554 □□□□□

repel
[rɪpél]

形 repellent 不快感を抱かせる
≒ ① repulse, drive away
② turn away, reject
♪ repellent には「防虫剤」の意味もある。

動 ①〜を追い払う、撃退する ②〜を拒絶する

In small farms, scarecrows are used to **repel** birds that may harm the crops.

狭い農地では、作物を荒らす鳥を追い払うためにかかしが使われる。

0555 □□□□□

perishable
[périʃəbl]

動 perish 死ぬ、崩壊する、腐る

形 〈食べ物などが〉傷みやすい、日持ちしない

All **perishable** food products need to be sold by their sell-by date.

傷みやすい食品はすべて販売期限までに売る必要がある。

0556 □□□□□

necessitate
[nəsésətèit]
≒ require

動 〜を必要とする

The dramatically increasing population **necessitates** an increased rate of food production.

人口が飛躍的に増加しているので、食糧生産率を上げる必要がある。

0557 □□□□□

intensive
[ɪnténsɪv]

♪ 病院のICU（集中治療室）は、intensive care unit の略。

形 集約的な、集中的な

Intensive farming of many crops has led to a reduction in soil quality.

多くの作物を集中して栽培したために、土壌の質が低下している。

生物 野生動物 植物 医学 生理学 薬学 人類学

食料生産

スポーツ

0558

livestock

[láɪvstɔ̀k]

♪ 集合的に馬・牛・羊などの「家畜類」を表す。

☐☐☐☐☐

名 家畜

Farmers looked for a reliable way to protect their valuable **livestock** during storms.

農家は大切な家畜を嵐から守る確かな方法を探した。

0559

subsistence

[səbsístəns]

動 subsist
なんとか生きていく、生存する
≒ survival, existence

☐☐☐☐☐

名 必要最低限の生活

Early Ireland relied upon **subsistence** farming, whereby people would survive on oats and potatoes as their staples.

初期のアイルランドは自給農業に依存しており、人々はオート麦やジャガイモを主食にして生き抜いた。

0560

devour

[dɪváʊə]

≒ ① consume
♪ 発音に注意。

☐☐☐☐☐

動 ①～をむさぼり食う
②～を食い入るように見る、むさぼり読む

Locusts are known to **devour** a great amount of vegetation, which is why they can destroy crops.

イナゴは草木を大量にむさぼり食うことで知られていて、そのために作物がだめになる。

0561

irrigation

[ìrəɡéɪʃən]

動 irrigate ～を灌漑する

☐☐☐☐☐

名 水を引くこと、灌漑

Modern **irrigation** prevents crops from receiving too little or too much water, leading to better harvests.

今日の灌漑は作物に供給される水が少なすぎたり多すぎたりすることを防ぐので、収穫量が増えている。

0562

subdue

[səbdjúː]

形 subdued
〈声・光・感情などが〉抑えられた
≒ ① conquer, vanquish ② curb

☐☐☐☐☐

動 ①～を支配する、押さえつける
②〈感情〉を抑える

When a beekeeper gathers honey, smoke is used to **subdue** the insects so they won't sting.

養蜂家が蜜を集めるとき、ハチが刺さないように煙を使っておとなしくさせる。

0563

fodder

[fɔ́də]

≒ forage

☐☐☐☐☐

名 家畜の飼料

Unless the animal requires a specific type of food, they are just fed **fodder**.

特殊なえさが必要でない場合、その動物には単に家畜の飼料が与えられる。

0564

□□□□□

maturity
[mətʃúərəti]

形 mature 成熟した

名 成熟、熟成

Oranges that are picked from trees before reaching **maturity** are more sour.

熟す前に木から摘んだオレンジは酸味が強い。

0565

□□□□□

populate
[pɑ́pjəlèit]

名 population 人口

♪ 受け身で使うことが多い。場所が目的語になることに注意。

動 〈場所〉に居住させる

In 1982, New Zealand was densely **populated** with sheep, with about 22 of them per person.

1982年のニュージーランドには羊が大量に住んでいて、国民1人につき羊がおよそ22頭いた。

0566

□□□□□

ration
[rǽʃən]

≒ [動] allot

動 ～を配給する
名 [rations で] 食料

Due to a lack of wheat, bread supplies were **rationed**.

小麦が不足したため、パンが配給制になった。

0567

□□□□□

breadbasket
[brédbæ̀skɪt]

♪ 文字通り「パンかご」の意味もある。

名 穀倉地帯

Puglia, the **breadbasket** of Italy, is known for its farms and fishing communities.

イタリアの穀倉地帯であるプーリア州は、農場と漁村で知られている。

0568

□□□□□

by-product
[báɪprɒ̀dəkt]

≒ ① outgrowth ② side effect

名 ①副産物 ②副作用

Unwanted in the past, the **by-product** from making flour — bran — became a health food for millions.

小麦粉生産の副産物であるふすまは、昔は不要物だったが、何百万人もに求められる健康食品になった。

0569

□□□□□

degrade
[dɪgréɪd]

名 degradation 劣化

≒ ① debase, deteriorate
② demote

↔ ② promote

動 ①～の品質[価値]を下げる
②～の地位を下げる ③～を分解する

The repeated planting of crops **degrades** the soil, so fertilisers are necessary to keep it healthy.

作物を繰り返し植えると土地が劣化するので、土地を健全に保つために肥料が必要となる。

0570 ☐☐☐☐☐

grazing
[gréɪzɪŋ]

動 graze〈家畜〉に牧草を食べさせる
≒ ① pasturing

名 ①放牧 ②牧草地

Not only do farmers nurture fields for growing crops, they are also used for cattle **grazing**.

農家は作物を育てるためだけに土地の手入れをするのではなく、農地は牛の放牧にも使われる。

0571 ☐☐☐☐☐

nuisance
[njúːsəns]

≒ annoyance
♪ 発音に注意。i は発音しない。

名 迷惑、厄介なもの

Foxes have become a **nuisance** to farm owners as they will kill any chickens they find.

キツネは農家の頭痛の種になっている。ニワトリを見つけると殺してしまうからだ。

0572 ☐☐☐☐☐

meagre
[míːgə]

≒ insufficient, mere, scant
♪ ■ meager

形 わずかな、不十分な

Due to droughts in Thailand, **meagre** rice harvests are expected in the coming years.

タイでは干ばつが起きたので、今後数年は米の収穫が不足すると予想される。

Terminology

食料生産

◀ MP3>>> 115

□□□□□
crop 作物
[krάp]

□□□□□
fertilizer 肥料
[fə́ːtəlàɪzə]

□□□□□
weed 雑草
[wíːd]

□□□□□
herbicide 除草剤
[hə́ːbəsàɪd]

□□□□□
insecticide 殺虫剤
[ɪnséktəsàɪd]

□□□□□
compost 堆肥
[kάːmpɔst]

□□□□□
orchard 果樹園
[ɔ́ːtʃəd]

□□□□□
vineyard ブドウ畑
[vínjəd]

□□□□□
scarecrow 案山子
[skéəkròʊ]

□□□□□
windmill 風車、風車小屋
[wíndmìl]

□□□□□
grain 穀物、穀類
[gréɪn]

□□□□□
wheat 小麦
[wíːt]

□□□□□
barley 大麦
[bάːli]

□□□□□
taro タロイモ
[tάːroʊ]

□□□□□
maize トウモロコシ
[méɪz]

□□□□□
soybean 大豆
[sɔ́ɪbìːn]

□□□□□
lentil レンズマメ、ヒラマメ
[léntl]

□□□□□
spinach ホウレンソウ
[spínɪdʒ]

□□□□□
pear 洋ナシ
[péə]

□□□□□
fig イチジク
[fíg]

□□□□□
chestnut クリ
[tʃésnʌt]

□□□□□
walnut クルミ
[wɔ́ːlnʌt]

□□□□□
cattle 畜牛
[kǽtl]

□□□□□
calf 子牛
[kάːf]

□□□□□
fowl 家禽
[fáʊl]

□□□□□
lamb 子羊
[lǽm]

□□□□□
pasture 牧草、放牧地
[pǽstʃə]

□□□□□
shepherd 羊飼い
[ʃépəd]

生物 野生動物 植物 医学 生理学 薬学 人類学

食料生産

スポーツ

スポーツ Sport

◀ MP3>>> 116-117

0573 □□□□□

bout
[báut]

≒ ② spell
♪ ou の発音に注意。

名 ①（ボクシングなどの）試合
　②（病気・活動が続く）期間

Every **bout** a boxer enters increases the risk of brain damage.

ボクサーが試合をするたびに脳の損傷リスクが増す。

0574 □□□□□

enhance
[ɪnháːns]

图 enhancement 高めること、改良
≒ improve, enrich, ameliorate

動 ～を高める、よくする

A rowing machine can **enhance** the muscles required far quicker than traditional sports.

ローイングマシンは従来のスポーツよりはるかに早く必要な筋肉を増強できる。

0575 □□□□□

outstrip
[àʊtstríp]

≒ ② exceed, surpass

動 ①～を追い越す　②～に勝る、～をしのぐ

The great marathon runner had soon **outstripped** the other competitors.

その名マラソンランナーはすぐにほかの競争相手を追い越した。

0576 □□□□□

roster
[rɔ́stə]

♪ agenda（議題一覧）、register（登録一覧）、inventory（一覧、目録）などの語も覚えておこう。

名 ①名簿、勤務リスト　②名簿の登録者
動 〈人〉を当番表に載せる、当番に割り当てる

The football team had an impressive **roster** of 11 celebrity players.

そのサッカーチームは 11 人の有名選手が豪勢に名を連ねていた。

0577 □□□□□

descent
[dɪsént]

≒ ① plunge ② lineage
↔ ① ascent

名 ①下ること、降下　②血統、家系

A mountain climb doesn't finish when the peak is reached; the **descent** must be completed also.

登頂したら登山は終わりではない。下山も果たさなければならない。

0578 □□□□□

spotless
[spɔ́tləs]

≒ ① flawless, immaculate

形 ①欠点のない
　②汚れていない、しみひとつない

Lineker's footballing record was **spotless**, as he had never received a yellow or red card.

リネカーのサッカー記録には汚点がなかった。イエローカードもレッドカードももらったことがなかったからだ。

134　自然科学Ⅱ

1892

0579 ☐☐☐☐☐

setback
[sétbæk]

≒ defeat, reverse
♪ set back（後退させる）もあわせて覚えておこう。

名 進歩を妨げる出来事、挫折

The sportsperson's injury had been a major **setback**, and now he couldn't participate in the race.

そのアスリートはけがをして大きな挫折を味わい、レースに出られなくなってしまった。

0580 ☐☐☐☐☐

gymnastics
[dʒɪmnǽstɪks]

形 gymnastic 体操の
名 gymnast 体操選手

名 体操、器械体操

Vaults, rings, and parallel bars are forms of **gymnastics** which require great strength, flexibility, and balance.

跳馬、つり輪、平行棒は、大変な体の強さ、柔軟性、平衡性を要する体操種目だ。

0581 ☐☐☐☐☐

comply
[kəmpláɪ]

名 compliance 遵守
≒ abide by
♪ comply with の形で使う。

動 （要求・希望などに）従う、応じる

Any sportsperson who fails to **comply** with the rules will be prohibited from taking part.

ルールに従わないアスリートはいかなる者も出場を禁じる。

0582 ☐☐☐☐☐

triumphant
[traɪʌ́mfənt]

名 triumph 大勝利、大成功
形 triumphal 勝利の、祝勝の
≒ successful

形 勝利を収めた、成功した

After winning, the **triumphant** team celebrated by running around the field while holding up the trophy.

勝利が決まると、勝ったチームはトロフィーを掲げながらフィールド中を駆け巡って祝った。

0583 ☐☐☐☐☐

sprint
[sprínt]

名 sprinter 短距離走者、スプリンター
≒ dash, scamper

動 （短距離を）全速力で走る

With the end in sight, runners **sprinted** as quickly as they could.

ゴールに近づくと、ランナーたちは全速力で走った。

0584 ☐☐☐☐☐

stationary
[stéɪʃəneri]

≒ unmoving, motionless, immobile
♪ 同音の stationery（文房具）と混同しないよう注意。

形 静止した、動かない

Compared to the other football players, a goalkeeper is more or less **stationary**.

ほかのサッカー選手に比べれば、ゴールキーパーはあまり動かない。

生物　野生動物　植物　医学　生理学　薬学　人類学　食料生産

スポーツ

0585 ☐☐☐☐☐

bask

[bǽsk]

♪ bask in (〜を浴びる) の形で覚えておこう。

動 ①（注目・称賛などを）浴びる ②日光浴をする

This new sporting competition gives gamers the opportunity to **bask** in the appreciation of their fans.

この新しいスポーツ競技はゲーマーにファンの称賛を浴びる機会を与える。

0586 ☐☐☐☐☐

expend

[ɪkspénd]

名 expenditure 消費、支出
≒ consume
♪ 単に金を「使う」は spend。

動 〈労力・時間・金など〉を費やす

Some sportspeople consume drinks high in sugar in order to get back the energy they **expend** exercising.

アスリートの中には運動で費やすエネルギーを取り戻すために糖分の多い飲料を摂取する人もいる。

0587 ☐☐☐☐☐

formidable

[fɔːmídəbl]

≒ ① impressive

形 ①偉大な、驚異的な ②〈敵・問題などが〉手ごわい

Wayne Gretzky holds a **formidable** record in ice hockey that may never be beaten.

ウェイン・グレツキーはアイスホッケーで決して破られることがないであろうすさまじい記録を持っている。

0588 ☐☐☐☐☐

martial

[máːʃəl]

≒ military
♪ 名詞の前で使う。martial law で「戒厳令」という意味。

形 戦争の、軍事の

The young princess had many hobbies typically reserved for men, including **martial** arts and archery.

その若い王女には普通は男がやるような趣味がたくさんあった。例えば、武道や弓道だ。

0589 ☐☐☐☐☐

incapacitate

[ìnkəpǽsətèit]

名 incapacity 無力、無能
≒ cripple, disable

動 （病気・事故などが）〈人〉から能力を奪う

In the 2016 Olympics, a gymnast broke his leg and was **incapacitated** for the rest of the competition.

2016 年のオリンピックで、ある体操選手が脚を骨折し、残りの競技ができなかった。

0590 ☐☐☐☐☐

glamorous

[glǽmərəs]

名 glamour 魅力、きらびやかさ
動 glamorise 〜を魅力的に見せる
≒ alluring, captivating, fascinating, seductive

形 魅力的な、〈仕事などが〉華やかな

Jobs in sport may seem **glamorous**, but they are the result of years of training.

プロスポーツは華やかに見えるかもしれないが、そこに至るまでには何年もトレーニングを積み重ねる。

1916

0591

outdo

[àʊtdúː]

≒ excel, outstrip, surpass, transcend

動 ～に勝る、～をしのぐ

Bolt managed to **outdo** his previous 100-metre sprint with a record-breaking time in 2009.

ボルトは 2009 年に自らがそれまでに持っていた 100 メートル走の記録をなんとか上回り、新記録を打ち立てた。

0592

treadmill

[trédmìl]

♪ 「単調な仕事」という比喩的な意味もある。

名 ①ルームランナー
②踏み車（人・動物が踏んで回転させる）

Running thirty minutes a day on a **treadmill** can improve one's health significantly.

ルームランナーで 1 日 30 分走れば、健康状態の大幅な改善が期待できる。

0593

hurl

[hə́ːl]

≒ fling

動 ～を強く投げつける、ほうり投げる

The discus throw is a contest of who can **hurl** a heavy plate the furthest.

円盤投げは重い円盤を誰が最も遠くに投げられるかを競う種目だ。

0594

regimen

[rédʒəmən]

≒ regime
♪ 健康のための体系的な食事・運動・投薬（の計画）のこと。

名 養生法

To prepare for the event, they had to stick to a strict **regimen** of physical exercise.

そのイベントに備えるために、彼らは厳しい体力トレーニングメニューをやり通さなければならなかった。

0595

explosive

[ɪksplóʊsɪv]

動 explode 爆発する
名 explosion 爆発

形 ①爆発的な、急激な ②爆発性の
名 爆発物

Explosive exercise, such as quick, sudden sprinting, is recommended in small amounts.

いきなり全速力で走り出すような急激な運動は少しずつやるとよい。

0596

thwart

[θwɔ́ːt]

≒ frustrate

動 〈人・計画など〉をくじく

Although they had tried their hardest to win, their efforts were **thwarted** by the opposing team.

彼らは勝つために精一杯頑張ったが、その努力は相手チームに打ち砕かれた。

生物　野生動物　植物　医学　生理学　薬学　人類学　食料生産

スポーツ

スポーツ

□□□□□
athlete 選手、競技者
[ǽθliːt]

□□□□□
competition 試合
[kɔ̀mpətíʃən]

□□□□□
kickoff (試合の) 開始
[kíkɔ̀f]

□□□□□
finals 決勝
[fáɪnlz]

□□□□□
semifinals 準決勝
[sèmifáɪnlz]

□□□□□
championship 選手権
[tʃǽmpiənʃip]

□□□□□
winner 勝者
[wínə]

□□□□□
loser 敗者
[lúːzə]

□□□□□
spectator 観客
[spektéɪtə]

□□□□□
athletics 陸上競技
[æθlétɪks]

□□□□□
diving 飛込競技
[dáɪvɪŋ]

□□□□□
rowing ボート (競技)
[róʊɪŋ]

□□□□□
paddle パドル
[pǽdl]

□□□□□
downhill 滑降
[dáʊnhìl]

□□□□□
sled そり
[sléd]

□□□□□
aerobics エアロビクス
[eəróʊbɪks]

□□□□□
rally ラリー
[rǽli]

□□□□□
pitch 投球する
[pítʃ]

◆ NISHIBE'S EYE

┃英文に日本語アシストをつける裏技

　p.066 では IELTS の学習に役立つ英文の掲載されたサイトをご紹介しましたが、補助なしにそれらの英文を読むのはちょっと難しい、という人もいるでしょう。そんな皆さんのために Google を活用した無料の裏技※をご紹介します。

① 翻訳機能

手法 1：Google 翻訳のページの英文用ウィンドウに英文をペーストするだけで最大 5,000 語を日本語に変換してくれます。無料のサービスですが、精度は以前に比べて改善されてきています。

手法 2：Google 翻訳のページの英文用ウィンドウに英文が掲載されているサイトの URL をペーストすると、日本語訳のウィンドウに別のリンクが現れます。これをクリックすると英文サイトのレイアウトはそのままで、英文の日本語訳が表示されます。

② 語注機能

上の手法 1 だけに使える機能ですが、英文中の単語の意味を確認したい場合、その単語を範囲選択すると（特殊な単語を除き）、英語による説明、品詞、類義語、用例、訳語などが表示されます。音声も確認できるので、辞書を使う必要はほとんどありません。

③ 音声読み上げ機能

英文を自動的に読み上げる機能です（スピーカーアイコンをクリックすることで起動します。2 段階のスピード調整が可能）。機械による音声ですが、事前に文章を読んだ上であれば理解は容易で、クオリティーも翻訳機能同様、改善が進んでいます。

なお、この機能は TTS (text-to-speech) と呼ばれるもので、Google 以外にも有料・無料で様々な商品が開発されています。

※上記は PC におけるものですが、一部の機能を除き「Google 翻訳アプリ」でも再現が可能です。アプリ版にはカメラで英文（紙も可）を写すと日本語に自動翻訳される機能があります。

生物　野生動物　植物　医学　生理学　薬学　人類学　食料生産

スポーツ

社会科学

Social Sciences

政治・外交 Politics & International Relations

0597 □□□□□
referendum
[rèfəréndəm]

≒ vote

♪ 複数形は referendums あるいは referenda。

名 国民投票

The government held a **referendum** in order to know what decision the public wanted to make.

国民がどうしたいのか知るため、政府は国民投票を実施した。

0598 □□□□□
vocal
[vóʊkl]

動 vocalise ～を声に出して言う
≒ ① outspoken

形 ①声高な、主張する ②声の、音声の

The politician is known for being **vocal** about his stance on environmental policy.

その政治家は環境政策に関して自分の姿勢を声高に主張することで知られている。

0599 □□□□□
surveillance
[səvéɪləns]

動 survey ～を調査する、観察する
≒ observation, supervision

♪ 「監視カメラ」は surveillance [security] camera と言う。

名 監視、監督

The public is concerned about the increased presence of **surveillance**, such as CCTV cameras.

CCTV カメラのような監視が広まることを国民は不安に思っている。

0600 □□□□□
subsidy
[sʌ́bsədi]

動 subsidise ～に補助金を与える
♪ 政府から企業や個人に与えられるもの。

名 補助金、助成金

The government offers financial **subsidies** to encourage investment in the country's film industry.

政府は国内の映画産業への投資を促すために助成金を出している。

0601 □□□□□
ignite
[ɪgnáɪt]

名 ignition 発火、点火
≒ ② inflame, kindle
↔ ② extinguish, quench

動 ①〈論争など〉に火をつける ②～に点火する

The President's controversial speech **ignited** public debate about gun control.

大統領の問題発言によって国民の間に銃規制を巡る議論が巻き起こった。

0602 □□□□□
expel
[ɪkspél]

名 expulsion 追放；排除
≒ ① drive out ② discharge

動 ①〈人〉を追放する ②〈におい・空気など〉を排出する

Embassy workers were **expelled** from the country after the incident.

その事件後、大使館の職員は国外追放された。

政治・外交

法律 時事 経済 ビジネス マーケティング・営業 コミュニケーション メディア・IT 教育・キャンパス 建築 都市・交通 観光・レジャー

0603　□□□□□

inequity

[inékwəti]

形 inequitable 不公平な、不公正な
≒ injustice, fairness

名 不公平、不公正

Politicians can gain many supporters by talking about the social **inequity** that their party will fight.

政治家は、我が党は社会の不公平と戦いますと言うと、多くの支持者を獲得できる。

0604　□□□□□

objection

[əbdʒékʃən]

動 object（〜に）反対する
♪ 法廷での「異議あり！」は Objection! と言う。

名 反対、反論

The economist raised an **objection** to the tax increase, saying that the poor would be most affected.

その経済学者は、最も影響を受けるのは貧しい人々だと言って、増税に異議を唱えた。

0605　□□□□□

prop

[prɑ́p]

♪ 動詞では後ろに up を伴うことが多い。

動 （突っかえ棒などで）〜を支える　名 つっかえ棒

Many politicians are **propped** up by donations from companies who support their policies.

多くの政治家は、その政策を支持する企業からの寄付金に支えられている。

0606　□□□□□

appalling

[əpɔ́:lɪŋ]

動 appal 〜をぞっとさせる
≒ ① awful, dreadful, hideous, horrible

形 ①ひどい、最悪の
　　②人をぞっとさせる、恐ろしい

The politician promised to improve the **appalling** conditions in which the homeless people were living.

その政治家はホームレスの人々が暮らすひどい環境を改善すると約束した。

0607　□□□□□

lobby

[lɑ́bi]

名 lobbying ロビー活動
♪ 特定の利益をはかるために議員・官僚・政党などに働きかける院外活動のこと。

動 ロビー活動をする

Landlords are **lobbying** against the government's decision to limit the cost of rent.

地主たちは賃貸料を制限するという政府の決定の取り消しを求めてロビー活動をしている。

0608　□□□□□

certificate

[sətífikət]

動 certify 〜を保証する
名 certification 保証

名 証明書

He discovered the identity of his father by checking his birth **certificate**.

彼は自分の出生証明書を調べて父親の素性を知った。

0609
discriminate
[dɪskrímənèɪt]

图 discrimination 差別
≒ ① segregate ② differentiate, discern, distinguish

動 ①差別する ②見分ける、区別する

The event gave communities who were **discriminated** against the opportunity to voice their concerns.

そのイベントで、差別されている人々は自分たちの懸念を訴える機会を持てた。

0610
bias
[báɪəs]

形 biased 偏見のある、偏った
≒ prejudice
♪ prejudice は悪い意味で、bias はいい意味でも悪い意味でも使われる。

名 (考え方の) 偏り、偏向

The study found strong **bias** towards a particular political party in all forms of modern media.

その調査は、今日のあらゆる形態のメディアがある特定の政党に強い偏見を抱いていることを明らかにした。

0611
consolidate
[kənsɑ́lɪdèɪt]

图 consolidation 強固、強化
≒ ① strengthen, reinforce ② concentrate, unify

動 ①～を強固にする、強化する
②～を合併する、一つにまとめる

The leader **consolidated** power by removing his opponents and corrupt officials.

その指導者は政敵と腐敗した官僚を排除することによって権力を強化した。

0612
tackle
[tǽkl]

≒ address, combat
♪ アメフト、ラグビーなどのタックルも tackle。

動 〈問題など〉に取り組む

The new mayor promised to **tackle** the issues of homelessness and high crime in the downtown area.

新市長はホームレスの問題と商業地区で多発する犯罪の問題に取り組むことを約束した。

0613
controversial
[kɑ̀ntrəvə́ːʃəl]

图 controversy 物議、論争
≒ ① debatable, disputed

形 ①論争を引き起こす ②論争好きな

The plan to destroy old Singaporean buildings to build roads was **controversial**; the public were unhappy.

道路建設のために古いシンガポールの建物を取り壊す計画は論争を引き起こした。国民は不満だった。

0614
relinquish
[rɪlíŋkwɪʃ]

图 relinquishment 放棄、譲渡
≒ hand over, surrender

動 〈地位・権力など〉を放棄する

After frequent protests, the leaders **relinquished** power and stepped down from their roles.

相次ぐ抗議で、指導者たちは権力を放棄し、その役割から身を引いた。

2008

政治・外交

法律 時事 経済 ビジネス マーケティング営業 コミュニケーション メディア・IT 教育・キャンパス 建築 都市・交通 観光・レジャー

0615

patriotism
[pǽtriətìzm]

图 patriot 愛国者
厢 patriotic 愛国的な
≒ nationalism

名 愛国心

The advertisements were designed to increase **patriotism** and to encourage people to join the war.

その宣伝広告は愛国心をあおって国民の出征を促すことを目的としていた。

0616

imprison
[ımprízn]

≒ ① confine
♪ 〈in-（中に）+ prison（監獄）〉の構造。

動 ① ～を閉じ込める、拘束する
　　② 〈人〉を投獄する

Suu Kyi was **imprisoned** in her own home for 15 years for demanding democracy.

スー・チーは民主主義を要求したために 15 年間自宅軟禁された。

0617

statehood
[stéithòd]

♪ -hood は「…の性質，…の状態」の意の名詞を作る接尾辞。例）adulthood（成人であること）、likelihood（見込み）

名 国家［州］としての地位

In 1959, Alaska and Hawaii gained **statehood** to officially become part of the United States.

1959 年にアラスカとハワイは州としての地位を得て、正式にアメリカ合衆国の一部になった。

0618

sovereign
[sóvərən]

图 sovereignty 主権、統治権
≒ [名] master, monarch
♪ emperor（皇帝）、king（王）、queen（女王）などのこと。発音に注意。

名 君主、主権者　　形 主権を有する、統治する

The British **sovereign** — Queen Elizabeth II — visited Aberfan to offer support after the tragedy.

英国の君主であるエリザベス 2 世は、惨事のあと、人々を元気づけるためにアバーファンを訪れた。

0619

delegate
[名] [déligət] [動] [déligèit]

图 delegation 代表団；委任
≒ [名] representative, deputy

名 代表(者)、使節　　動 ～を任せる、委託する

Delegates represent their countries at UN meetings and play an important role in international relations.

代表者は国連の会議において自国を代表し、国際関係において重要な役割を果たす。

0620

lure
[ljúə]

≒ [動] allure, entice, seduce
♪ 釣りの「ルアー（疑似餌）」はこの lure。

動 ～を誘い込む、誘い出す　　名 魅力

Cleveland tries to **lure** construction companies to the city with tax breaks on new housing projects.

クリーブランド市は新たな住宅プロジェクトの税を優遇することで建設会社を誘致しようとしている。

0621
decrepit
[dɪkrépət]

图 decrepitude 老衰
≒ feeble, frail, infirm

形 老朽化した、老衰した

The government had pledged to replace the most **decrepit** machines in the next 10 years.

政府は最も老朽化した機械を今後 10 年かけて入れ替えると公言した。

0622
concession
[kənséʃən]

動 concede 譲歩する

名 ①（対立を解消するための）譲歩 ②割引、特権

In her **concession** speech, she thanked everyone who had supported her, despite the pain of losing the election.

彼女は選挙に負けてつらかったが、敗北を認める演説の中で、支えてくれた全員に感謝した。

0623
demographics
[dèməʊɡrǽfiks]

形 demographic 人口（統計）の
图 demography 人口統計学

名 人口動態、人口構成

Appealing to a variety of **demographics**, from young adults to the elderly, is key to winning an election.

若者から高齢者まで様々な年齢層に訴えることが選挙に勝つ秘訣だ。

0624
censure
[sénʃə]

≒ [動] condemn, denounce, rebuke, reprimand, reproach

動 ～を非難する　名（公式の）非難

A statement was issued by a member of the House strongly **censuring** the President for trying to start a war.

一人の下院議員が大統領が戦争を始めようとしていることを強く非難する声明を出した。

0625
amass
[əmǽs]

图 amassment 蓄積、収集
≒ ② accumulate, assemble, gather

動 ①〈人が〉集まる、集結する
　②～を蓄積する、収集する

A large number of people **amassed** for a protest outside the government offices.

多くの人が抗議のために官庁の外に集結した。

0626
dismal
[dízml]

♪ 発音に注意。

形 ①みじめな、ひどい ②陰気な、暗い

The President was criticised for the **dismal** state of the economy, it being the worst in several years.

経済は過去数年で最悪になっていて、大統領はその悲惨な状況について批判された。

2036

政治・外交

法律　時事　経済　ビジネス　マーケティング・営業　コミュニケーション　メディア・IT　教育・キャンパス　建築　都市・交通　観光・レジャー

0627
☐☐☐☐☐

census

[sénsəs]

♪ poll（世論調査）もあわせて覚えておこう。

名 国勢調査、人口調査

A **census** allows a government to find out how many people there are and important information about them.

国勢調査によって政府は人口や国民に関する重要な情報を得られる。

0628
☐☐☐☐☐

revitalise

[rìːváɪtəlaɪz]

≒ refresh, rejuvenate, restore, revive

♪ ■ revitalize

動 ～を活性化する、生き返らせる

Governments invest money into cities in order to **revitalise** their cultural and commercial potential.

政府は都市に投資して、その文化的、商業的潜在能力を活性化しようとする。

0629
☐☐☐☐☐

bureaucracy

[bjʊərɔ́krəsi]

图 bureaucrat 官僚
形 bureaucratic 官僚（主義）的な

名 ①お役所主義　②（集合的に）官僚

Building work was held back by local and national **bureaucracy**, which required huge amounts of paperwork.

建設作業は膨大な事務手続きを求める地方と国のお役所主義によって遅延させられた。

0630
☐☐☐☐☐

designate

[dézɪɡnèɪt]

图 designation 指定
≒ indicate, identify, specify, define

♪ design と違い、g を発音する。

動 ～を指定する、指名する

He separated the two buildings; one **designated** as a health centre, and the other a town hall.

彼は2つのビルを分け、一方は健康センターに、もう一方は市役所に指定した。

0631
☐☐☐☐☐

manifestation

[mæ̀nəfestéɪʃən]

動 manifest〈感情・態度など〉をはっきりと出す
≒ ① indication, symptom

名 ①（感情・事態などの）表れ、しるし　②表明

The riot was a **manifestation** of the people's anger at the government.

その暴動は政府に対する人々の怒りの表れだった。

0632
☐☐☐☐☐

backlash

[bǽklæ̀ʃ]

≒ reaction, kickback

名 （社会的）反発

Proposals to increase student fees faced significant public **backlash**, particularly from younger voters.

学費値上げの提案は国民、特に若年層の有権者から大反発を受けた。

0633

□□□□□

enfranchise

[ɪnfrǽntʃaɪz]

图 enfranchisement 選挙権付与
↔ disfranchise

動 ~に選挙権を与える

Newly **enfranchised** voters are more likely to support liberal political parties and policies.

新たに選挙権を与えられた人はリベラルな政党や政策を支持する傾向にある。

0634

□□□□□

align

[əláɪn]

图 alignment 提携、整列

動 ① ~を提携させる、連携させる
② ~を一直線上に並べる

Although the author publicly **aligns** herself with left-wing thinkers, her novels' messages are distinctly right-wing.

著者は公には左翼の思想家に同調しているが、小説から読み取れるメッセージは明らかに右翼の考え方だ。

0635

□□□□□

refrain

[rɪfréɪn]

≒ [動] abstain
♪ refrain from doing (~することを控える)の形で覚えておこう。

動 (~を) 差し控える、慎む
名 (繰り返し使う) 決まり文句

Politicians know to **refrain** from using strong language, as it can lose them the support of voters.

政治家は暴言を慎まなければならないことをわきまえている。それによって有権者の支持を失いかねないからだ。

0636

□□□□□

concede

[kənsíːd]

图 concession 譲歩
形 concessive 譲歩の
≒ ② acknowledge, admit

動 ① 〈試合など〉の敗北を認める
② (譲歩して) ~を (正しいと) 認める

He **conceded** the election just after midnight, giving his final speech as leader to the country.

彼は午前0時過ぎに選挙での敗北を認め、国民に向けてリーダーとして最後の演説をした。

0637

□□□□□

delude

[dɪlúːd]

图 delusion 惑わすこと
≒ deceive, dupe

動 〈人〉を欺く

The politician **deluded** voters into believing that taxing the wealthy would solve all of the country's problems.

その政治家は有権者を欺き、金持ちに税金をかければ国の問題はすべて解決するかのように信じ込ませた。

0638

□□□□□

regenerate

[rɪdʒénərèɪt]

图 regeneration 再生；更生
≒ ① rejuvenate

動 ① 〈地域・組織など〉を再生させる
② 〈人〉を改心させる

The council succeeded in **regenerating** the area, which is now filled with shoppers every weekend.

地方議会はその地域の再生に成功し、そこは今では毎週末買い物客でごった返している。

2073

政治・外交

法律　時事　経済　ビジネス　マーケティング・営業　コミュニケーション　メディア・IT　教育・キャンパス　建築　都市交通　観光・レジャー

0639
□□□□□

intervene
[ìntəví:n]

名 intervention 介入
≒ intercede

動 介入する、仲裁する

The government **intervened** in the crisis by giving financial help to the affected banks.

政府は影響を受けた銀行に財政援助を行うことによってその危機に介入した。

0640
□□□□□

centralise
[séntrəlàɪz]

名 centralisation 中央集権化
名 centralism 中央集権主義
♪ ▇ centralize

動 ～を集中させる、中央集権化する

After the revolution, most of the political power in the country was **centralised** under a single party.

革命後、その国の政治権力のほとんどが1つの政党に集中した。

0641
□□□□□

denigration
[dènəgréɪʃən]

動 denigrate 〈人〉を中傷する
≒ ② belittlement, defamation

名 ① 軽視、蔑視　② 侮辱、中傷

Years of **denigration** restricted the influence of women in the workplace.

長年の偏見で、女性は職場でものが言えなかった。

0642
□□□□□

exert
[ɪgzɔ́:t]

名 exertion (心身の) 激しい活動
≒ employ, put forth, wield
♪ 発音に注意。exert oneself で「努力する」という意味。

動 〈力・影響力など〉をふるう、行使する

These politicians would **exert** their power and control the process of raising taxes directly.

この政治家たちだったら権力を使って増税の手続きを直接コントロールするだろう。

0643
□□□□□

audacious
[ɔ:déɪʃəs]

名 audacity 大胆さ、勇敢さ
≒ bold
↔ timid

形 大胆な、斬新な

Their **audacious** plan to provide healthcare to all Britons became a reality in the 1940s.

イギリスの全国民に医療を提供するという大胆な計画は1940年代に実現した。

0644
□□□□□

municipal
[mju(:)nísəpl]

名 municipality 自治体

形 地方自治体の、市[町]の

Municipal buildings such as courts and libraries are funded by taxpayers.

裁判所や図書館といった地方自治体の建物には税金が使われている。

0645 □□□□□

oppressive

[əprésɪv]

動 oppress ~を圧迫する、虐げる
名 oppression 圧迫、抑圧
≒ ① brutal, cruel, harsh
　 ② stifling, sultry

形 ①〈権力者などが〉圧制的な；〈税などが〉過酷な
　 ②〈天候が〉うだるように暑い

Oppressive governments will usually jail journalists that speak out against them.

圧制的な政府は抗議の声を上げるジャーナリストを投獄するのが常だ。

0646 □□□□□

affiliation

[əfìliéɪʃən]

動 affiliate〈団体〉を提携させる
≒ connection, partnership, relationship

名 〈政治的な〉友好関係、提携

Keeping your political **affiliation** out of conversations can improve your friendships.

支持政党の話をしなければ友情を深めることができる。

0647 □□□□□

unify

[júːnəfàɪ]

名 unification 統一、統合
≒ unite, consolidate
♪ 〈uni（1つ）＋ -fy（～にする）〉の構造。

動 ~を1つにする、統合する

Sheikh Zayed — the ruler of Abu Dhabi — helped to **unify** the Emirates into one country, the UAE.

アブダビの支配者、ザーイド首長は複数の首長国を1つの国、アラブ首長国連邦に統合するのに一役買った。

0648 □□□□□

allot

[əlɑ́t]

≒ allocate, assign

動 〈予算・仕事・時間など〉を割り当てる

Canada has **allotted** C$750 million to support native Canadians who were removed from their families.

カナダは家族から引き離されたカナダ先住民の人々を支援するために7億5千万カナダドルを割り当てた。

0649 □□□□□

eligible

[élədʒəbl]

名 eligibility 適格（性）
↔ ineligible

形 資格のある

Those under the age of 25 are **eligible** for free public transport under the new government.

新政府の下では、25歳未満の人は公共交通機関が無料になる資格を与えられる。

0650 □□□□□

tariff

[tǽrɪf]

♪ tariff wall（関税障壁）、retaliatory tariff（報復関税）などの表現も覚えておこう。

名 関税

During the trade war, **tariffs** on products from China were increased to make local products more appealing.

貿易戦争の間、国産品をより魅力あるものにするために、中国製品の関税がつり上げられた。

2103

政治・外交

法律 時事 経済 ビジネス マーケティング・営業 コミュニケーション メディア・IT 教育・キャンパス 建築 都市・交通 観光・レジャー

0651

corps
[kɔ́ː]

♪ 語末の ps は発音しない。core (芯、中心) と同音。

名 (専門技術をもった) 部隊

His early life began with two years in the U.S. Marine **Corps**.

彼は社会に出て最初の 2 年はアメリカ海兵隊にいた。

0652

oversee
[òuvəsíː]

名 oversight 監督、監視
≒ manage, supervise, superintend

動 ～を監督する、監視する

The UN **oversees** elections in countries which need support with organisation and legal aspects.

国連は、組織や法的な面で援助を必要としている国々の選挙を監視する。

0653

ongoing
[ɔ́ngòuɪŋ]

≒ continuing

形 進行中の、継続している

Peace talks between the countries are **ongoing**, with a conclusion expected in the coming months.

その国々の間で平和会談が行われており、今後数か月で結論が出る見込みだ。

0654

bilateral
[baɪlǽtərəl]

≒ ② mutual, reciprocal
♪ 〈bi (2) + lateral (側の)〉の構造。
↔ ① unilateral

形 ①二者間の ②相互的な

Bilateral talks between the two parties to find an agreement continued into the night.

合意を模索する二国間協議は夜まで続いた。

0655

labyrinth
[lǽbərɪnθ]

形 labyrinthine
〈場所・通路が〉迷路のような
≒ maze

名 迷宮、迷路

Moving to another country comes with many difficulties, including navigating a **labyrinth** of new social customs.

海外移住には多くの困難が伴う。新しい社会の複雑に入り組んだしきたりに慣れることもその一つだ。

0656

accredit
[əkrédɪt]

≒ authorise, certify, empower
♪ ふつう受け身で使う。

動 ～を認定する、認証する

A system of **accredited** schools ensures standards remain high across the country.

学校認可制度があると、教育水準が全国的に確実に高く保たれる。

0657

supremacy
[su(:)prémǝsi]

圏 supreme 最高の、最上の
≒ dominance

名 優越、優位

The US military shows its **supremacy** in yearly displays of power.

米軍は年に一度の力を誇示する機会に優位性を見せつける。

0658

crippling
[kríplíŋ]

動 cripple ～に深刻な打撃を与える；
〈人〉の手足を不自由にする
≒ damaging

形 深刻な損害[打撃]を与える

The President claimed that his new tax plan would help to lessen the country's **crippling** debt.

大統領は新たな税制計画が国の巨額の負債の軽減につながると主張した。

0659

entity
[éntǝti]

≒ individual

名 独立した存在、実体

In international relations, the four countries of the United Kingdom are normally regarded as one **entity**.

国際関係においては連合王国の4か国は通常1つの国家と見なされる。

0660

precarious
[prɪkéǝriǝs]

≒ unstable, insecure, uncertain

形 不安定な

The country is in a **precarious** situation politically, as power shifts back and forth between the two parties.

その国では政権が2党間を行ったり来たりしていて、政治的に不安定な状態だ。

0661

proxy
[prɒksi]

≒ agent
✎ by proxy（代理人を通して）という表現も覚えておこう。

名 代理、代理人

The Swedish embassy in Tehran served as a **proxy** for Britain from November 2011.

2011年11月以来、テヘランのスウェーデン大使館がイギリスの代理をしていた。

0662

reciprocal
[rɪsíprǝkl]

名 reciprocity 相互関係、互恵主義
≒ mutual

形 相互の、互いの、互恵的な

The **reciprocal** arrangement allows young people from Japan to visit the UK to work and vice versa.

相互の取り決めにより、日本とイギリスの若者は互いの国に行って働くことができる。

政治・外交

法律　時事　経済　ビジネス　マーケティング・営業　コミュニケーション　メディア・IT　教育・キャンパス　建築　都市・交通　観光・レジャー

0663

besiege
[bɪsíːdʒ]

图 besiegement 包囲
≒ surround, beleaguer
♪ sie の発音に注意。under siege (包囲されて) という表現も覚えておこう。

動 ～を包囲する

The city of Troy had been **besieged** for years before the Greeks managed to enter.

ギリシャ軍はトロイの町を何年も包囲し続け、ようやく侵入することに成功した。

0664

impair
[ɪmpéə]

形 impaired 障害のある
图 impairment 損害、損傷
≒ blemish, cripple, mar

動 〈能力など〉を弱める、損なう

Developing nations are **impaired** by their slow telecommunications networks.

発展途上国は通信ネットワークが低速であるために不利を被っている。

0665

disastrous
[dɪzáːstrəs]

图 disaster 災害、惨事
≒ catastrophic, destructive, devastating

形 破滅を招く、悲惨な

Failure to reach a diplomatic agreement could have **disastrous** consequences for both countries.

外交協定を結べなければ、両国にとって悲惨な事態になりかねない。

0666

endorse
[ɪndɔ́ːs]

图 endorsement 承認、支持
≒ support, subscribe, approve

動 ～を承認する、支持する

Although the candidate **endorses** free college education, she has offered no solution to pay for it.

その候補者は大学教育の無償化を承認しているが、彼女はその支払い策を示していない。

0667

transient
[trǽnziənt]

图 transience
　はかなさ、一時的であること
≒ transitory, temporary

形 一時的な、短期の

One particular benefit of the EU is allowing **transient** workers to move between countries.

EUの際立った利点は、短期労働者が加盟国間を渡り歩けることだ。

0668

administer
[ədmínəstə]

图 administration 管理
形 administrative 管理の
≒ ② dispense

動 ①～を管理する、運営する
　②～を行う、施行する　③〈薬〉を投与する

The UN was given the task of **administering** funds to local communities in rural Cambodia.

国連はカンボジアの農村のための資金を管理する任務を担った。

0669 ☐☐☐☐☐

pronouncement
[prənáυnsmənt]
≒ declaration, proclamation

名 宣言、意見表明

His **pronouncement** of the new trade deal was welcomed by business leaders.

彼が新しい貿易協定を発表すると、財界のトップたちは歓迎した。

0670 ☐☐☐☐☐

levy
[lévi]
≒ [動] impose

動 〈税金など〉を課す、取り立てる
名 ①徴税、課税 ②賦課金

High tariffs were **levied** on specific products to encourage local purchasing instead.

特定の製品に高い関税が課されたのは、代わりに国産品の購入を促進するためだ。

0671 ☐☐☐☐☐

foe
[fóυ]
≒ adversary, enemy, opponent

名 敵、(競技などの) 相手

Genghis Khan's **foes** frequently acted too slowly and fell to defeat.

チンギス・ハンの敵は行動を起こすのが遅すぎて敗北を喫することが多かった。

0672 ☐☐☐☐☐

sanction
[sǽŋkʃən]
≒ ② approval

名 ①制裁(措置) ②許可、認可

Economic **sanctions** were imposed on the country for holding elections that were not democratic.

民主的でない選挙を行う国に対して経済制裁が科された。

0673 ☐☐☐☐☐

secrecy
[síːkrəsi]
≒ confidentiality

名 秘密保持、秘密厳守

Governmental organisations need to maintain **secrecy** to prevent other countries from spying on them.

政府組織は他国のスパイ行為を防ぐために機密を保持しなければならない。

0674 ☐☐☐☐☐

ally
[名] [ǽlaɪ] [動] [əláɪ]
名 alliance 同盟
形 allied 同盟している

名 同盟国；同盟者
動 [be allied で] 同盟する、連合する

Napoleon attacked Portugal, Britain's only and longest-standing **ally** in Europe.

ナポレオンはイギリスの唯一にして最古のヨーロッパの友好国であるポルトガルを攻撃した。

2161

0675 □□□□□

deploy

[dɪplɔ́ɪ]

图 deployment（部隊の）配置、展開
≒ station

動〈部隊など〉を配備する、展開する

Troops were **deployed** to the area in order to prevent violence from breaking out.

暴動が起こるのを防ぐために軍隊がその区域に配備された。

0676 □□□□□

clamour

[klǽmə]

♪■ clamor

動 ～をやかましく要求する

Crowds of journalists **clamoured** to ask the politician questions shortly after the scandal came out.

スキャンダルが明るみに出るやいなや、記者が大挙してその政治家を質問攻めにした。

0677 □□□□□

repatriate

[riːpǽtrièɪt]

图 repatriation 本国送還

動 ～を本国へ送還する

Following the tragedy, their bodies were **repatriated** to their home countries.

その惨事のあと、遺体が本国へ送還された。

政治・外交

法律　時事　経済　ビジネス　マーケティング・営業　コミュニケーション　メディア・アート　IT　教育・キャンパス　建築　都市・交通　観光・レジャー

社会科学　**155**

政治・外交

☐☐☐☐☐
republic 共和国
[rɪpʌ́blɪk]

☐☐☐☐☐
empire 帝国
[émpaɪə]

☐☐☐☐☐
kingdom 王国
[kíŋdəm]

☐☐☐☐☐
emirate 首長国
[émərət]

☐☐☐☐☐
monarchy 君主制
[mɔ́nəki]

☐☐☐☐☐
monarch 君主
[mɔ́nək]

☐☐☐☐☐
aristocracy 貴族政治
[æ̀rɪstɔ́krəsi]

☐☐☐☐☐
dictator 独裁者
[dɪktéɪtə]

☐☐☐☐☐
Parliament 国会
[pɑ́ːləmənt]

☐☐☐☐☐
session (議会などの) 会期
[séʃən]

☐☐☐☐☐
legislation 立法
[lèʤɪsléɪʃən]

☐☐☐☐☐
election 選挙
[ɪlékʃən]

☐☐☐☐☐
candidate 候補者
[kǽndədèɪt]

☐☐☐☐☐
supporter 支持者
[səpɔ́ːtə]

☐☐☐☐☐
government 政府
[gʌ́vnmənt]

☐☐☐☐☐
minister 大臣
[mínəstə]

☐☐☐☐☐
mayor 市長
[méə]

☐☐☐☐☐
county (英国の) 州
[káʊnti]

☐☐☐☐☐
population 人口
[pɔ̀pjəléɪʃən]

☐☐☐☐☐
capitalism 資本主義
[kǽpətəlìzm]

☐☐☐☐☐
communism 共産主義
[kɔ́mjənìzm]

☐☐☐☐☐
socialism 社会主義
[sóʊʃəlìzm]

☐☐☐☐☐
democracy 民主主義
[dɪmɔ́krəsi]

☐☐☐☐☐
nationalism 国家主義
[nǽʃənəlìzm]

☐☐☐☐☐
diplomacy 外交
[dɪplóʊməsi]

☐☐☐☐☐
territory 領土
[térətəri]

☐☐☐☐☐
territorial waters 領海
[terətɔ́ːriəl wɔ́ːtəz]

☐☐☐☐☐
border 国境
[bɔ́ːdə]

政治・外交

法律　時事　経済　ビジネス　マーケティング・営業　コミュニケーション　メディア・IT　教育・キャンパス　建築　都市・交通　観光・レジャー

□□□□□
dependency 属国
[dɪpéndənsi]

□□□□□
vassal state 属国
[vǽsl stèɪt]

□□□□□
capital 首都
[kǽpətl]

□□□□□
metropolis 首都
[mətrɔ́pəlɪs]

□□□□□
embassy 大使館
[émbəsi]

□□□□□
ambassador 大使
[æmbǽsədə]

□□□□□
pact 協定
[pǽkt]

□□□□□
ratification 批准
[rætəfɪkéɪʃən]

□□□□□
nationality 国籍
[næ̀ʃənǽləti]

□□□□□
immigrant 移民
[ímɪgrənt]

□□□□□
refugee 難民
[rèfjʊʤíː]

□□□□□
exile 亡命(者)
[égzaɪl]

□□□□□
battlefield 戦場
[bǽtlfiːld]

□□□□□
invasion 侵略
[ɪnvéɪʒən]

□□□□□
weapon 兵器
[wépən]

□□□□□
bomb 爆弾
[bɔ́m]

□□□□□
missile ミサイル
[mísaɪl]

□□□□□
bullet 弾丸
[búlət]

□□□□□
fort 要塞、砦
[fɔ́ːt]

□□□□□
bomber 爆撃機
[bɔ́mə]

□□□□□
cruiser 巡洋艦、巡洋戦艦
[krúːzə]

法律 Law

0678 ☐☐☐☐☐

invoke

[ɪnvóʊk]

≒ ② call upon, conjure

動 ①〈法など〉を発動する、実施する
　　②〈感情〉を呼び起こす

A person may **invoke** their right to remain silent if they are arrested by a police officer.

人は警察に逮捕されても黙秘権を行使できる。

0679 ☐☐☐☐☐

deregulation

[diːrègjəléɪʃən]

🔄 deregulate 〜の規制を解除する
↔ regulation

名 規制解除[緩和]

The **deregulation** of alcohol and cigarettes can be positive economically, but negative socially.

酒とたばこの規制緩和は経済的にはプラスだろうが、社会的には好ましくないだろう。

0680 ☐☐☐☐☐

recourse

[ríkɔːs]

≒ expedient, resort, resource

名 助け[頼り]になるもの

Unable to agree on how to divide the money their mother had left them, they sought legal **recourse**.

彼らは母親が残した遺産の分け方について意見が一致せず、法的な解決を探った。

0681 ☐☐☐☐☐

revoke

[rɪvóʊk]

🔄 revocation 破棄、放棄

動 〜を撤回する、無効にする

Due to underperformance, the company's licence was **revoked** and their contract cancelled.

業績不振のため、その会社のライセンスは無効にされ、契約は取り消された。

0682 ☐☐☐☐☐

jury

[dʒʊ́əri]

♪ 住民から選ばれた12人のjuror（陪審員）から成り、有罪か無罪かの評決を行う。

名 陪審、陪審員団

After the hearing the **jury** left the court room to discuss the case in private.

審問後、陪審員たちは退廷して、密室でその事件について話し合った。

0683 ☐☐☐☐☐

prosecute

[prɑ́sɪkjùːt]

🔄 prosecution 起訴
≒ indict

動 〜を起訴する

The company was **prosecuted** because of the scandal, resulting in a $35 million fine.

その企業は不祥事のために起訴され、最終的に 3500 万ドルの罰金を科された。

政治・外交

法律

時事・経済 ビジネス マーケティング・営業 コミュニケーション メディア・IT 教育・キャンパス 建築・都市・交通 観光・レジャー

0684

□□□□□

repeal

[rɪpíːl]

≒ rescind, revoke, void

動 〈法律など〉を廃止する

The new President started by **repealing** many of the previous president's laws.

新大統領は手始めに前任者が作った法律の多くを廃止した。

0685

□□□□□

quota

[kwóutə]

≒ ① allocation

♪ カタカナ語の「ノルマ」はロシア語から来た語。

名 ①（販売などの）割り当て、ノルマ
②分け前、取り分

Traffic police are regularly given a **quota** of how many tickets they need to issue.

交通巡査は切るべき違反切符のノルマが定期的に与えられる。

0686

□□□□□

mandate

[mǽndeɪt]

形 mandatory 義務的な、強制的な
≒ [動] command, dictate, direct

動 ～を命じる、義務づける
名 命令

The law **mandates** that cyclists and motorcyclists must wear helmets.

自転車やオートバイに乗る人はヘルメット着用が法律で義務づけられている。

0687

□□□□□

smuggle

[smʌ́gl]

名 smuggling 密輸
♪ bootleg〈〈主に酒〉を密造・密売する〉という語も覚えておこう。

動 ～を密輸する

The diplomats were caught **smuggling** ivory at an airport in Kenya.

その外交官たちはケニアの空港で象牙を密輸しようとしたところを捕まった。

0688

□□□□□

enforce

[ɪnfɔ́ːs]

名 enforcement 実施、施行
≒ implement

動 〈法律・規則など〉を施行する

Enforcing traffic laws can be difficult, as the police are unable to monitor all drivers.

交通法規を守らせることは難しいことがある。警察がすべてのドライバーを監視するのは不可能だからだ。

0689

□□□□□

loophole

[lúːphòʊl]

♪ 主に、法律、税制などの制度について使われる。

名 （法律などの）抜け穴

The wealthy pay less in taxes because they have skilled lawyers that can find **loopholes** in tax laws.

金持ちの方が払う税金が少ない。彼らには税法の抜け穴を見つけられる有能な弁護士がついているからだ。

0690 □□□□□

footage
[fútɪdʒ]

名 映像、(テレビ・映画などの) 場面

The criminal had been difficult to prosecute until video **footage** of the crime was discovered.

犯行のビデオ映像が見つかるまではその犯人の起訴は難しかった。

0691 □□□□□

convict
[動] [kənvíkt] [名] [kɑ́nvɪkt]
名 conviction 有罪判決
↔ aquit

動 ～に有罪判決を出す
名 罪人、囚人

The thief was caught by the police with the stolen goods, so she was easily **convicted**.

その泥棒は警察に捕まったときに盗品を所持していたので、あっさりと有罪になった。

0692 □□□□□

jurisdiction
[dʒùərɪsdíkʃən]
形 jurisdictional 司法権の
✎ jur(is), just は「法、正しい」を意味する語根で、jury (陪審)、justice (正義) などにも含まれる。

名 ① 司法権、裁判権
② (法的権限の) 管轄区域

Local police only have **jurisdiction** over crimes within a certain town or city.

地方の警察にはある特定の町や市の中での犯罪の管轄権しかない。

0693 □□□□□

contention
[kənténʃən]
形 contentious
〈問題などが〉論議を呼ぶ
≒ ① debate, argument, disagreement

名 ① 論争、争い ② (議論での) 主張；論点

The main cause of **contention** has been a dispute over land ownership.

紛争の主要原因は土地の所有権を巡る争いだ。

0694 □□□□□

legitimate
[lɪdʒítəmət]
動 legitimise ～を合法化する
名 legitimacy 合法性、正当性
≒ lawful, legal
↔ illegitimate

形 合法的な、正当な

The elections resulted in the first **legitimate** government in decades.

その選挙によって、数十年ぶりに合法的な政府が誕生した。

0695 □□□□□

deter
[dɪtə́ː]
形 deterrent 〈物事が〉妨げる、抑止する
名 deterrence 制止、抑止
≒ ① discourage, dissuade
② preclude, prevent, inhibit

動 ① ～を思いとどまらせる ② ～を抑止する

The buildings were designed to **deter** thieves, with security cameras installed on every corner.

その建物は防犯カメラがあらゆる場所に設置されていて、泥棒が入りにくくなっていた。

0696 □□□□□

untangle

[ʌntǽŋgld]

≒ disentangle, unravel
↔ entangle

動 ～のもつれを解く、解消する

The crime was a mystery; they would need to **untangle** it to understand what had happened.

その犯罪は謎だった。何が起きたのか知るためには一つ一つひも解く必要があるだろう。

0697 □□□□□

scrutiny

[skrúːtɪni]

動 scrutinise ～を子細に検討する
≒ ① surveillance
② examination, inspection

名 ①監視、観察 ②綿密な調査

Recently, the technology was subjected to strong **scrutiny** due to accidents caused by the self-driving vehicles.

自動運転車が事故を起こしたため、その技術は近年、厳しい監視下に置かれるようになった。

0698 □□□□□

conspire

[kənspáɪə]

名 conspiracy 陰謀、共謀
≒ ① collude, plot, scheme
② concur

動 ①共謀する ②同時に生じる、重なる

The company was found guilty of **conspiring** with others to fix prices of computer parts.

その企業はコンピュータ部品の価格を維持するために他社と共謀したとして有罪になった。

0699 □□□□□

corroborate

[kərɔ́bərèɪt]

名 corroboration 裏付け、確証
形 corroborative 確証となるような
≒ confirm, verify, substantiate

動 ～を裏付ける、支持する

The two witnesses **corroborated** her story, proving that she was not responsible for the accident.

2人の目撃者が彼女の話を裏付け、彼女にその事故の責任はないことが証明された。

0700 □□□□□

shatter

[ʃǽtə]

≒ ① destroy, smash

動 ①～を粉砕する、打ち砕く ②砕け散る

In the video, a man **shattered** the window before climbing through and stealing various items.

そのビデオ映像では、男が窓をたたき割って侵入し、様々なものを盗んでいった。

0701 □□□□□

probe

[próʊb]

≒ [動] investigate, examine, explore

動 (～を)調査する
名 ①調査 ②探査機

The report **probed** into whether any illegal activities had taken place or not.

その報告書は何かしらの違法行為が行われていなかったかどうかを調査したものだ。

政治・外交 法律 時事 経済 ビジネス マーケティング・営業 コミュニケーション メディア・IT 教育・キャンパス 建築 都市・交通 観光・レジャー

0702 □□□□□

impartial

[ɪmpáːʃəl]

名 impartiality 偏らないこと、公平さ
≒ fair, candid, unbiased,
unprejudiced
↔ partial

形 公平な、偏見のない

If a judge is **impartial**, a trial will be fair and unprejudiced.

裁判官に偏りがなければ、裁判は公平で偏見のないものになる。

0703 □□□□□

testimony

[téstɪməni]

≒ ② proof

名 ① 証言 ② 証拠

Several employees appeared in court to provide **testimony** regarding their employer's activities.

数人の従業員が雇用主の行為について証言するために法廷に立った。

0704 □□□□□

dubious

[djúːbiəs]

≒ ① suspicious, debatable,
equivocal, questionable

形 ① 疑わしい、怪しげな ② 疑わしく思う

The company's claims were highly **dubious**, so it was investigated for false advertising.

その会社の主張は非常に怪しげだったので、虚偽広告の捜査を受けた。

0705 □□□□□

underscore

[ʌ̀ndəskɔ́ː]

≒ emphasise, underline,
accentuate

動 ～を強調する

The rising rate of crime **underscored** the need for more police in the city.

犯罪率の上昇は街の警察官の数を増やす必要があることをはっきりと示した。

0706 □□□□□

masquerade

[mæ̀skəréɪd]

≒ [動] disguise

動 装う、なりすます
名 (真実を隠すための) 見せかけ、偽装

There has been a big effort to close down businesses **masquerading** as charities.

慈善事業のように装う会社を撲滅しようという取り組みが懸命に行われている。

0707 □□□□□

compliance

[kəmpláɪəns]

動 comply (要求・命令などに) 従う
形 compliant 従順な
≒ conformity, obedience,
submission

名 従うこと、法令順守

In **compliance** with local regulations, all new buildings need ramps for wheelchairs.

条例により、すべての新築ビルには車いす用の傾斜路が必要だ。

0708 ☐☐☐☐☐

binding

[báɪndɪŋ]

♪「(本の)装丁」という名詞の使い方もある。

形 拘束力のある

The contract was legally **binding**, so the company would have faced a lawsuit for breaking it.

その契約は法的拘束力のあるものだったので、その会社は契約違反で訴えられていたかもしれない。

0709 ☐☐☐☐☐

verdict

[vɔ́ːdɪkt]

♪ verdict に基づいて裁判官が下す判決は judgment と言う。

名 (陪審員の) 評決

The jury reached a **verdict** in the afternoon; the defendants were found guilty.

陪審員は午後になって評決に達した。被告は有罪になった。

0710 ☐☐☐☐☐

incidence

[ínsədəns]

関 incident 出来事
派 incidental 付随して起こる

名 (事件・病気などの) 発生

Within a few years, the area with a high **incidence** of crime became much safer.

数年のうちに、犯罪が多発していたその地域はずっと安全になった。

0711 ☐☐☐☐☐

theft

[θéft]

≒ stealing, larceny
♪ 関連語として、burglary (押し込み強盗)、robbery (強盗) も覚えておこう。

名 盗み

Police are struggling to prevent petty **theft** of phones and handbags in tourist areas.

警察は観光地で携帯電話やハンドバッグがすられるのを必死に防ごうとしている。

0712 ☐☐☐☐☐

composite

[kɔ́mpəzɪt]

動 compose ～を作る、構成する
≒ [名] mixture, combination, compound
　 [形] combined, mixed

名 合成画像、複合素材
形 いろいろな要素から成る、合成の

The police can develop a **composite** of the criminal based on what people saw.

警察は人々の目撃情報に基づいて犯人の合成画像を作成できる。

0713 ☐☐☐☐☐

liable

[láɪəbl]

関 liability 法的責任；債務
≒ ① accountable, responsible
　 ② likely

形 ① 法的に責任がある　② ～しがちだ

The company was found **liable** for the accident and ordered to pay the family's medical bills.

その企業は事故に対する法的責任があるとされ、一家の医療費の支払いを命じられた。

政治・外交　法律　時事　経済　ビジネス　マーケティング・営業　コミュニケーション　メディア・IT　教育・キャンパス　建築・都市・交通　観光・レジャー

0714

inquiry
[ínkwáiri]

動 inquire 質問する
≒ ② inquest, probe

名 ① 質問すること、問い合わせ ② 調査

A formal **inquiry** was launched to see if the newspaper had acted illegally.

その新聞社が違法な活動をしたのかどうかを調べる正式な捜査が始まった。

0715

fraud
[frɔ́ːd]

形 fraudulent 詐欺的な

名 詐欺、詐欺行為

Financial crimes — such as credit card **fraud** — were higher than ever due to identity theft.

個人情報が盗まれるようになり、クレジットカード詐欺のような金融犯罪がかつてないほど増えた。

0716

offender
[əféndə]

動 offend 罪を犯す
≒ criminal, culprit

名 犯罪者、(法律の)違反者

Court decisions tend to be tougher if the **offender** has committed crimes before.

犯罪者に前科があると、判決は厳しくなる傾向がある。

0717

manipulate
[mənípjəlèit]

名 manipulation 操ること、操作
形 manipulative (人を)巧みに操る
≒ handle, manoeuvre

動 ～を操作する、巧みに仕向ける

The company was found guilty of **manipulating** the crash test data so they could sell their vehicles.

その会社は車を売るために衝突実験のデータを改ざんして有罪になった。

Terminology

法律

□□□□□
judiciary 司法
[ʤuːdíʃəri]

□□□□□
constitution 憲法
[kɔ̀nstɪtjúːʃən]

□□□□□
robbery 強盗
[rɔ́bəri]

□□□□□
burglary 侵入窃盗
[bə́ːgləri]

□□□□□
embezzlement 横領
[ɪmbézlmənt]

□□□□□
counterfeit 通貨偽造
[káʊntəfɪt]

□□□□□
ransom 身代金
[rǽnsəm]

□□□□□
investigation 捜査
[ɪnvèstəɡéɪʃən]

□□□□□
arrest 逮捕、検挙
[ərést]

□□□□□
jail 刑務所、拘置所
[ʤéɪl]

□□□□□
lawsuit 訴訟
[lɔ́ːsùːt]

□□□□□
prosecutor 検察官、検事
[prɔ́sɪkjùːtə]

□□□□□
prosecution 起訴、公訴
[prɔ̀sɪkjúːʃən]

□□□□□
appeal 控訴、上訴
[əpíːl]

□□□□□
plaintiff 原告
[pléɪntɪf]

□□□□□
defendant 被告
[dɪféndənt]

□□□□□
suspect 容疑者、被疑者
[sʌ́spekt]

□□□□□
criminal 犯罪者
[krímənl]

□□□□□
victim 被害者
[víktɪm]

□□□□□
witness 目撃者、証人
[wítnəs]

□□□□□
evidence 証拠
[évədəns]

□□□□□
fingerprint 指紋
[fíŋɡəprìnt]

□□□□□
judgment 判決
[ʤʌ́ʤmənt]

□□□□□
guilt 有罪
[gílt]

□□□□□
innocence 無罪
[ínəsəns]

□□□□□
punishment 刑罰
[pʌ́nɪʃmənt]

□□□□□
probation 執行猶予
[prəbéɪʃən]

□□□□□
parole 仮釈放、仮出所
[pəróʊl]

◀ MP3>>> **144-145**

0718 □□□□□

starvation
[stɑːrvéɪʃən]

動 starve 飢える、餓死する
≒ hunger, famine

名 飢餓；餓死

NGOs came together to deliver food and aid to those at risk of **starvation**.

非政府組織が協力して餓死の危機にある人々に食料を配り、支援した。

0719 □□□□□

stringent
[strínʤənt]

名 stringency（規則などの）厳しさ、厳格さ
≒ strict, rigorous, rigid

形〈規則などが〉厳しい、厳格な

After the hijacking, airport security checks were made significantly more **stringent**.

ハイジャック事件のあと、空港のセキュリティチェックは格段に厳しくなった。

0720 □□□□□

pseudo
[sjúːdəʊ]

♪ 発音に注意。pは発音しない。pseudonym（ペンネーム）、pseudoscience（疑似科学）のように接頭辞としても使われる。

形 偽の、まがいの

Many articles posted on social media are **pseudo**-science and are misleading to the public.

ソーシャルメディアに投稿される記事の多くはえせ科学で、人々の誤解を招きやすい。

0721 □□□□□

denounce
[dɪnáʊns]

名 denunciation 非難、弾劾
≒ accuse, censure, rebuke

動 ～を非難する、弾劾する

The hunting of these animals for sport is strongly **denounced** by organisations across the world.

これらの動物のスポーツハンティングは世界中の団体から強く非難されている。

0722 □□□□□

wary
[wéəri]

≒ cautious
↔ careless

形 慎重な、用心深い

Parents are **wary** about letting their children play outside nowadays due to the rise in reported crime.

昨今は犯罪の通報が増えているので、親は子どもを外で遊ばせることに慎重になっている。

0723 □□□□□

integrity
[ɪntégrəti]

形 integral 不可欠な；全体の、完全な
動 integrate ～を統合する
≒ ② honesty, uprightness

名 ①完全な状態 ②正直さ、誠実さ

The accident damaged the **integrity** of the plane, which required significant repairs.

その事故によって万全の状態だった飛行機は損傷し、大規模な修復をしなければならなかった。

0724　☐☐☐☐☐

onslaught

[ɔ́nslɔ̀ːt]

≒ ① aggression, assault, offensive, onset ② barrage

♪ an onslaught of ((困るほど)多くの〜) の表現も覚えておこう。

名 ① 激しい攻撃、猛襲 ② 大量さ、おびただしさ

To prevent the **onslaught** of the disease, residents were told to stay at home.

その病気のまん延を防ぐため、住民たちは家にいるように指示された。

0725　☐☐☐☐☐

discredit

[dɪskrédət]

≒ ① disgrace, defame

♪ credit (〜を信用する) に否定を表す接頭辞 dis- がついた語。

動 ① 〜の信頼を傷つける
② 〈考え・証拠などの正しさ〉を覆す
③ 〜を信用しない

He was widely **discredited** after being unable to prove his supernatural powers.

彼は自分の超能力を証明できず、評判がガタ落ちになった。

0726　☐☐☐☐☐

gush

[ɡʌ́ʃ]

≒ pour, spout

動 勢いよく流れ出る、噴出する

The accident resulted in millions of litres of oil **gushing** out into the ocean.

その事故で何百万リットルもの原油が海に流出した。

0727　☐☐☐☐☐

inflate

[ɪnfléɪt]

图 inflation インフレ、通貨膨張

≒ ② bloat, expand, enlarge

動 ① 〈価格など〉を上昇させる
② 〈風船など〉をふくらませる

A prominent investor was criticised for **inflating** the price of life-saving medication.

ある著名な投資家が救命薬の価格を釣り上げたと批判された。

0728　☐☐☐☐☐

hamper

[hǽmpə]

≒ curb, obstruct, impede, hinder, prevent

動 〜を阻止する

Efforts to reduce homelessness have been **hampered** by insufficient funding.

ホームレスの数を減らす取り組みは資金不足でうまくいかなかった。

0729　☐☐☐☐☐

impoverished

[ɪmpɔ́vərɪʃt]

動 impoverish 〈人〉を貧乏にする
图 impoverishment 貧困 (化)

≒ destitute, indigent, needy

♪ 関連語 poverty (貧困) も重要。

形 貧困化した、貧困に陥った

Impoverished areas of the city were given more funding to improve life for the communities.

市の貧民街は、地域の生活改善のために、より多くの資金を付与された。

0730 □□□□□

disregard
[dìsrɪgáːd]
≒ ignore, despise, scorn

動 ～を無視する、軽視する

An investigation into the cause of the accident revealed that safety protocols had been **disregarded**.

その事故の原因調査によって、安全のための一連の操作が無視されていたことが明らかになった。

0731 □□□□□

upheaval
[ʌphíːvl]
≒ ① cataclysm, tumult, turmoil

名 ①大変動、激変 ②(土地の)隆起

The city went through a complete **upheaval** following the fire.

火事のあと、町はまったく変わってしまった。

0732 □□□□□

aggravate
[ǽɡrəvèɪt]
图 aggravation 悪化
≒ worsen, exacerbate

動 ～を悪化させる

Rising levels of pollution are also **aggravating** lung diseases such as asthma.

公害のレベルが上がっているために、ぜんそくのような肺疾患も悪化している。

0733 □□□□□

institutional
[ìnstətjúːʃənl]
图 institution (公共機関などの) 施設

形 ①公共機関の、施設の ②制度上の

The number of people requiring **institutional** care will increase dramatically as the population ages.

人口の高齢化に伴い、公共施設での介護を必要とする人の数は飛躍的に増えるだろう。

0734 □□□□□

proponent
[prəʊpóʊnənt]
≒ advocate, exponent
↔ antagonist, opponent

名 擁護者、支持者

Although many people are **proponents** of preventing animal cruelty, only few people take real action.

動物虐待の防止を支持する人は多いが、実際に行動を起こす人はわずかしかいない。

0735 □□□□□

utility
[juːtíləti]
≒ [名] ② usefulness
♪ ①の意味では複数形で使う。

名 ①(電気・ガス・水道などの) 公共事業
　　②有用性
形 多用途の

Electricity and other public **utilities** were knocked out by the hurricane.

電気などの公共サービスがそのハリケーンで止まった。

0736 □□□□□
corpse
[kɔ́:ps]

♪ 動物の死体は carcass と言う。

名 (主に人間の) 死体

Taking shelter in the cave, they found the **corpse** of a man who had died years before.

洞窟に避難したとき、彼らは死後何年も経過している男性の死体を見つけた。

0737 □□□□□
tout
[táʊt]

≒ laud, trumpet
♪ 発音に注意。

動 ～を絶賛する

Due to smart urban planning and rapid growth, Shenzhen is **touted** as the city of the future.

よく練られた都市計画と急速な成長により、深センは未来の都市として絶賛されている。

0738 □□□□□
chaotic
[keɪɑ́tɪk]

图 chaos 無秩序、カオス
≒ disorganised, anarchic
♪ a の発音に注意。

形 大混乱した、無秩序な

The fire suddenly got out of control, leading to a **chaotic** evacuation of the entire town.

火事は突然制御不能となり、町中の住民が大混乱のうちに避難することになった。

0739 □□□□□
flatten
[flǽtn]

≒ level out
♪ 〈flat (平らな) + -en (～にする)〉の構造。

動 ～を平らにする、ぺしゃんこにする

The 6.6 magnitude earthquake **flattened** the historic town in central-northern Italy.

そのマグニチュード 6.6 の地震はイタリア中央北部の由緒ある町の建物をなぎ倒した。

0740 □□□□□
recipient
[rɪsípiənt]

動 receive ～を受け取る
♪ 臓器移植の「臓器提供者」を donor (ドナー)、受け取る側を recipient (レシピエント) と言う。

名 受け手、受賞者

The Nobel Prize **recipient** was given the award for his work on reducing poverty.

そのノーベル賞受賞者は、貧困を減らす取り組みによって賞を授与された。

0741 □□□□□
initiative
[ɪníʃətɪv]

≒ ① action, enterprise
♪ on one's own initiative (自分の意志で、自発的に) も覚えておこう。

名 ①取り組み、計画 ②主導権

The MPSI is a peace **initiative** aimed at supporting groups within Myanmar.

MPSI はミャンマー国内の団体を支援することを目的としている和平構想だ。

0742 ☐☐☐☐☐

evacuate

[ɪvǽkjuèɪt]

图 evacuation 避難
≒ move out, vacate
♪ vac は「からの」を意味する語根で、vacuum (真空) などにも含まれる。

動 ～から避難する[させる]、立ち退く

To prepare for what to do in the case of a fire, students periodically practice **evacuating** the school.

火事のときにすべきことを予行演習するために、生徒たちは定期的に学校から避難する訓練をしている。

0743 ☐☐☐☐☐

advocate

[動] [ǽdvəkèɪt] [名] [ǽdvəkət]

图 advocacy 支持
≒ [動] champion, enforce
　[名] proponent

動 (～を) 提唱する、支持する
名 支持者、主張者

The charity **advocates** for and supports numerous women in need in rural areas.

その慈善団体は田舎で困窮している数多くの女性を支援、擁護している。

0744 ☐☐☐☐☐

perverse

[pəvə́ːs]

图 perversion 歪曲 ; 堕落
≒ ① ill-natured ② stubborn

形 ① 邪悪な、倒錯した ② 頑固な

The company's **perverse** treatment of animals was criticised by the public.

その企業の動物虐待は世間の批判を浴びた。

0745 ☐☐☐☐☐

exacerbate

[ɪgzǽsəbèɪt]

图 exacerbation 悪化
≒ aggravate, worsen

動 ～を (さらに) 悪化させる

The problem of poor hygiene was **exacerbated** by people moving to cities and living in more condensed areas.

人々が都市に流入してより人口密度の高いところに住むにつれて、不衛生の問題が悪化した。

0746 ☐☐☐☐☐

mar

[máː]

≒ harm, impair, ruin, spoil

動 ～を台無しにする

Poor weather **marred** an otherwise enjoyable festival for the crowd.

悪天候によって、そうでなければ人々が楽しめる祭りが、台無しにされた。

0747 ☐☐☐☐☐

flame

[fléɪm]

♪「～できる」を意味する able のついた flammable (可燃性の) も覚えておこう。

名 炎、火炎
動 燃える

Flames from the forest fire reached the city and destroyed tens of thousands of houses.

森林火災の炎は町まで達し、何万軒もの住宅が焼失した。

2446

政治・外交　法律

時事

経済　ビジネス　マーケティング・営業　コミュニケーション　メディア・IT　教育・キャンパス　建築　都市・交通　観光・レジャー

0748 □□□□□

preferential

[prèfərénʃəl]

图 preference
　（ほかのものより）好むこと
≒ favoured, preferred

形 優先の

At-risk groups are given **preferential** treatment when it comes to benefits and housing.

給付金や住宅に関しては社会弱者が優遇される。

0749 □□□□□

blink

[blíŋk]

♪ 明かりの明滅にも使う。

名 ①一瞬 ②まばたき
動 まばたきをする

Within the **blink** of an eye, the ancient temple was destroyed.

またたく間にその古代寺院は破壊された。

0750 □□□□□

rumble

[rʌ́mbl]

图 rumbling ゴロゴロいう音
≒ growl

動 ごろごろ音を立てる、とどろく

The low **rumbling** noise coming from the planes would disturb local residents.

飛行機の出す低いごう音は地元住民の迷惑になるだろう。

0751 □□□□□

collude

[kəlú:d]

图 collusion 共謀
形 collusive 共謀した
≒ connive, conspire

動 共謀する、結託する

Five major banks were accused of **colluding** to control foreign exchange rates.

5つの主要銀行が外国為替相場を共謀して操作したとして告発された。

0752 □□□□□

nobility

[noʊbíləti]

形 noble 貴族の；気高い
≒ ① aristocracy
　② integrity, grandeur

名 ①貴族階級 ②気高さ、高潔

Alongside influential politicians, the event was attended by members of the **nobility**, including the Queen.

その催しには大物政治家とともに、女王を含め、貴族階級の人々も出席した。

0753 □□□□□

plight

[pláit]

≒ predicament

名 窮状、苦境

The hurricane made the **plight** and struggle of farmers even greater.

そのハリケーンによって農家はますます苦境に陥り、いっそうもがき苦しまなければならなかった。

社会科学　**171**

0754

☐☐☐☐☐

mistrust

[mìstrʌ́st]

形 mistrustful 信用していない
≒ [名] distrust, doubt, suspicion
　[動] doubt, distrust

名 不信、疑惑
動 ～を信用しない、疑う

A **mistrust** of police has increased in recent years in the United States.

アメリカでは近年、警察への不信が増している。

0755

☐☐☐☐☐

anonymous

[ənɑ́nɪməs]

名 anonymity 匿名
≒ unnamed, unidentified

形 匿名の

Many lottery winners prefer to stay **anonymous** to avoid people knowing about their wealth.

多くの宝くじ当選者は当選金のことを知られないよう匿名でいたがる。

0756

☐☐☐☐☐

unleash

[ʌnlíːʃ]

≒ release, unloose, discharge
♪ leash は「〈動物〉をひもでつなぐ」。それに否定を表す接頭辞 un- がついたのが unleash。

動 ～を解放する、解き放つ

Fenced areas where dogs can be **unleashed** and run free have become increasingly popular in modern cities.

今日の都市では、犬が解き放たれて自由に走れる囲い地がますます人気になっている。

0757

☐☐☐☐☐

clutch

[klʌ́tʃ]

♪ a clutch of (一群の～) という別の使い方もある。

名 支配、手中　動 ～をしっかりつかむ

The best way for people to escape the **clutches** of poverty is to receive social support.

貧しさという呪縛から抜け出す最良の方法は、社会の支援を受けることだ。

0758

☐☐☐☐☐

precaution

[prɪkɔ́ːʃən]

形 precautionary 予防的な
≒ safeguard, preventive (measure)

名 用心、予防措置

Walls and river banks are strengthened as a **precaution** against flooding.

洪水対策として防護壁や堤防が補強される。

0759

☐☐☐☐☐

displace

[dɪspléɪs]

名 displacement 強制退去
≒ ① relocate, transfer
　② supplant, replace

動 ① ～を（定位置から）移動させる、移住させる
　② ～にとって代わる

Many of the poor became climate refugees after being **displaced** from their homes by flooding and drought.

多くの貧民が洪水や日照りで家を離れざるをえず、気候変動による避難民になった。

政治・外交　法律

時事

経済　ビジネス　マーケティング・営業　コミュニケーション　メディア・IT　教育・キャンパス　建築・都市・交通　観光・レジャー

0760 □□□□□

exodus

[éksədəs]

♪ 大文字の Exodus は旧約聖書の『出エジプト記』のこと。

名 **大量流出、集団脱出**

The capital city sees an **exodus** during New Year celebrations, as citizens travel to the countryside.

正月祝いの期間、首都では**大移動**が起こる。人々が田舎に向かうからだ。

0761 □□□□□

encompass

[ɪnkʌ́mpəs]

名 encompassment 包括
≒ ① surround, enclose
　② include, contain, embrace

動 ① **～を取り囲む、包囲する** ② **～を包含する**

Large areas of southern Australia were **encompassed** by clouds of smoke from wildfires.

南オーストラリアの広大な地域が山火事のもうもうとした煙に包まれた。

0762 □□□□□

obnoxious

[əbnɔ́kʃəs]

≒ offensive, repulsive, abhorrent, disgusting, nasty

形 **非常に不愉快な、無礼な**

Residents have become used to the **obnoxious** construction noises and traffic that never stops.

住民は、やむことのない非常に不愉快な建設の騒音と車両の出入りに慣れてしまった。

0763 □□□□□

afflict

[əflíkt]

名 affliction 苦悩、苦痛
形 afflictive 苦悩を与える
♪ 受け身の形で使うことが多い。

動 **～を苦しめる、悩ませる**

Aid was sent first to the areas most heavily **afflicted** by the drought.

干ばつで最大の被害を受けた地域に真っ先に援助物資が送られた。

0764 □□□□□

salvage

[sǽlvɪdʒ]

名 salvation 救済

動 **〈難破船など〉を引き揚げる、救い出す**
名 **救出**

After the earthquake, builders were hired to **salvage** what remained of the house.

地震後、家の残骸を回収するために建設業者が雇われた。

0765 □□□□□

disorderly

[dɪsɔ́ːdəli]

↔ orderly

形 **無秩序の、混乱した**

Public anger resulted in a **disorderly** crowd gathering outside parliament.

怒った人々が議事堂の外に集まり大混乱になった。

0766 ☐☐☐☐☐

dreadful
[drédfl]

≒ abominable, appalling, awful, hideous

形 とてもひどい

A lack of funds left the school in a **dreadful** condition.

その学校は資金不足のために悲惨な状態だった。

0767 ☐☐☐☐☐

divert
[daɪvɔ́ːt]

名 diversion（進路・用途などの）転換

動 ① ～の方向を変える、～を迂回させる
② 〈注意など〉をそらす

Police **diverted** traffic away from the site of the crash.

警察は通行車両に衝突事故の現場を迂回させた。

0768 ☐☐☐☐☐

alarming
[əlɑ́ːmɪŋ]

動 名 alarm ～を心配させる、怖がらせる
≒ frightening, fearful, scary

形 憂慮すべき、不安にさせる

Figures show an **alarming** proportion of the population is unemployed.

数値は人口の中で失業者が占める憂慮すべき割合を示している。

0769 ☐☐☐☐☐

dump
[dʌ́mp]

≒ [動] discard, scrap, jettison
♪「～を投げ売りする」の意味もあり、その ing 形が dumping（ダンピング）。

動 〈ごみなど〉を捨てる
名 ごみ捨て場

The factory was punished for illegally **dumping** chemical waste in the river.

その工場は化学廃棄物を川に不法投棄して罰せられた。

0770 ☐☐☐☐☐

strand
[strǽnd]

♪ 同じつづりの名詞 strand（らせん構造）も覚えておこう。

動 ～を座礁させる；〈人〉を取り残す

Survivors of the crash were **stranded** on an island for weeks before they were rescued.

衝突事故の生存者たちは島に取り残され、数週間後にようやく救助された。

0771 ☐☐☐☐☐

fatality
[fətǽləti]

形 fatal 致命的な
≒ casualty, loss

名 死亡者（数）

Although the car accident was serious, there were no **fatalities**.

その自動車事故は深刻なものだったが、死者はいなかった。

0772

☐☐☐☐☐

extravagance

[ɪkstrǽvəgəns]

形 extravagant 浪費の
≒ ① lavishness, prodigality, profusion
② excess, exaggeration

名 ①（金の）浪費、乱費 ②行き過ぎ

She is known for her wealth and **extravagance**, which makes her unpopular with working-class voters.

彼女は金持ちでぜいたくな暮らしをしていることで知られ、そのために労働者階級の有権者に人気がない。

0773

☐☐☐☐☐

shortlist

[ʃɔ́ːtlìst]

♪ short list（（最終選考のための）選抜候補者リスト）という語もあわせて覚えておこう。

動 〈人〉を最終的選挙者名簿に載せる

Three artists out of thousands had been **shortlisted** for the prize.

何千人ものアーティストの中から3人がその賞の最終候補に残っていた。

0774

☐☐☐☐☐

turmoil

[tə́ːmɔɪl]

≒ ferment, unrest

名 騒動、混乱

The world plunged into **turmoil** during the last great financial crash.

直近の金融大破綻の際、世界は混乱に陥った。

0775

☐☐☐☐☐

fend

[fénd]

♪ fend はここに挙げた形か fend off（〜をかわす）の形で使われる。

動 ［fend for *oneself* で］自力でやっていく

The fires forced people to release their animals into the wild to **fend for themselves**.

その火事のために人々は家畜を野に放ち、自力で生きてもらわなければならなかった。

0776

☐☐☐☐☐

pledge

[plédʒ]

≒ [名] assurance, guarantee, oath

名 誓約、公約　動 〜を誓う、保証する

The organisation's **pledge** to plant two billion trees in two decades has been seen as unrealistic.

20年で20憶本の木を植えるというその組織の公約は非現実的だと見なされてきた。

0777

☐☐☐☐☐

run-down

[rʌ́ndáʊn]

♪「費用をかけて修繕していない」というニュアンス。

形 荒廃した、ボロボロの

The mines that were shut down many years ago are now abandoned and **run-down**.

何年も前に廃坑になった採鉱場は、今では打ち捨てられて荒廃している。

0778 □□□□□

cost-effective
[kɔ́stɪféktɪv]

名 cost-effectiveness 費用対効果
≒ profitable

形 費用効果の高い

The most **cost-effective** way to transport cars and trucks is by ship.

車やトラックの最も費用効果の高い輸送方法は海上輸送だ。

0779 □□□□□

skyrocket
[skàɪrɔ́kət]

≒ soar, zoom, shoot up

動 急激に上昇する

House prices have **skyrocketed** in the past year, becoming far too expensive for most people to buy.

住宅価格はここ1年で急上昇し、あまりにも高すぎてほとんどの人は買えなくなっている。

0780 □□□□□

stabilise
[stéɪbəlàɪz]

形 stable 安定した
名 stability 安定
↗ ■ stabilize

動 ①安定する ②〜を安定させる

Populations in developed nations have begun to **stabilise** due to the expense of raising children.

子育てにはお金がかかるので、先進国の人口は一定の水準にとどまり始めている。

0781 □□□□□

equilibrium
[ìːkwəlíbriəm]

≒ balance, symmetry

名 均衡、釣り合い

Equilibrium is achieved when the quantity supplied is equal to the quantity demanded.

供給量が需要量と等しいとき、均衡が成り立つ。

0782 □□□□□

affordable
[əfɔ́ːdəbl]

動 afford 〜する余裕がある

形 入手可能な、〈値段が〉てごろな

The government is putting measures in place to make housing more **affordable** for first-time buyers.

政府は住宅を初めて買う人がより買いやすい価格にする対策を進めている。

0783 □□□□□

equity
[ékwəti]

形 equitable 公正な、公平な
≒ ②fairness

名 ①財産物件の純粋価格 ②普通株 ③公平さ

Homeowners can use their house's **equity** to borrow money from the bank.

住宅所有者は家の資産価値を元手に銀行から融資を受けることができる。

政治·外交　法律　時事

経済

ビジネス　マーケティング·営業　コミュニケーション　メディア·IT　教育·キャンパス　建築　都市·交通　観光·レジャー

0784 □□□□□

intrinsic

[ɪntrínzɪk]

≒ inherent, innate, integral

形 本質的な、固有の

After a period of extreme inflation, people realised that paper money has no **intrinsic** value.

極度のインフレを経て、人々は紙幣には本質的な価値が何もないことを実感した。

0785 □□□□□

mitigate

[mítəgèit]

名 mitigation 緩和
≒ alleviate, appease

動 〜を和らげる、緩和する

To **mitigate** financial risk, they invested in companies in a variety of industries.

金融リスクを緩和するために、彼らは様々な業種の企業に投資した。

0786 □□□□□

exorbitant

[ɪgzɔ́:bɪtənt]

名 exorbitance 法外さ
≒ extravagant, excessive, outrageous

形 〈金額·要求などが〉途方もない、法外な

Exorbitant house prices have resulted in a majority of the population renting instead of buying property.

住宅価格が途方もなく上がったため、住民の多くは不動産を買うのではなく借りた。

0787 □□□□□

handout

[hǽndàut]

♪「施し物、お恵み」という意味もある。

名 ①補助金
②（講演会·講義などの）配布資料；ちらし

There were very few **handouts** for the unemployed from the government due to a poor economy.

経済状態が悪く、失業者に対する政府の補助金はほとんどなかった。

0788 □□□□□

affluent

[ǽfluənt]

名 affluence 富、裕福
≒ wealthy, well-off

形 裕福な

Although public education is free, children from more **affluent** families are more likely to go on to university.

公教育は無償だが、裕福な家の子どもの方が大学に進学する傾向が強い。

0789 □□□□□

constraint

[kənstréɪnt]

≒ limit, restriction

名 制約、制限

The company faced tight budget **constraints**, and several workers had to be laid off.

その会社は厳しい予算の制約に直面し、社員数名を解雇せざるをえなかった。

社会科学　**177**

0790 □□□□□

asymmetry
[æsímətri]

圏 asymmetric 非対称の、不均整の
↔ symmetry
♪ 語頭の a- は「欠如」を表す。symmetry
（対称、均整）が欠けていること。

名 非対称、不均整

Financial **asymmetry** between men and women has decreased since the Equal Pay Act 1970.

男女の経済的不均衡は、1970 年の同一賃金法以降減ってきている。

0791 □□□□□

accrue
[əkrúː]

≒ ① accumulate, amass

動 ①〈利子・借金など〉を徐々に増やす
　②〈利子などが〉たまる

Over a period of five years, interest **accrued** from savings was less than inflation.

5 年にわたって、預金でたまる利子はインフレを下回った。

0792 □□□□□

saturate
[sǽtʃərèit]

图 saturation 飽和状態
≒ ② drench, soak

動 ①〈市場〉を飽和状態にする
　②～をずぶぬれにする、浸す

As China's construction rate increased, the housing market became **saturated** with accommodations.

中国で建設率が上昇すると、住宅市場は貸し付けであふれた。

0793 □□□□□

stagnate
[stǽgneit]

图 stagnation 停滞
圏 stagnant 停滞した

動 ①停滞する、不活発になる ②よどむ

The company's phone sales **stagnated** until the company became a shadow of its former self.

その会社の携帯電話売上は低迷し、見る影もなくなった。

0794 □□□□□

feasible
[fíːzəbl]

图 feasibility 実現できること
≒ practicable, viable, achievable
↔ unfeasible

形 実現可能な

The solution was **feasible**, as the budget was well within expectations.

予算は想定内に十分収まっていたので、その対処法は実現可能だった。

0795 □□□□□

benchmark
[béntʃmàːk]

≒ standard, criterion, yardstick, gauge

名 基準、尺度

Owning one's own home is a **benchmark** of financial success among young adults.

若者にとって自分の家を持つことは経済的な成功の基準だ。

政治外交 法律 時事

経済

ビジネス マーケティング・営業 コミュニケーション メディア・IT 教育・キャンパス 建築 都市・交通 観光・レジャー

0796

☐☐☐☐☐

stifle

[stáɪfl]

形 stifling
〈部屋などが〉息苦しい、むっとする

≒ ① restrain, curb, repress, suppress ② choke, suffocate

動 ① ～を抑える、抑圧する ② ～を窒息させる

Imports from other countries have **stifled** the demand for locally produced meat.

他国からの輸入品が国産肉の需要を抑えている。

0797

☐☐☐☐☐

parameter

[pərǽmətə]

≒ ① limit, restriction
♪ アクセントは ra のところにある。ふつう複数形で使う。

名 ① 限界、規定要素 ② 媒介変数、パラメータ

The schools had to work within the financial **parameters** that had been set by the government.

学校は政府が決めた予算の範囲内で運営されなければならなかった。

0798

☐☐☐☐☐

hardship

[háːdʃɪp]

≒ adversity, ordeal

名 苦難、苦労

People suffering from economic **hardship** struggle to buy food and other basic goods.

経済的苦難に陥っている人々は食べ物などの必需品を買うのにも苦労している。

0799

☐☐☐☐☐

livelihood

[láɪvlihòd]

♪ make [earn, get] one's livelihood (生計を立てる) という表現も覚えておこう。

名 生計（の手段）、暮らし

Machines have negatively affected the **livelihoods** of factory and farm workers.

機械は工場や農場の労働者の生計に悪影響を与えている。

0800

☐☐☐☐☐

backing

[bǽkɪŋ]

動 back ～を支持する、支援する
≒ assistance, support

名 支持、（財政的）支援

With little financial **backing**, the research project could not be completed.

その調査プロジェクトには財政支援がほとんどなかったため、最後までできなかった。

0801

☐☐☐☐☐

sizeable

[sáɪzəbl]

≒ considerable
♪ sizable ともつづる。

形 かなり大きな、かなり多い

The company had received a **sizeable** investment and could afford to purchase new stock.

その会社はかなりの額の投資をしてもらい、新たに仕入れをすることができた。

社会科学　**179**

0802
□□□□□

downturn
[dáʊntə̀ːn]

↔ upturn

♪ depression (不況)、stagflation (スタグフレーション)などの語も覚えておこう。

名 (景気・物価などの) 下落、沈滞

The economic **downturn** of 2008 caused issues for businesses in almost every industry.

2008 年の景気の低迷で、ほぼ全産業の企業が問題を抱えた。

0803
□□□□□

dictate
[díkteɪt]

名 dictation
書き取り、ディクテーション

≒ ① determine
② command, prescribe

動 ① ～を決定づける
② ～を命令する、指図する ③ ～を口述する

The idea of an open market is that people **dictate** prices due to supply and demand.

自由市場の概念は、供給と需要にしたがって価格が決められるということだ。

0804
□□□□□

wring
[ríŋ]

≒ ① wrest ② squeeze
♪ 過去形・過去分詞形は wrung。

動 ① 〈金・情報など〉を (苦労して) 引き出す
② ～を絞る

Falling prices meant farmers had to **wring** out every potential piece of revenue or face bankruptcy.

価格の下落は、農家が考えうる限りの利益を絞り出すか破産に直面するかしなければならないことを意味した。

0805
□□□□□

predicament
[prɪdíkəmənt]

≒ plight, impasse

名 窮地、困難な状況

Their financial **predicament** increased with the dollar's drop in value.

ドルの価値が下がるにつれて、彼らの財政難はますます拡大した。

0806
□□□□□

numerical
[njuːmérɪkl]

名 numeral 数字
♪ numer は「数」を意味する語根で、numerous (多数の)、enumerate (～を数え上げる) などにも含まれる。

形 数の、数的な

Banknotes are printed in **numerical** order, which makes them easy to identify and trace.

紙幣は番号順に印刷されるが、それによって識別や追跡がしやすくなる。

0807
□□□□□

pricey
[práɪsi]

≒ expensive

形 高価な

Passengers are avoiding **pricey** flights in favour of budget airlines.

乗客は格安航空会社を好み、高い便を避けている。

政治·外交　法律　時事

経済

ビジネス、マーケティング·営業　コミュニケーション　メディア·IT　教育·キャンパス　建築　都市·交通　観光·レジャー

□□□□□

sterling

[stə́ːlɪŋ]

♪ 純度 92.5 パーセント以上の法定純銀を sterling (silver) と言う。

名 （外国貨幣と区別して）英国通貨

In 1992, the pound **sterling** collapsed, forcing Britain to withdraw from the European Exchange Rate Mechanism.

1992 年に英ポンドが崩壊し、イギリスは欧州為替相場メカニズムからの脱退を余儀なくされた。

□□□□□

disparity

[dɪspǽrəti]

形 disparate
まったく異なる、共通点のない
≒ inequality, imbalance

名 差異、相違

Their financial report showed a shocking **disparity** between the estimate and actual spending for the year.

財務報告によって、その年の見積もりと実際の支出との間にとんでもない差異があることが明らかになった。

□□□□□

minimise

[mínəmàɪz]

名 minimisation 最小にすること
名 minimum 最低限度
↔ maximise
♪ ▆▆ minimize

動 ～を最小にする

Attempts to **minimise** the damage from the economic disaster were not successful.

経済恐慌による打撃を最小限に抑えようとする試みはうまくいかなかった。

□□□□□

jeopardise

[dʒépədàɪz]

名 jeopardy 危険、存亡の危機
≒ endanger, imperil, threaten
♪ ▆▆ jeopardize 発音に注意。

動 ～を危険にさらす

Many companies are reluctant to develop greener technologies because they may **jeopardise** profits.

より環境に優しい技術を開発したがらない会社は多い。利益を毀損するかもしれないからだ。

□□□□□

outperform

[áʊtpərfɔ́ːm]

≒ exceed, surpass

動 ～をしのぐ、上回る

Many people believe that it is unfair that companies which **outperform** others should be taxed more.

他社より業績のよい会社の方が多くの税金を課されるのは不公平だと考える人は多い。

◀ MP3>>> 160

経済

☐☐☐☐☐
economic outlook 景気予測
[iːkənɔ́mɪk ɔutlùk]

☐☐☐☐☐
boom 好景気
[búːm]

☐☐☐☐☐
recession 不景気、不況
[rɪséʃən]

☐☐☐☐☐
depression （長期の深刻な）不況
[dɪpréʃən]

☐☐☐☐☐
inflation インフレーション
[ɪnfléɪʃən]

☐☐☐☐☐
deflation デフレーション
[dɪfléɪʃən]

☐☐☐☐☐
currency 通貨
[kə́rənsi]

☐☐☐☐☐
foreign exchange 外国為替
[fɔ́rən ɪkstʃéɪndʒ]

☐☐☐☐☐
fluctuation 変動
[flʌ̀ktʃuéɪʃən]

☐☐☐☐☐
investment 投資
[ɪnvéstmənt]

☐☐☐☐☐
fiscal consolidation 財政再建
[fískl kɑnsɔlɪdéɪʃən]

☐☐☐☐☐
profit 利益
[prɔ́fɪt]

☐☐☐☐☐
loss 損失
[lɔ́s]

☐☐☐☐☐
quarter 四半期
[kwɔ́ːtə]

☐☐☐☐☐
shareholder 株主
[ʃéəhòʊldər]

☐☐☐☐☐
bond 債券
[bɔ́nd]

☐☐☐☐☐
yield 利回り
[jíːld]

☐☐☐☐☐
revenue sources 財源
[révənjuː sɔ́ːsɪz]

☐☐☐☐☐
income 所得
[íŋkʌm]

☐☐☐☐☐
savings 貯金、預金
[séɪvɪŋz]

☐☐☐☐☐
deposit 預金；敷金、保証金
[dɪpɔ́zət]

☐☐☐☐☐
withdrawal （預金の）引き出し
[wɪðdrɔ́ːəl]

☐☐☐☐☐
balance 残高
[bǽləns]

☐☐☐☐☐
remittance 送金
[rɪmítns]

☐☐☐☐☐
interest rate 利率
[íntərəst rèɪt]

☐☐☐☐☐
debt 借金
[dét]

☐☐☐☐☐
loan 借金
[lóʊn]

☐☐☐☐☐
financing 融資
[faɪnǽnsɪŋ]

□□□□□
mortgage　住宅ローン
[mɔ́:ɡɪʤ]

□□□□□
collateral　担保
[kəlǽtərəl]

□□□□□
bankruptcy　破産
[bǽŋkrʌptsi]

□□□□□
insurance　保険
[ɪnʃúərəns]

□□□□□
beneficiary　保険金受取人
[bènəfíʃəri]

□□□□□
benefit entitlement
[bénəfit ɪntáɪtlmənt]　受給資格

政治・外交　法律　時事

経済

ビジネス　マーケティング・営業　コミュニケーション　メディア・IT　教育・キャンパス　建築　都市・交通　観光・レジャー

社会科学　**183**

ビジネス Business

🔊 MP3>>> 161-162

0813 ☐☐☐☐☐

shrewd

[ʃrúːd]

≒ astute, canny, smart

形 頭の切れる、やり手の

He was regarded as a **shrewd** businessman who was able to identify unique opportunities.

彼はめったにないチャンスを見極められるやり手のビジネスマンと目されていた。

0814 ☐☐☐☐☐

menial

[míːniəl]

♪ 立場や賃金の低さも含意する。

形 〈仕事などが〉熟練のいらない、つまらない

Each job in a company is important, from **menial** labour to high-level management.

単純労働から上級管理職に至るまで、会社内の一つひとつの仕事が重要だ。

0815 ☐☐☐☐☐

prospective

[prəspéktɪv]

名 prospect 見込み、可能性
≒ anticipated, potential

形 見込みのある、期待される

Prospective business partners typically meet many times before negotiations take place.

取引先になりそうな会社同士はたいてい、交渉が始まる前に何回も顔を合わせる。

0816 ☐☐☐☐☐

refreshment

[rɪfréʃmənt]

♪ ①は、会議など公共の場での飲食物を指すことが多い。

名 ①[refreshments で]（軽い）飲食物、軽食
②休息、気分転換

Allowing time for short breaks and **refreshments** is important for networking.

ネットワーキングではちょっと休んだり軽く飲食したりする時間を取ることが大事だ。

0817 ☐☐☐☐☐

entail

[ɪntéɪl]

≒ involve

動 （必然的結果として）〜を伴う、もたらす

Research and development **entails** huge expenses, so many companies neglect this part of running a business.

研究・開発は巨額の支出を伴うので、多くの企業はビジネス経営のこの部分をおろそかにする。

0818 ☐☐☐☐☐

judicious

[dʒuːdíʃəs]

≒ prudent, thoughtful

形 賢明な、思慮深い

Having proven herself able to make **judicious** decisions, she was promoted to manager.

賢明な判断を下せることを示し、彼女は部長に昇格になった。

---

184 社会科学

政治·外交　法律　時事　経済

ビジネス

マーケティング·営業　コミュニケーション　メディア·IT　教育·キャンパス　建築　都市·交通　観光·レジャー

0819
☐☐☐☐☐

swap
[swɑ́p]

≒ exchange, trade, substitute

動 〜を交換する、入れ替える

Once a month employees **swap** jobs with one another, which improves their knowledge of the company.

社員は月に1度、互いの仕事を交代する。そうすることによって、社員は会社のことをよりよく知ることができる。

0820
☐☐☐☐☐

liability
[làɪəbíləti]

形 liable 責任がある、責任を負うべき
≒ ① disadvantage, drawback
② responsibility

名 ①不利益、重荷　②（法的）責任

He was deemed to be a **liability** to the company, and he was asked to resign as chairman.

彼は会社に不利益をもたらすと見なされ、会長の座から退くよう求められた。

0821
☐☐☐☐☐

apprentice
[əpréntɪs]

≒ ① protégé ② novice

名 ①見習い、徒弟　②初心者

It has become common that **apprentices** find better-paying work far quicker than university graduates.

実習経験がある人の方が大学卒業生よりはるかに早く給料のよい仕事が見つかるというのが一般的になっている。

0822
☐☐☐☐☐

streamline
[stríːmlàɪn]

≒ simplify
♪ 文字通り「流線型（にする）」という意味もある。

動 〈仕事など〉を合理化［簡素化］する

Their business processes were **streamlined** by using more automation, and reducing time spent on calls.

彼らは自動化を進めたり電話に費やす時間を減らしたりして、業務工程を合理化した。

0823
☐☐☐☐☐

marketable
[máːkətəbl]

名 marketability （商品の）市場性
≒ saleable

形 〈商品などが〉市場性のある、需要がある

Turning a new invention into a **marketable** product takes millions of dollars.

新発明を売れる製品にまで持っていくには何百万ドルもかかる。

0824
☐☐☐☐☐

accountability
[əkáʊntəbíləti]

形 accountable 説明する責任のある
♪ 政治家·経営者などが自らの行為やその結果について説明する義務のこと。

名 説明責任

Increasing corporate **accountability** is crucial in order to address today's environmental problems.

今日の環境問題に取り組むためには、企業が説明責任をさらに果たしていくことが極めて重要だ。

0825 ☐☐☐☐☐

empathy

[émpəθi]

形 empathetic 感情移入する
動 empathise 感情移入する

名 共感、感情移入

The railway company was criticised for its lack of **empathy** towards customers without public transport.

その鉄道会社は公共の交通手段のない顧客への配慮に欠けていると批判された。

0826 ☐☐☐☐☐

resourceful

[rɪzɔ́:sfl]

名 resource 資源；機知
≒ ingenious

形 臨機応変の

The start-up's leaders were **resourceful** enough to handle the unexpected challenges their company faced.

その新興企業の経営陣は、会社が直面した予期せぬ難問に臨機応変に対処できていた。

0827 ☐☐☐☐☐

autocratic

[ɔ̀:təkrǽtɪk]

名 autocracy 独裁政治
名 autocrat 独裁者
≒ despotic, dictatorial, tyrannical

形 独裁的な、独裁体制の

An **autocratic** management style can be effective, but some employees may struggle with the lack of freedom.

ワンマン経営は効果的なこともあるが、自由がないことに苦しむ社員がいるかもしれない。

0828 ☐☐☐☐☐

practitioner

[præktíʃənə]

動 practise 〈医師・弁護士業〉を営む

名 ①開業医 ②弁護士

Most dental **practitioners** recommend brushing your teeth at least two or three times a day.

ほとんどの歯科医は1日に最低2、3回歯を磨くことを推奨している。

0829 ☐☐☐☐☐

enterprising

[éntəpràızıŋ]

名 enterprise
進取の気性；〈冒険的な〉事業、企業
≒ ambitious

形 進取の気性に富んだ、冒険心旺盛な

One **enterprising** business transforms from a salon in the daytime, to a bar at night.

ある新進気鋭の会社は、昼間はサロンを経営しているが、夜になるとバーに変わる。

0830 ☐☐☐☐☐

squander

[skwɔ́ndə]

≒ fritter away, lavish, waste
♪ squander A on B (AをBに浪費する)
の形も覚えておこう。

動 ～を浪費する

They could not afford to **squander** this chance; they had to do it immediately or never again.

彼らはこの好機を逃すわけにはいかなかった。二度とないチャンスで、すぐに実行しなければならなかった。

政治・外交　法律　時事　経済

ビジネス

マーケティング・営業　コミュニケーション　メディア・IT　教育・キャンパス　建築　都市・交通　観光・レジャー

0831

□□□□□

viable

[váɪəbl]

图 viability 実行可能性
≒ feasible

形 実行可能な、うまくいきそうな

Delivering packages to such remote areas is simply not financially **viable** for the postal company.

荷物をそうした遠方地域に配達することは、郵便会社には財政的にとてもやっていけることではない。

0832

□□□□□

multifaceted

[mÀltifǽsɪtɪd]

♪ 〈multi (多くの) + faceted (面のある)〉の構造。

形 多面的な、多角的な

The company initially only sold books, but developed into a **multifaceted** international business.

その会社は最初は本だけを売っていたが、多角的な国際企業に成長した。

0833

□□□□□

counterproductive

[kàʊntəprədʌ́ktɪv]

↔ productive

形 逆効果の、非生産的な

Strict deadlines for projects can be **counterproductive** if they are not realistic and achievable.

プロジェクトに厳しい期限を課すことは、それが現実的でなかったり守れそうもなかったりする場合、逆効果になりうる。

0834

□□□□□

workforce

[wɔ́ːkfɔːs]

≒ labour force, personnel, staff
♪ 個々人ではなく、会社や職場に属する従業員全体を指す。

名 従業員、労働力

The study suggests that high pay is not the most effective means for keeping a **workforce** satisfied.

この調査から、給料をたくさん出すことが従業員を満足させておく最も効果的な手段ではないことがわかる。

0835

□□□□□

middleman

[mídlmæn]

≒ intermediary, go-between, mediator

名 中間業者、ブローカー

By cutting out the **middleman** and selling directly to consumers, the manufacturer was able to lower prices.

中間業者を排除して顧客に直売することにより、そのメーカーは値下げすることができた。

0836

□□□□□

forerunner

[fɔ́ːrʌ̀nə]

≒ precursor

名 先駆者

Alan Turing was a **forerunner** of modern computing, paving the way for AI and other technology.

アラン・チューリングは現代のコンピュータ処理の先駆者で、人工知能などの技術への道を開いた。

社会科学　**187**

0837 □□□□□

subordinate

[səbɔ́:dənət]

图 subordination
下位（に置くこと）；従属
≒ [形] lower
♪ 発音に注意。

名 部下、従属者
形 下位の、位が低い

The CEO's **subordinates** handle all of the company's administrative tasks.

CEO の部下たちがその会社のすべての管理業務を処理している。

0838 □□□□□

jewellery

[dʒú:əlri]

♪ ■■ jewelry
個々の「宝石」を言う場合は jewel と言う。

名 宝石類

The company specialises in luxury items, particularly gold and silver **jewellery**.

その会社は高級品、特に金や銀を使った宝石類を専門に扱っている。

0839 □□□□□

entwine

[ɪntwáɪn]

≒ intertwine, interweave

動 ～を絡ませる

Their lives were **entwined** from the moment they decided to go into business together.

一緒に事業を始めようと決めた瞬間から、彼らは一体となって歩んできた。

0840 □□□□□

query

[kwíəri]

≒ inquiry

名 質問、疑問

Companies post answers to common **queries** on their websites to reduce customer service inquiries.

企業は自社のウェブサイトによくある質問への回答を掲載して、顧客サービス窓口への問い合わせを減らす。

0841 □□□□□

merger

[mɔ́:dʒə]

動 merge（～を）統合する、合併する
≒ consolidation, unification
♪ M&A（吸収合併）は mergers and acquisitions の略。

名 合併

The two companies decided to move into one location after the **merger**.

その 2 社は合併後に 1 つの場所に移転することにした。

0842 □□□□□

transaction

[trænzǽkʃən]

動 transact〈取引など〉を行う

名 取引、売買

The majority of all financial **transactions** are now conducted online.

あらゆる金融取引の大部分が今やオンラインで行われている。

政治・外交　法律　時事　経済

ビジネス

マーケティング・営業　コミュニケーション　メディア・IT　教育・キャンパス　建築　都市・交通　観光・レジャー

0843　□□□□□

asset

[ǽset]

≒ ① property, real estate

♪ ①の意味では複数形で使うことが多い。

名 ① 資産、財産　② 貴重なもの、利点

The company had very few physical **assets**, as they were based online.

その企業はオンラインで事業を行っていたので、物的資産はほとんどなかった。

0844　□□□□□

turnover

[tə́ːnòuvə]

♪ turn over は「(一定期間に)〈ある額〉を売り上げる、〈在庫品〉を回転させる」などの意味。

名 ①（一定期間の）総売上、取引高　② 転職率

Airbnb's annual **turnover** hit $2.6 billion in 2017, with $93 million of that being profit.

エアビーアンドビーの 2017 年の年間総売上は 26 億ドルに達し、そのうちの 9300 万ドルが利益だった。

0845　□□□□□

predecessor

[príːdəsèsə]

≒ forerunner

↔ successor

名 前任者

The new CEO is much more skilled than her **predecessor**, which is benefiting the company.

新しい CEO は前任者よりはるかに有能で、会社の力になっている。

0846　□□□□□

handicraft

[hǽndikràːft]

≒ artwork

名 手工芸、手工芸品

The company specialised in **handicrafts**, selling items such as pottery and jewellery made by local people.

その会社は手工芸品を専門としていて、地元の人が作る陶器や宝飾品を販売している。

0847　□□□□□

entice

[ɪntáɪs]

圏 enticing 誘惑的な

≒ tempt, allure, seduce

♪ entice A to do (A を誘惑して～させる) の形で覚えておこう。

動 ～を誘惑する

The company offers many benefits in order to **entice** employees to stay and develop their careers.

その会社は従業員に長く勤めて昇進していきたいと思ってもらうように多くの手当を支給している。

0848　□□□□□

undermine

[ʌ̀ndəmáɪn]

≒ weaken, erode, impair

♪ 原義は「～の下を掘る」。

動 〈権威・名声など〉を徐々に傷つける

Ignoring advice from doctors **undermines** the job that they do.

医師の忠告を無視することは医師の仕事をないがしろにすることだ。

0849 ☐☐☐☐☐

failing
[féɪlɪŋ]

≒ shortcoming, fault, weakness

名 欠点、失敗

The report revealed that the company's problems were a result of the **failings** of the administrative department.

その会社は管理部門の不手際によって問題を抱えることになったことが、報告で明らかになった。

0850 ☐☐☐☐☐

earnings
[ə́:nɪŋz]

≒ ① income, revenue
　② proceedings

名 ① 収入、所得 ② (企業などの) 収益

Average **earnings** increased steadily over the decade, reaching a peak in 2017.

平均収入はこの 10 年の間着実に増加し、2017 年にピークに達した。

0851 ☐☐☐☐☐

supersede
[sù:pəsí:d]

≒ replace, displace, supplant, substitute

動 〈古い物〉にとって代わる、〜の座を奪う

Immediately after retiring, the CEO was **superseded** by her son.

CEO が引退するやいなや、息子がその座に就いた。

0852 ☐☐☐☐☐

clerical
[klérɪkl]

名 clerk 事務員、職員
♪「聖職者 (clergy) の」が原義。

形 事務の

A **clerical** error in paperwork can lead to huge financial issues for a business.

文書処理での事務上のミスが会社にとって大きな財務問題になることもある。

0853 ☐☐☐☐☐

scramble
[skrǽmbl]

♪「〈卵〉をかき混ぜて焼く」「〈電波〉をかく乱する」「〈軍用機〉を緊急発進させる」の意の「スクランブル」はすべてこの語。

動 ① 先を争う、急いで〜する
　② 〜を混乱させる、ごちゃごちゃにする

Media companies **scrambled** over each other to get their streaming services on the market first.

メディア企業は真っ先に映像を配信しようと互いに先を争った。

0854 ☐☐☐☐☐

pension
[pénʃən]

形 pensionary 年金の
名 pensioner 年金受給者
≒ annuity

名 年金

Employees of the company are granted many benefits, one of which is a generous **pension**.

その企業の従業員は多くの給付金をもらっていて、そのうちの 1 つが結構な額の年金だ。

2746

政治・外交　法律　時事　経済

ビジネス

マーケティング・営業　コミュニケーション　メディア・IT　教育・キャンパス　建築　都市・交通　観光・レジャー

0855 □□□□□

allocate

[ǽləkèɪt]

图 allocation 割り当て、配分
≒ distribute, assign, apportion
♪「AにBを割り当てる」は allocate A B
　あるいは allocate B to A の形で表す。

動 ～を配分する

Employees are **allocated** tasks according to their strengths and weaknesses.

社員はその強みや弱みが考慮されて業務が割り当てられる。

0856 □□□□□

disrupt

[dɪsrʌ́pt]

图 disruption 混乱、中断
形 disruptive 破壊的な
≒ interfere with, interrupt

動 ～を中断させる

Production in factories can easily be **disrupted** by accidents or natural disasters.

工場生産は事故や天災で中断されやすい。

0857 □□□□□

hurdle

[hə́:dl]

≒ ① obstacle, barrier, hindrance, impediment
♪「ハードル」はカタカナ語にもなっている。

名 ① 困難、障害　② 障害物

Despite **hurdles** such as technological issues and employee health issues, the project was completed on time.

技術的な問題や社員の健康問題などの困難があったにもかかわらず、そのプロジェクトは期日通りに完了した。

0858 □□□□□

disband

[dɪsbǽnd]

图 disbandment
　（組織などの）解散、解体
≒ dismiss, disperse, break up
♪〈dis-（分離）＋ band（集団）〉の構造。

動 〈組織など〉を解散する

It is company policy for teams to be **disbanded** and arranged into new ones after each project.

各プロジェクトの終了後、作業チームを解散して新たなチームを編成するのが会社の方針だ。

0859 □□□□□

relocate

[rì:loʊkéɪt]

图 relocation 移転、移住

動 ① ～を移転させる　② 移住する、引っ越す

The company headquarters was **relocated** from London to Edinburgh.

その会社の本社はロンドンからエジンバラに移転した。

0860 □□□□□

inventive

[ɪnvéntɪv]

動 invent ～を発明する
图 invention 発明
≒ creative, imaginative, ingenious, innovative

形 発明の才のある；〈作品などが〉創意に富む

The company's **inventive** business model allows the public to make money driving their own cars.

その会社の創意に富むビジネスモデルのおかげで、一般人がマイカーを使ってお金を稼げる。

0861 □□□□□

naysayer
[néɪsèɪə]

♪「nay (否 (いな)) と言う人」という意味。nay の反対語は yea (= yes)。

名 否定的な人、反対する人

He ignored the **naysayers** who said it would not be possible.

彼はそれは無理だと反対ばかりする人たちを無視した。

0862 □□□□□

repute
[rɪpjúːt]

≒ reputation

名 評判、名声
動 ～を(…であると)評する

The manufacturer was held in low **repute** because of the crimes.

そのメーカーは罪を犯したために評判が悪いままだった。

0863 □□□□□

merge
[mə́ːdʒ]

名 merger 合併
≒ ① amalgamate, incorporate ② blend, fuse

動 ①(～を)統合する、合併する
②～を融合させる

Merging two companies into one allowed the organisations to save money.

2 社を 1 社に統合することにより、その企業は経費を節約することができた。

0864 □□□□□

appraisal
[əpréɪzl]

≒ evaluation, assessment, estimation
動 appraise ～を評価する、査定する

名 評価、(税などの) 査定

She had been nervous before the **appraisal**, but her manager's feedback was entirely positive.

彼女は勤務評定の前は不安だったが、上司の評価はすべて肯定的だった。

0865 □□□□□

opportunism
[ɔ̀pətjúːnìzm]

名 opportunist 日和見主義者
形 opportunistic 日和見的な

名 便宜主義、日和見主義

His **opportunism** was shown when purchasing failing businesses at cut-rate prices.

赤字企業を格安で買収するときに彼のご都合主義が発揮された。

0866 □□□□□

confidential
[kɔ̀nfɪdénʃəl]

名 confidence 秘密
≒ hush-hush, intimate, private
↔ public

形 秘密の

Confidential information must not be shared with anyone outside the company.

機密情報は社外のどんな人間にも漏らしてはいけない。

政治・外交　法律　時事　経済

ビジネス

マーケティング・営業　コミュニケーション　メディア・IT　教育・キャンパス　建築　都市・交通　観光・レジャー

0867 □□□□□

overtime

[óʊvətàɪm]

♪「残業する」は work overtime と言う。

名 残業、超過勤務　副 時間外で

The restriction on **overtime** improved productivity because employees had to get their work done in less time.

残業を制限することで生産性が上がった。それは、社員がより短時間で仕事を終えなければならなくなったからだ。

0868 □□□□□

preside

[prɪzáɪd]

≒ ① govern, administer ② chair
♪「preside する人」が president（大統領、社長）。

動 ① 支配する、統括する
　　② 〈人が〉議長［司会］を務める

A CEO **presides** over a company, and as such, is responsible for its performance.

CEO は会社を統括する。だからこそ、会社の業績に責任がある。

0869 □□□□□

informative

[ɪnfɔ́:mətɪv]

動 inform ～に知らせる
形 informational 情報に関する
名 informant 情報提供者
≒ instructive, educational

形 情報を提供する、有益な

The presentation that Mrs Smith gave was well-structured and **informative**.

スミスさんが行ったプレゼンは構成がしっかりしており、有益な情報に富んでいた。

0870 □□□□□

remuneration

[rɪmjù:nəréɪʃən]

動 remunerate 〈人〉に報酬を与える
形 remunerative 〈仕事が〉割に合う

名 報酬

Remuneration in the IT industry has been increasing consistently, with pay reaching record levels in 2019.

IT 産業の報酬は着実に増えており、2019 年には記録的なレベルに達した。

0871 □□□□□

burgeon

[bə́:dʒən]

≒ proliferate
♪「芽吹く；新芽」が原義。

動 急成長する

The **burgeoning** IT industry in Bangalore became India's hub of technology.

急成長するバンガロールの IT 産業は、インドのテクノロジーの中心地になった。

0872 □□□□□

outlay

[áʊtlèɪ]

≒ disbursement, expenditure, expense

名 支出、経費

The financial **outlay** required to open a cinema is in the millions of dollars.

映画館の開館に要する財務支出は数百万ドル規模だ。

0873
☐☐☐☐☐

tenable
[ténəbl]

≒ ② defensible
↔ ② untenable

形 ①〈地位・立場などが〉維持できる
②〈理論などが〉批判に耐える

After a vote from the board, his position was no longer **tenable**, and he had to resign.

役員会の決議後、彼はその地位にもはやとどまることはできず、辞職しなければならなかった。

0874
☐☐☐☐☐

situate
[sítʃuèɪt]

≒ place, locate
♪ 動詞の situate には「場所」のほか、「状況」の意味もある。

動〈施設など〉を〈ある場所に〉置く、設置する

The information booth is **situated** near the main entrance of the mall.

案内所はショッピングセンターのメインエントランス付近にあります。

0875
☐☐☐☐☐

equitable
[ékwətəbl]

图 equity 公平、公正
≒ fair, impartial, unbiased
↔ inequitable

形〈決定・分配などが〉公平な、公正な

The introduction of ride-share companies has brought about a more **equitable** system for customers.

相乗りサービス企業の登場により、利用者にとってより公正なシステムが生まれた。

0876
☐☐☐☐☐

redundant
[rɪdʌ́ndənt]

图 redundancy 余剰；余剰人員
≒ ① superfluous, unnecessary
② wordy, repetitious

形 ①余分な、不要な ②冗長な

The company's new self-checkout counters are expected to make over 1,000 employees **redundant**.

その企業ではセルフレジによって千人以上の余剰人員が出ると見込まれている。

0877
☐☐☐☐☐

vested
[véstɪd]

≒ acquired

形 既得の、所有が確定している

After selling the company, he retained a **vested** interest by staying on the board.

彼は会社売却後も役員として留まることにより、既得権益を保持した。

0878
☐☐☐☐☐

warrant
[wɔ́rənt]

≒ [動] ① authorise, justify
② guarantee
[名] ① summons

動 ①〜の十分な理由となる ②〜を保証する
名 ①令状 ②保証

Good employers clearly define the types of behaviour that **warrant** a promotion.

よい雇用者はどのような行動が昇進に値するのかを明確に定義する。

2815

政治・外交　法律　時事　経済

ビジネス

マーケティング・営業　コミュニケーション　メディア・IT　教育・キャンパス　建築　都市・交通　観光・レジャー

0879
☐☐☐☐☐

pique
[píːk]

≒ ① arouse, stimulate
② annoy, irk, irritate
♪ i の発音に注意。

動 ①〈興味など〉をそそる ②〜を怒らせる

The project **piqued** the interest of bosses at Google and Amazon, with both companies eager to invest.

そのプロジェクトは投資する気満々のグーグルとアマゾンのトップの興味をそそった。

0880
☐☐☐☐☐

managerial
[mæ̀nədʒíəriəl]

動 manage 〜を経営する
名 management 経営、管理
≒ administrative

形 経営の、経営者の

New tech companies sometimes run into problems when led by a young CEO with little **managerial** experience.

新興 IT 企業は、経営経験の少ない若い CEO がトップにいると、問題に突き当たることがある。

0881
☐☐☐☐☐

comprehensive
[kɔ̀mprihénsiv]

動 comprehend
〜を理解する；包括する
≒ thorough, complete,
exhaustive, inclusive

形 包括的な

Every step of the car production process is discussed in depth in the **comprehensive** report.

その包括的な報告書では、自動車製造工程の各段階が徹底的に考察される。

0882
☐☐☐☐☐

voluntary
[vɔ́ləntəri]

↔ ① compulsory ② involuntary

形 ①自発的な、任意の ②随意の

Employees were asked to take **voluntary** retirement as it would save the company money.

会社の経費節減のために、社員は自主退職を求められた。

0883
☐☐☐☐☐

unveil
[ʌnvéil]

≒ uncover, reveal
↔ veil
♪ 原義は「〜のヴェール (veil) を取る」。

動 〈秘密など〉を明かす、〈新商品など〉を公表する

Porsche **unveiled** its all-electric vehicle to customers and journalists for the first time in September 2019.

ポルシェは 2019 年 9 月に完全な電気自動車を顧客とメディアに初公開した。

0884
☐☐☐☐☐

stationery
[stéiʃənəri]

♪ stationary (静止した) と同音。

名 文具、事務用品

Japanese **stationery** company Pentel invented the felt-tip pen in 1963.

日本の文具メーカー、ぺんてるは 1963 年にフェルトペンを開発した。

0885

merchandise

[mɔ́ːtʃəndàɪz]

图 merchandising 販売戦略
图 merchant 商人
≒ commodities, goods
♪ 集合的に「商品」を表す。

名 商品、製品

The athletic apparel company's founder began by selling **merchandise** from his grandmother's basement.

その競技用ウエア企業の創業者は、祖母の地下室から商品を販売することから始めた。

0886

requisite

[rékwəzɪt]

≒ [名] precondition, requirement

名 必要条件
形 必要な

Experience is no longer a **requisite** for starting a business; manpower and investment are more important.

経験はもはや起業の必要条件ではない。人材と投資の方が重要だ。

0887

clash

[klǽʃ]

≒ [動] collide, conflict
♪ 擬音語からできた語で、音の近い crash も「衝突（する）」を意味する。

動 対立する、衝突する
名 対立、衝突

The co-founders **clashed** on the direction the company should take.

共同創業者たちは会社が向かうべき方向を巡って対立した。

0888

lucrative

[lúːkrətɪv]

≒ profitable, gainful

形 利益の大きい、もうかる

More people than ever are studying for highly **lucrative** careers in the IT industry.

かつてないほど多くの人が IT 産業の高給職を目指して勉強している。

0889

defective

[dɪféktɪv]

图 defect 欠点、欠陥
≒ ① deficient, faulty, flawed

形 ① 欠陥のある ②〈知能などが〉平均以下の

The quality control officer's role is to remove **defective** products from the production line.

品質検査官の役割は生産ラインから欠陥品を取り除くことだ。

0890

trailblazer

[tréɪlblèɪzə]

图 trailblazing 先駆的な
≒ pioneer

名 先駆者、草分け

Steve Jobs was known as a **trailblazer** in the technology field, instrumental in Apple's success.

スティーブ・ジョブズはアップルの成功を助けた技術分野の先駆者として知られた。

政治 外交 法律 時事 経済

ビジネス

マーケティング・営業 コミュニケーション メディア・IT 教育・キャンパス 建築 都市・交通 観光・レジャー

0891
□□□□□
warehouse
[wéəhàʊs]

≒ depot

♪ depository (保管場所)、storage (貯蔵場所) も覚えておこう。

名 倉庫

After production, the finished product is taken to and stored in a **warehouse**.

製造後、完成品は倉庫に運ばれて保管される。

0892
□□□□□
clientele
[klìːɔntél]

≒ customers

♪ 個々人ではなく、集合的に「顧客」を表す。

名 (常連の) 顧客、得意客

The company organised a dinner with their most valued **clientele** to improve business relations.

会社は取引関係を改善するために一番の上得意と会食の場を持った。

0893
□□□□□
expenditure
[ɪkspéndɪtʃə]

動 expend 〜を費やす
≒ spending, disbursement

名 費用

The company notified the workers that they should reduce their travel **expenditures**.

会社は社員に出張費を削減するよう通達した。

0894
□□□□□
personnel
[pɜ̀ːsənél]

≒ [名] labour force, workforce
♪ アクセントの位置に注意。

名 職員、社員
形 人事の

The addition of **personnel** to the company brings many challenges to any business.

どんな企業でも社員を増やすと多くの難題が生じる。

0895
□□□□□
qualification
[kwɒlɪfɪkéɪʃən]

動 qualify 〜に資格を与える
形 qualified 資格のある、適任の

名 ①資質、能力 ②資格 (証明書)、免許証

Those with relevant **qualifications** were asked to apply for the newly opened regional manager position.

しかるべき資質を持つ者は、新たに空いた地域担当マネージャー職に応募するよう声をかけられた。

0896
□□□□□
calibre
[kælɔbə]

♪ ▇ caliber

名 力量、手腕

The company hired legal advisors of the highest **calibre** in order to be confident they would win.

その企業は確実に勝つために最高の手腕を持った法律顧問を雇った。

0897 ☐☐☐☐☐

cog
[kɔ́g]

♪ 「組織の（替えの利く）一員」という比喩的な意味でも使われる。

名 ①（歯車の）歯 ②歯車

After years of working together, the employees now act as highly efficient **cogs** in a well-oiled machine.

社員は長年一緒に働いているので、今では十分に油を差した機械の効率のよい歯車のような役目を果たしている。

0898 ☐☐☐☐☐

perk
[pə́:k]

♪ ふつう複数形 perks の形で使う。元々 perquisite の略語だが perks のほうがふつう。

名 特典

Employees value **perks** such as extra leave and medical insurance.

従業員にとっては特別休暇や医療保険のような特典が大事だ。

0899 ☐☐☐☐☐

invaluable
[ɪnvǽljuəbl]

≒ priceless, valuable
♪ valuable とほぼ同義だが、〈in-（否定）＋ valu（値をつける）＋ -able（できる）〉の構造。

形 非常に貴重な

Steve Jobs' leadership was **invaluable** to the growth of Apple in the early 21st century.

スティーブ・ジョブズの統率力は 21 世紀初頭のアップルの成長になくてはならないものだった。

0900 ☐☐☐☐☐

dividend
[dívədènd]

≒ bonus
♪ 「（投資の）利回り」は yield と言う。

名 （株式の）配当

The company has consistently paid **dividends** to investors for over two decades.

その会社は 20 年以上にわたって投資家に配当を着実に支払っている。

0901 ☐☐☐☐☐

arbitrary
[á:bɪtrəri]

≒ erratic, random

形 気まぐれな、恣意的な

Users did not understand the need for an **arbitrary** waiting time; why not serve people immediately?

ユーザーはその時々で発生する待ち時間の必要性を理解できず、なぜすぐに反応しないのかと疑問を呈した。

0902 ☐☐☐☐☐

expertise
[èkspə:tí:z]

≒ know-how, proficiency, savvy
♪ tise の発音に注意。

名 専門知識、技能

The owners lacked the equipment and technical **expertise** to make the food taste the same every time.

そのオーナーには食べ物の味を常に一定に保つ器具も技術的な知識も足りなかった。

2884

Terminology

ビジネス

MP3>>> 176

□□□□□
administration 管理
[ədmìnəstréɪʃən]

□□□□□
accounting 経理
[əkáʊntɪŋ]

□□□□□
finance 財務
[fáɪnæns]

□□□□□
production 製造
[prədʌ́kʃən]

□□□□□
advertising 宣伝
[ædvətàɪzɪŋ]

□□□□□
headquarters 本部、本社、本店
[hèdkɔ́:təz]

□□□□□
promotion 昇進
[prəmóʊʃən]

□□□□□
applicant 志願者
[æplɪkənt]

□□□□□
résumé 履歴書
[rézju:meɪ]

□□□□□
employer 雇用主
[ɪmplɔ́ɪə]

□□□□□
dismissal 解雇
[dɪsmísl]

□□□□□
layoff 一時解雇、レイオフ
[léɪɔ̀f]

□□□□□
restructuring リストラ
[rɪstrʌ́ktʃərɪŋ]

□□□□□
resignation 辞職
[rèzɪgnéɪʃən]

□□□□□
unemployment 失業
[ʌ̀nɪmplɔ́ɪmənt]

□□□□□
retirement 退職
[rɪtáɪəmənt]

□□□□□
attendance 出勤
[əténdəns]

□□□□□
conference 会議
[kɔ́nfərəns]

□□□□□
assembly 集会
[əsémbli]

□□□□□
committee 委員会
[kɔ̀míti]

□□□□□
agenda 議題
[ədʒéndə]

□□□□□
approval 賛成
[əprú:vl]

□□□□□
disapproval 否認、不賛成
[dìsəprú:vl]

□□□□□
minutes 議事録
[mínɪts]

□□□□□
acquisition 企業買収
[ækwəzíʃən]

□□□□□
patent 特許
[pétnt]

□□□□□
auditor 会計監査
[ɔ́:dətə]

政治外交 法律 時事 経済

ビジネス

マーケティング・営業 コミュニケーション メディア・IT 教育・キャンパス 建築 都市・交通 観光・レジャー

0903 ☐☐☐☐☐

publicise
[pʌ́bləsàɪz]

名 publicity 広報、宣伝
♪ ■ publicize

動 ①〈商品など〉を広告［宣伝］する
　②〜を公表する

The company spent millions of dollars on social media adverts **publicising** their new product.

その会社はソーシャルメディア広告に何百万ドルも費やして新製品を宣伝した。

0904 ☐☐☐☐☐

brochure
[bróʊʃə]

≒ booklet, flyer

名 パンフレット、小冊子

A **brochure** is available in which the most common questions about the product are answered.

製品について最もよくある質問とその回答が載った小冊子が用意されている。

0905 ☐☐☐☐☐

queue
[kjúː]

≒ [動] procession
♪ 発音に注意。アメリカ英語では line と言う。

動 （順番待ちの）列を作る
名 （順番待ちの）列

This demand for the newest shoes had fans **queueing** for hours to buy them.

新発売の靴がこれほど人気になったため、この靴を欲しい人たちは買うために何時間も並んだ。

0906 ☐☐☐☐☐

insatiable
[ɪnséɪʃəbl]

≒ voracious
↔ satiable
♪ 発音に注意。

形 飽くことを知らない、強欲な

The market has an **insatiable** appetite for new and better mobile phones.

市場は新たなよりよい携帯電話を飽くことなく求める。

0907 ☐☐☐☐☐

spur
[spɔ́ː]

≒ [動] propel, stimulate, goad
♪ 第1義は乗馬靴につける「拍車」。

動 〜を駆り立てる、〜に拍車をかける
名 駆り立てるもの、拍車

The profitability of this campaign has **spurred** a number of others with a similar design.

このキャンペーンで売上が伸びているため、ほかのいくつかの類似企画のキャンペーンにも拍車がかかっている。

0908 ☐☐☐☐☐

overwhelm
[òʊvəwélm]

形 overwhelming 圧倒的な
♪ 〈over (過度に) + whelm (ひっくり返す)〉の構造。

動 〜を圧倒する、対処できなくする

Stores were **overwhelmed** by demand for the product, selling out within hours.

店はその製品の売れ行きに圧倒された。それは数時間で売り切れてしまった。

政治外交 法律 時事 経済 ビジネス

マーケティング・営業

コミュニケーション メディア・IT 教育・キャンパス 建築 都市交通 観光・レジャー

0909　□□□□□

mediocre

[mì:dióukə]

图 mediocrity 平凡、月並み

≒ middling, ordinary, second-rate, so-so

♪ cre の発音に注意。

形 よくも悪くもない

After years of costly development, sales of the device were **mediocre**, and the company soon collapsed.

何年にもわたり費用をかけてその機器を開発したが、売上ははっとせず、会社はじきに倒産した。

0910　□□□□□

jostle

[dʒɔ́sl]

♪ jostle each other で「押し合いへし合いする」という意味。

動 ①〈人〉を押しのける ②競う、争う
名 押し合い

Black Friday sees customers **jostling** and pushing to get the cheapest items in the sale.

ブラックフライデーの日には客がセールで一番安い物を買おうと押し合いへし合いする。

0911　□□□□□

subliminal

[sʌblímənl]

≒ subconscious

♪ 〈sub-（下の）+ liminal（閾の）〉の構造。閾とは「感覚・刺激の相違や変化が感知される境目」のこと。

形 意識下の、潜在意識の

Flashes of tasty-looking popcorn that were too quick to notice were used as **subliminal** advertising during films.

上映中に**サブリミナル**広告としておいしそうなポップコーンの画像が目にも止まらない速さで挿入された。

0912　□□□□□

bombard

[bɔmbá:d]

图 bombardment 砲撃、衝撃

≒ ① barrage ② assault, attack

動 ①（質問などで）〜を攻め立てる
　 ②〜を砲撃する

Part of the company's marketing strategy was to **bombard** elderly people with television advertisements.

その会社のマーケティング戦略の中に、高齢者にテレビ CM をばんばん見せるというものがあった。

0913　□□□□□

template

[témpleɪt]

♪ アクセントの位置に注意。

名 型板；（比喩的に）ひな形

The iPhone became a **template** for other mobile phone manufacturers to follow.

アイフォーンはほかの携帯電話メーカーが追随するモデルになった。

0914　□□□□□

apex

[éɪpèks]

≒ crest, acme, culmination, pinnacle

名 絶頂、頂点

Sales reached an **apex** in the middle of the year, before returning to previous levels.

売上は年度途中に最高額に達したが、その後元に戻ってしまった。

0915 □□□□□

surge
[sə́:dʒ]

≒ ① increase, rise, wax

名 ①（急な）高まり ②殺到

The **surge** in ticket sales indicates that the improvements to the public transportation system have been effective.

乗車券の売上の急増は、公共交通網の改善が効果的だったことを示している。

0916 □□□□□

opt
[ɑ́pt]

名 option 選択
⤳ opt forあるいはopt to doの形で使う。

動 選ぶ、選択する

Consumers are now **opting** for environmentally friendly products as opposed to traditionally wasteful ones.

消費者は従来は無駄の多い製品を選んでいたが、今では対照的に環境に優しい製品を選んでいる。

0917 □□□□□

insight
[ínsàit]

≒ understanding, perception, sense
⤳ ⟨in-（中）+ sight（見ること）⟩の構造。

名 洞察、見識

Analysing sales data gives good **insight** into why a business succeeds or fails.

売上データを分析すれば、事業の成功や失敗の理由が明確にわかる。

0918 □□□□□

unblemished
[ʌnblémɪʃt]

≒ flawless

形 傷［汚点］のない

The **unblemished** jewels sold for much more than those which had been marked or damaged.

無傷の宝石は汚れや傷のあるものよりもずっと高値で売れた。

0919 □□□□□

premium
[príːmiəm]

≒ ① additional fee, surcharge
⤳ eの発音に注意。

名 ①割増金 ②保険料、（保険の）掛け金

The findings of the survey suggested that people are willing to pay a **premium** for better service.

人はよりよいサービスには余分に支払ってもよいと考えていることが、その調査結果からわかった。

0920 □□□□□

underestimate
[動] [ʌ̀ndəéstəmèit] [名] [ʌ̀ndəéstəmət]

名 underestimation 過小評価
≒ [動] underrate
↔ [動] overestimate, overrate

動 ～を過小評価する
名 過小評価

Demand was severely **underestimated**, with tickets selling out within minutes.

買い手が非常に少なく見積もられていたが、チケットは数分で売り切れた。

2947

0921 □□□□□

venue
[vénjuː]
≒ locale

名 (会議・イベントなどの) 開催地、会場

The **venue** for the conference had to be changed to accommodate the increased number of attendees.

増加した出席者を収容するため、会議場の変更を余儀なくされた。

0922 □□□□□

quadruple
[kwɔ́drʊpl]

♪ quadr(u) は「4」を意味する語根で、quadrangle (4角形)、quadruped (4足獣) などにも含まれる。「3倍になる」は triple。

動 4倍になる

Sales of the product **quadrupled** over the holiday period, leading to huge profits.

その製品の売上は休暇シーズン中に4倍になり、大きな利益が上がった。

0923 □□□□□

commodity
[kəmɔ́dəti]
≒ merchandise

名 (売買される) 物品、商品

The company specialises in the sale of a number of **commodities**, such as precious metals and timber.

その企業は貴金属や材木といった多数の商品の販売を専門にしている。

0924 □□□□□

textile
[tékstàɪl]
≒ cloth, fabric

♪ text は「織られたもの」が原義で、texture (手触り) も関連語。

名 織物 (の原料)

They noticed that the quality of **textiles** used greatly affects how much people will pay for clothing.

人々が衣類に支払う金額は使われている織物の質によって大きく変わることに彼らは気づいた。

0925 □□□□□

monopoly
[mənɔ́pəli]

動 monopolise
〈商売・産業など〉を独占する

♪ 〈mono (1人) + poly (売る)〉の構造。

名 (商品などの) 独占 (権)

This **monopoly** allowed the company to increase prices whenever they wanted.

こうした独占によって、その企業はいつでも上げたいときに価格を引き上げることができた。

0926 □□□□□

indication
[ìndəkéɪʃən]

動 indicate ～を示す
形 indicative 示す、徴候がある
≒ ① symptom, signal

名 ①徴候、しるし ②指示、指標

The increase in sales is an **indication** the formula works; people like cheap products.

売上の増加はお決まりの方法がうまくいくことを示している。つまり、客は安いものが好きなのだ。

マーケティング・営業

コミュニケーション・メディア・IT　教育・キャンパス　建築・都市・交通　観光・レジャー

政治・外交　法律　時事　経済　ビジネス

0927 ☐☐☐☐☐

surpass
[səːpάːs]

形 surpassing 卓越した、ずば抜けた
≒ exceed, eclipse, outstrip

動 ～に勝る、～を超える

In the second half of the year, sales of the device **surpassed** five million units.

年度後期には、その機器の販売は5百万台を超えた。

0928 ☐☐☐☐☐

hype
[háɪp]

♪ 同じつづりで「皮下注射」を意味する語もある。

名 誇大広告

The critic argued that the success of the product was the result of advertising and **hype**.

その評論家は、その製品が成功したのは宣伝と誇大広告のおかげだと主張した。

0929 ☐☐☐☐☐

extrinsic
[ekstrínzɪk]

≒ ① external
↔ ① intrinsic

形 ① 外部からの、外因性の ② 付帯的な

Game developers must consider **extrinsic** factors, such as market demand, rather than personal preference alone.

ゲーム開発会社は、個人の嗜好だけでなく、市場の需要といった外的要因も考慮するべきだ。

0930 ☐☐☐☐☐

bonanza
[bənǽnzə]

♪ 第1義は「大鉱脈」。

名 (思いがけない) 大当たり、たなぼた

It was a **bonanza** year for the product which paved the way for the smartphone industry.

それはスマートフォン産業の地固めをしたその製品が大当たりした年だった。

0931 ☐☐☐☐☐

fluctuate
[flʌ́ktʃuèɪt]

名 fluctuation 変動
≒ mutate, vary
↔ stabilise

動 (不規則に) 変動する、上下する

Desire for the product **fluctuated**; big increases in sales were seen in summer, with slow sales in winter.

その製品の需要は変動した。夏は売上が非常に伸びたが、冬には鈍った。

0932 ☐☐☐☐☐

surplus
[sə́ːpləs]

≒ excess, redundancy
↔ deficit
♪ 〈sur- (越える) + plus (より多くの)〉の構造。

名 余剰、黒字

Tonnes of vegetables are sold, and any **surplus** is frozen for later use.

何トンもの野菜が売られ、余剰分は後日使うために冷凍される。

政治 外交 法律 時事 経済 ビジネス

マーケティング・営業

コミュニケーション メディア・IT 教育・キャンパス 建築 都市・交通 観光・レジャー

0933

☐☐☐☐☐

inundate

[ínʌndèit]

图 inundation 殺到、氾濫
≒ swamp ① overwhelm ② flood

動 ①〜に(おびただしい数のものを)殺到させる
②〜を水浸しにする

The car manufacturer was **inundated** with hundreds of thousands of orders for its electric truck.

その自動車メーカーのEVトラックに何十万件もの注文が殺到した。

0934

☐☐☐☐☐

emblazon

[ɪmbléɪzn]

图 emblazonment
(紋章で)飾ること；装飾
≒ adorn

動 〜を(紋章で)飾る

The company's logo **emblazoned** across their boxes has made them immediately recognisable to people.

その会社の箱にロゴが入って、人々にはすぐにそれとわかるようになった。

0935

☐☐☐☐☐

niche

[níːʃ]

≒ ② alcove
♪ ①の意味ではカタカナ語にもなっている。②は「像・花びんなどを置くための壁面のくぼみ」のこと。

名 ①(市場の)すき間 ②壁がん

One strategy for succeeding with a small business is to target a highly specific **niche** of customers.

小さな事業で成功する1つの方策は、極めて限定的なすき間市場にターゲットを絞ることだ。

0936

☐☐☐☐☐

versatile

[vɚ́ːsət̬l]

图 versatility 多才；万能
≒ ② adaptable, all-around
♪ DVD は digital versatile disc の略。

形 ①用途の広い ②何でもこなす、多才な

First produced in 1891, the Swiss Army knife became world-famous because of how **versatile** it is.

スイスアーミーナイフは1891年に最初に製造され、その用途の広さで世界的に有名になった。

0937

☐☐☐☐☐

resurgence

[rɪsɚ́ːdʒəns]

图 resurgent 復活の、再起の
≒ revival, rebirth

名 復活、再生

A **resurgence** in popularity of their old design saw the product sell out within hours.

古いデザインの人気が再燃して、その製品は数時間で売り切れた。

0938

☐☐☐☐☐

differentiate

[dìfərénʃièit]

图 differentiation 区別；差別化
图 differential 区別の；微分

動 ①〜を差別化する ②〜を区別する、識別する

The appliance manufacturer **differentiated** itself from competitors by releasing products with eye-catching designs.

その家電メーカーは目を引くデザインの製品を売り出すことでライバル会社との差別化を図った。

0939　□□□□□

maximise
[mǽksəmàɪz]

图 maximisation 最大化
↔ minimise
♪ ■maximize

動 ～を最大にする

Charging money for even the smallest of services allowed the company to **maximise** profits.

その会社は最低限のサービスすら有料にすることで利益を最大にすることができた。

0940　□□□□□

taper
[téɪpə]

≒ dwindle, lessen, recede, subside
♪ taper off の形でもよく使われる。

動 先細になる、徐々に減る

Most of us now have phones with cameras, which has led to camera sales **tapering** off.

私たちの大部分がカメラ付き携帯を持つようになり、そのためにカメラの売上が先細りになっている。

0941　□□□□□

cater
[kéɪtə]

♪ cater to (～の要望に応える) という表現も覚えておこう。

動 ①要望に応える　②〈料理〉を仕出しする

The website tends to **cater** to younger users, so it is not popular among elderly people.

そのウェブサイトは若いユーザーの要望に応えがちなので、高齢者には人気がない。

0942　□□□□□

hinge
[híndʒ]

≒ [動] depend on, rest on

動 [hinge on で] ～で決まる、～次第である
名 蝶番

The success of modern Internet-based companies **hinges on** their ability to keep customers interested.

今日、ネット企業の成功は、顧客に関心を持ち続けてもらえるかどうかで決まる。

政治・外交　法律　時事　経済　ビジネス

Terminology

マーケティング・営業

◀ MP3 >>> 184

☐☐☐☐☐
market 市場
[má:kət]

☐☐☐☐☐
competitor 競合企業
[kəmpétətə]

☐☐☐☐☐
potential client 潜在的顧客
[pəténʃəl kláɪənt]

☐☐☐☐☐
potential customer 見込み客
[pəténʃəl kʌstəmə]

☐☐☐☐☐
quota ノルマ
[kwóʊtə]

☐☐☐☐☐
commerce 商取引
[kɑ́məːs]

☐☐☐☐☐
dealings 取引
[díːlɪŋz]

☐☐☐☐☐
negotiation 交渉
[nəgòʊʃiéɪʃən]

☐☐☐☐☐
estimation 見積もり
[èstəméɪʃən]

☐☐☐☐☐
estimate 見積書
[éstəmət]

☐☐☐☐☐
outlook 見通し
[áʊtlùk]

☐☐☐☐☐
budget 予算
[bʌ́dʒət]

☐☐☐☐☐
profit margin 利ざや
[prɑ́fɪt màːdʒɪn]

☐☐☐☐☐
contract 契約
[kɑ́ntrækt]

☐☐☐☐☐
client (サービス業の) 顧客
[kláɪənt]

☐☐☐☐☐
customer (商店の) 客
[kʌ́stəmə]

☐☐☐☐☐
voucher クーポン券、引換券
[váʊtʃə]

☐☐☐☐☐
retail 小売り
[ríːtèɪl]

☐☐☐☐☐
wholesale 卸売り
[hóʊlsèɪl]

☐☐☐☐☐
inventory 在庫
[ínvəntəri]

☐☐☐☐☐
storage 貯蔵室
[stɔ́ːrɪdʒ]

☐☐☐☐☐
bargain 掘り出し物
[bɑ́ːgɪn]

☐☐☐☐☐
instalment 分割払いの１回分
[ɪnstɔ́ːlmənt]

☐☐☐☐☐
receipt 領収書
[rɪsíːt]

マーケティング・営業

コミュニケーション　メディア・IT　教育・キャンパス　建築　都市・交通　観光・レジャー

コミュニケーション Communications

◀ MP3>>> 185-186

0943 □□□□□
compliment
[名][kɑ́mplɪmənt] [動][kɑ́mplɪmènt]
形 complimentary 称賛の；優待の
≒ [名] praise, applause, flattery
　[動] applaud, flatter
♪ complement（補完物）と同音。

名 賛辞　動 ～を褒める、称賛する

Giving **compliments** for work well done has been proven to help people work faster and better.

きちんと行ったことをほめると、人はそれに励まされてさらに手早く上手に行うということがわかっている。

0944 □□□□□
disseminate
[dɪsémənèɪt]
名 dissemination
（情報・思想などの）普及、伝播
≒ ①spread, disperse, distribute, propagate

**動 ①〈情報・思想など〉を広める
②〈種子など〉をまき散らす**

His work was widely **disseminated** after his death, becoming famous years after the fact.

彼の作品は彼の死後広く知れ渡った。亡くなって何年もたってから有名になったのだ。

0945 □□□□□
compatible
[kəmpǽtəbl]
名 compatibility 両立性、互換性
≒ ② consistent, congruous, consonant
↔ incompatible

**形 ①仲よくやっていける
②〈コンピュータなどが〉互換性のある**

The two workers proved to be highly **compatible**, so they were put together on a team.

その2人の社員は非常に馬が合うことがわかり、コンビを組まされた。

0946 □□□□□
cipher
[sáɪfə]
≒ code

名 暗号

The military wrote messages in **cipher** to make them impossible for enemies to read.

軍は伝達文を敵が読めないように暗号で書いた。

0947 □□□□□
facilitate
[fəsílətèɪt]
形 facile 容易な
名 facilitation 容易にすること、促進
≒ loosen, smooth
↔ complicate

動 ～を促進する、容易にする

The centre **facilitates** easier communication between students and the university.

センターは学生と大学のより円滑なコミュニケーションを促進する。

0948 □□□□□
chatter
[tʃǽtə]
≒ [動] babble, rattle
♪ chat（おしゃべり（する）に比べ、「（くだらないことを）ぺちゃくちゃしゃべる」ニュアンス。

**名 （くだらない）おしゃべり
動 おしゃべりする**

Listening in to the radio hosts' **chatter** is a hobby for a large number of Americans.

ラジオパーソナリティーのおしゃべりを聞くのが多くのアメリカ人の趣味だ。

コミュニケーション

0949　□□□□□

incendiary

[ɪnséndiəri]

≒ ① provocative ② inflammatory

形 ① 扇情的な、扇動的な
　② 発火力のある、焼夷性の

The negotiations didn't go well; a number of **incendiary** comments created anger between participants.

交渉はうまくいかなかった。いくつかの扇情的な発言が参加者たちを怒らせた。

0950　□□□□□

mangle

[mǽŋgl]

≒ impair

動 ～をめちゃくちゃにする、だめにする

The game begins with a phrase, which becomes **mangled** by the time it reaches the last person.

そのゲームは何かの言葉で始まるが、最後の人に伝えられる頃にはめちゃくちゃになっている。

0951　□□□□□

proclaim

[prəkléim]

名 proclamation 宣言
≒ announce, declare, publish

動 ～を公表する、宣言する

The project was **proclaimed** a success, as they had found positive results.

その計画は成功したと発表された。有益な結果が得られたからだ。

0952　□□□□□

blowup

[blóuʌ̀p]

≒ eruption, explosion, outburst
♪ blow up (～を爆破する) という表現も覚えておこう。

名 爆発

The conflict ended in a **blowup** between the two parties, and they didn't talk for years.

両者の対立が最後には爆発し、その後何年も対話がなかった。

0953　□□□□□

signify

[sígnəfài]

名 significance 重要性、意義
形 significant 重要な、意義深い

動 ① ～を意味する　② ～を示す、知らせる

Colours' meanings vary by culture, such as red, which can **signify** passion or luck.

色が表す意味は文化によって異なる。例えば、赤は情熱を意味することもあれば、幸運を意味することもある。

0954　□□□□□

responsive

[rɪspónsɪv]

≒ reactive

形 反応の早い

It is more important now than ever for companies to be **responsive** to complaints.

今や苦情に素早く対応することが企業にとってかつてないほど重要になっている。

0955

incompatible

[ìnkəmpǽtəbl]

≒ ① discrepant, conflicting
↔ compatible

形 ① 気が合わない、相容れない
② 〈コンピュータなどが〉互換性がない

When team members have **incompatible** personalities, productivity decreases.

チームの人たちの気が合わないと生産性は落ちる。

0956

acknowledge

[əknɔ́lɪdʒ]

图 acknowledgement 承認
≒ recognise, admit

動 ～を認める

The prime minister **acknowledged** the government was at fault for ignoring the protests.

総理大臣は政府が抗議を無視したことは間違っていたと認めた。

0957

straightforward

[strèɪtfɔ́:wəd]

≒ clear-cut

形 明快な、わかりやすい

Her idea was **straightforward**: invest more in education.

彼女の考えは明快で、教育にもっと投資しなさいということだった。

0958

diagram

[dáɪəgræm]

形 diagrammatic 図表の

名 図；図表、グラフ

The **diagram** shows how coffee is grown, harvested and processed.

この図はコーヒーがどのように栽培、収穫、加工されるのかを示している。

0959

intermediary

[ìntəmí:diəri]

≒ mediator, go-between

名 仲介者、媒介人

Companies can communicate through an **intermediary** if they are unable or unwilling to speak directly.

企業同士が直接話せない、あるいは話したくない場合は、仲介者を通して意思疎通できる。

0960

implicit

[ɪmplísɪt]

≒ implied, tacit
↔ explicit

形 暗黙の

People work longer hours due to the **implicit** rule that employees should not leave work before their boss.

社員が長時間労働をするのは、上司より先に退社してはいけないという暗黙のルールがあるからだ。

3068

0961 □□□□□

cohesion

[kəʊhíːʒən]

形 cohesive 結束した、団結した
≒ unity

名 結束、団結

The extraordinary **cohesion** of Spartan forces contributed greatly to their strength.

スパルタ軍の並外れた結束がその力に大きく寄与していた。

0962 □□□□□

mentor

[méntɔː]

♪ mentor の指導を受ける人を mentee と言う。

名 (信頼のおける) 相談相手、助言者

Dora Maar's teacher and **mentor**, Picasso, was known for his abstract art.

ドラ・マールの師匠であり相談相手でもあったピカソは抽象画で知られていた。

0963 □□□□□

misconception

[mìskənsépʃən]

動 misconceive 〜を誤解する
♪ 〈mis- (誤った) + conception (概念)〉の構造。

名 誤った考え、思い違い

Bats do use their eyes, despite the common **misconception** that they only use their hearing.

コウモリは聴覚しか使わないという誤った考えが広がっているが、実際には目を使っている。

0964 □□□□□

emphasise

[émfəsàɪz]

名 emphasis 強調
≒ accentuate, highlight
♪ ■ emphasize

動 〜を強調する

To ensure that studies are accurate, most scientists **emphasise** the need to perform multiple experiments.

ほとんどの科学者は、研究が間違いなく正確であるようにするためには、実験を繰り返すことが必要だと強調する。

0965 □□□□□

conflicting

[kənflíktɪŋ]

名 conflict 不一致、対立、紛争
≒ clashing

形 相反する、矛盾する

They had **conflicting** ideas and could not agree with each other on the best solution.

彼らの考えは相反していて、最適な解決策に到達できなかった。

0966 □□□□□

fulfil

[fʊlfíl]

名 fulfilment 満足、実現
≒ ① satisfy ② carry out
♪ ■ fulfill

動 ① 〈要求など〉を満たす
  ② 〈約束・役目など〉を果たす

Employees who are not getting their needs **fulfilled** will eventually seek out new employers.

要望を受け入れてもらえない従業員はやがて新しい雇用主を探すだろう。

社会科学　**211**

0967 □□□□□

summarise
[sʌ́məràɪz]

图 summary 要約
≒ sum up, generalise
♪■ summarize

動 ～を要約する

It is better to **summarise** your point before you go into the details.

詳しく説明する前に論点を要約する方がよい。

0968 □□□□□

concur
[kənkə́ː]

图 concurrence 意見の一致
形 concurrent
　意見の一致した；同時発生の
≒ ① assent, consent ② coincide

動 ①(～に)賛成する ②同時に起きる

Even the President's political opponents **concurred** that military action was necessary.

大統領の政敵でさえ、軍事行動は必要だという意見で一致した。

0969 □□□□□

embrace
[ɪmbréɪs]

≒ ① take up, adopt ② hug
♪ ② が原義で、〈em-(中へ) + brace
　(腕)〉の構造。

動 ①〈主義など〉を受け入れる、採用する
　②〈人〉を抱擁する

New ideas are quickly **embraced** by the younger generation, whereas older people struggle to adapt.

若者は新しい考えをすぐに受け入れるが、年を取るとなかなか受けつけなくなる。

0970 □□□□□

pointless
[pɔ́ɪntləs]

≒ senseless, meaningless

形 無意味な、むだな

A common complaint among workers at large corporations is that there are too many **pointless** meetings.

大企業の社員がよくこぼすのは、むだな会議が多すぎるということだ。

0971 □□□□□

comrade
[kɔ́mreɪd]

形 comradely 仲間のような
≒ companion, crony, ally

名 仲間、同志

A soldier and his **comrades** can come to understand each other better than family.

戦友は家族以上によくわかり合えるようになることがある。

メディア・IT

Media & Telecommunications

◀ MP3>>> 190

政治・外交　法律　時事　経済　ビジネス　マーケティング・営業　コミュニケーション

メディア・IT

教育・キャンパス　建築　都市・交通　観光・レジャー

0972　□□□□□

intrusive
[ɪntrúːsɪv]

動 intrude (他人の領域などに) 立ち入る
名 intrusion (プライバシーなどの) 侵害
≒ obtrusive, nosy

形 プライバシーを侵害する、立ち入った

Photographers can be seen as being **intrusive**, poking their noses into peoples' personal space and lives.

カメラマンは人のプライベートな場所や生活を詮索する煩わしい存在と見なされることがある。

0973　□□□□□

glare
[gléə]

形 glaring まぶしい；けばけばしい
≒ ② glow

名 ①目立つこと ②まぶしい光

Fame also has its negatives, as the **glare** of the media can become too much for some people.

有名であることには負の側面もある。メディアの注目に辟易する人もいるだろう。

0974　□□□□□

proofread
[prúːfrìːd]

名 proofreader 校正者
♪「著者」は author、「編集者」は editor。

動 (〜を) 校正する、(〜の) ゲラ刷りを読む

The company's in-house legal team **proofreads** official documentation before it is made public.

公式文書は公開される前に社内法務部が校正する。

0975　□□□□□

treatise
[tríːtɪz]

≒ monograph

名 (特定の題目についての) 本、論文

Darwin's **treatise** on coral reefs suggested that the coral would die if lifted out of the water.

ダーウィンのサンゴ礁に関する専門書では、サンゴは水から引き上げたら死ぬだろうと示唆されていた。

0976　□□□□□

ubiquitous
[ju(ː)bíkwətəs]

名 ubiquity 遍在
≒ omnipresent, universal
♪「ユビキタス」はカタカナ語にもなっている。

形 遍在する、どこにでも存在する

Once a luxury device, mobile phones are now **ubiquitous** worldwide.

携帯電話はかつてはぜいたくな機器だったが、今では世界のどこにでもある。

0977　□□□□□

erroneous
[ɪróʊniəs]

≒ incorrect, inaccurate, mistaken, false
↔ correct, accurate

形 〈判断・学説などが〉誤りのある

It is sometimes difficult to determine if information posted on the Internet is accurate or **erroneous**.

インターネットに投稿された情報が正しいのか間違っているのか判断しかねる時がある。

0978　□□□□□

intimate
[íntəmət]

名 intimacy 親しさ
≒ ① secretive, surreptitious, clandestine, confidential
② close, familiar, friendly

形 ①私的な、プライベートな ②親しい、親密な

People worry that technology — specifically AI — could understand our most **intimate** and personal thoughts.

人々は、テクノロジー、特に人工知能によって、自分たちの最も内なる私的な思いが知られてしまうのではないかと心配している。

0979　□□□□□

sift
[síft]

♪「ふるい」は sieve と言う。

動 ①〈書類・情報などを〉入念に［くまなく］調べる ②〈粉〉をふるいにかける

Websites are easy to find because programs are constantly **sifting** through them to check their information.

ウェブサイトを簡単に見つけられるのは、常に各サイトを見て回って情報をチェックしているプログラムがあるからだ。

0980　□□□□□

outgoing
[áʊtɡòʊɪŋ]

≒ ① departing

形 ①〈こちらから〉出ていく、発送用の ②退任する ③社交的な

With the prepaid phones, **outgoing** calls and messages cost money, but it is free to receive them.

プリペイド携帯は、電話やメッセージの発信は有料だが、受信は無料だ。

0981　□□□□□

emergence
[ɪmɔ́ːdʒəns]

動 emerge 現れる
≒ appearance, advent
♪ emergency（緊急事態）と混同しないように注意。

名 出現、発生

Our need for human connection has been partially satisfied by the **emergence** of social media.

私たちが人とのつながりを求める気持ちは、ソーシャルメディアの出現によってある程度満たされるようになった。

0982　□□□□□

trustworthy
[trʌ́stwə̀ːði]

≒ dependable, reliable

形 信頼［信用］できる、当てになる

Readers see the website as **trustworthy** due to its fair reporting.

そのウェブサイトは公正な報道をするので、閲覧者に信頼できるものと見なされている。

0983　□□□□□

disclose
[dɪsklóʊz]

名 disclosure 暴露
≒ reveal, divulge, uncover, unveil

動 〈秘密・情報など〉を暴露する、公表する

One potential risk of the Internet is that private information can be accidentally **disclosed**.

インターネットの潜在的なリスクの1つとして、個人情報が間違って公開されてしまうことがある。

政治・外交　法律　時事　経済　ビジネス　マーケティング・営業　コミュニケーション

Terminology

メディア・IT

◀ MP3≫ 192

☐☐☐☐☐
medium　　媒体
[mí:diəm]

☐☐☐☐☐
binary digit　2進数
[báinəri díʤɪt]

☐☐☐☐☐
format　　フォーマット
[fɔ́:mæt]

☐☐☐☐☐
monitor　　モニター、ディスプレイ
[mɔ́nɪtə]

☐☐☐☐☐
interface　　インターフェイス
[íntəfèɪs]

☐☐☐☐☐
command　　コマンド
[kəmá:nd]

☐☐☐☐☐
font　　フォント
[fɔ́nt]

☐☐☐☐☐
compress　　（ファイルを）圧縮する
[kəmprés]

☐☐☐☐☐
decompress　　（ファイルを）解凍する
[dì:kəmprés]

☐☐☐☐☐
spreadsheet　表計算ソフト
[sprédʃì:t]

☐☐☐☐☐
malware　　マルウェア
[mǽlwèə]

☐☐☐☐☐
wireless LAN　無線LAN
[wàɪərləs lǽn]　　（Local Area Network）

メディア・IT

教育・キャンパス　建築　都市・交通　観光・レジャー

0984 ▢▢▢▢▢
well-rounded
[wélráʊndɪd]
≒ all-around, versatile

形 〈教養などが〉包括的な、幅広い

After receiving a **well-rounded** education in school, students then go on to specialise at university.

生徒は小中高で包括的な教育を受けたのち、大学に進学して専門の勉強をする。

0985 ▢▢▢▢▢
bullying
[bʊ́liɪŋ]
♪ 元になった動詞 bully（〜をいじめる）には「いじめっ子」の意味もある。

名 いじめ

If **bullying** is reported by any students enrolled on the course, suitable action will be taken immediately.

いじめの報告がその課程に登録されているどの学生からあったとしても、ただちにしかるべき対応をします。

0986 ▢▢▢▢▢
emulate
[émjəlèɪt]
名 emulation 見習うこと
≒ imitate, mimic

動 〜を規範として見習う

Children are more likely to **emulate** what you do rather than listen to what you say.

子どもはあなたの言葉に従うよりもむしろあなたの行動に倣うだろう。

0987 ▢▢▢▢▢
relevant
[réləvənt]
≒ ① applicable, pertinent, germane
↔ ① irrelevant

形 ①関連する ②適切な、妥当な

When deciding on a university course, studying **relevant** subjects is essential for high school students.

高校生が大学の課程を決める際、関連科目を勉強することが不可欠だ。

0988 ▢▢▢▢▢
exempt
[ɪgzémpt]
名 exemption（義務などの）免除
≒ [形] immune

形 免除された
動 （義務などから）〈人〉を免除する

Students who can show a doctor's note are **exempt** from the exam.

医師の診断書を提出できる学生は試験が免除される。

0989 ▢▢▢▢▢
toddler
[tɔ́dlə]
動 toddle よちよち歩く
♪ 「トドラー」は幼児服のサイズを表すカタカナ語にもなっている。

名 よちよち歩きを始めた赤ん坊

One study found that even **toddlers** can begin to learn a second language.

よちよち歩きを始めた赤ん坊でさえ第2言語を学び始められることが、ある研究でわかった。

0990 ☐☐☐☐☐

troublesome

[trʌ́blsəm]

≒ bothersome, worrisome

形 やっかいな、迷惑な

Removing **troublesome** students from a class could do more harm than good.

クラスから問題児を除外することは益よりも害をもたらしかねない。

0991 ☐☐☐☐☐

engrossed

[ɪŋgróʊst]

形 engrossing（人の）心を奪うような
名 engrossment 没頭
≒ absorbed, engaged, preoccupied

形 没頭して、夢中になって

The therapist recommends that children get **engrossed** in art or music to help them relax.

そのセラピストは、緊張をほぐす手立てとして、子どもは美術や音楽に没頭するとよいと言う。

0992 ☐☐☐☐☐

laborious

[ləbɔ́:riəs]

名 labour 労働；骨折り
≒ strenuous, arduous

形 骨の折れる、手間のかかる

Learning the pronunciation of other languages can be a **laborious** process, but it gets easier over time.

他言語の発音は身につけるのに骨が折れることがあるが、時がたつにつれて易しくなる。

0993 ☐☐☐☐☐

sensibly

[sénsəbli]

形 sensible 思慮分別のある、賢明な
≒ intelligently

副 思慮分別をもって、賢明に

Providing education on how to spend money **sensibly** is very important for young people.

若者に賢明なお金の使い方を教えることは非常に大事だ。

0994 ☐☐☐☐☐

corporal

[kɔ́:pərəl]

≒ bodily, physical

形 肉体の、身体の

It took until 1987 for **corporal** punishment — teachers hitting children — to be outlawed in the UK.

イギリスでは1987年になってようやく、体罰―教師が子どもをたたくこと―が法律で禁止された。

0995 ☐☐☐☐☐

distract

[dɪstrǽkt]

形 distracted 気が散った
名 distraction 気晴らし
≒ divert
↔ attract

動〈人・注意など〉をそらす、紛らす

The key to teaching children is to **distract** them from the fact that they're learning.

子どもにものを教えるコツは、何かを学んでいると子どもたちに思わせないことだ。

0996 ☐☐☐☐☐

admonish
[ədmónɪʃ]

名 admonition
　（穏やかだが厳しい）訓戒、たしなめ
形 admonitory 戒めの；忠告の
≒ ① scold, rebuke, reprimand

動 ①〜を叱る、たしなめる ②〜に（強く）忠告する

Parents should be careful not to **admonish** children for every mistake, as it can affect their confidence.

親は子どもの失敗をいちいちとがめないように注意すべきだ。うるさく言うと子どもは自信を失いかねない。

0997 ☐☐☐☐☐

cram
[krǽm]

≒ ② jam, squeeze, stuff

動 ①詰め込み勉強をする ②〜を詰め込む

Studies have shown that **cramming** for an exam is less likely to help someone succeed.

試験用に詰め込み勉強をしてもよい点を取る役には立ちそうにないということが研究によって示されている。

0998 ☐☐☐☐☐

cooperative
[kəʊápərətɪv]

動 cooperate 協力する
名 cooperation 協力

形 協力的な、協同の

Encouraging students to be **cooperative** rather than competitive can bring better results and harmony in class.

生徒たちに競争ではなく協力を促す方が、クラスによりよい結果と調和をもたらすことができる。

0999 ☐☐☐☐☐

dearth
[dɔ́ːθ]

≒ deficiency, insufficiency, shortage, scarcity

名 不足、欠如

A **dearth** of opportunities to learn instruments has resulted in a generation who can't appreciate music.

楽器を習う機会がなかったために音楽を味わえない世代が生まれた。

1000 ☐☐☐☐☐

compulsory
[kəmpʌ́lsəri]

名 compulsion 強制
≒ obligatory, enforced, required, mandatory
↔ voluntary

形 必須の

Education is **compulsory** until the age of 18 in England; you cannot leave school earlier.

イングランドでは義務教育が 18 歳まで続き、中退はできない。

1001 ☐☐☐☐☐

proficiency
[prəfíʃənsi]

形 proficient 熟練した

名 技量、熟練

Russia and Vietnam have promised millions to improve English **proficiency** in schools.

ロシアとベトナムは学校での英語習熟の向上のために多額の資金を投じると約束した。

3214

1002 　☐☐☐☐☐

measurable
[méʒərəbl]
≒ ① significant

形 ①かなりの、目立った　②測定可能な

Encouraging students to read has a **measurable** effect on their academic performance.

生徒に読書を奨励すると、学業成績にかなりの効果が出る。

1003 　☐☐☐☐☐

confer
[kənfɔ́ː]
图 conferment 授与
≒ ① grant, bestow

動 ①〜を与える、授与する　②話し合う

The university will **confer** an honorary degree upon the writer for her excellent work over the years.

大学はその作家の長年にわたる素晴らしい活動をたたえて名誉学位を授与する。

1004 　☐☐☐☐☐

procrastination
[prəʊkrǽstɪnéɪʃən]
動 procrastinate 〜を先延ばしにする
♪ やるべきことを「故意に」あるいは「習慣的に」先延ばしにするニュアンス。

名 先延ばし、遅延

Procrastination is a common issue among students that negatively affects their grades.

先延ばしは学生によくある問題で、成績に悪く影響する。

1005 　☐☐☐☐☐

impart
[ɪmpáːt]
≒ convey

動〈情報・知識〉を(人に)伝える

The knowledge **imparted** to students by professors should apply to their life beyond university.

学生は教授から伝授された知識を卒業後の生活に応用していくべきだ。

1006 　☐☐☐☐☐

integrate
[íntəgrèɪt]
形 integral 不可欠な
图 integration 統合
≒ assimilate, embody, incorporate

動 〜を統合する、まとめる

The author's work was **integrated** into the school's English programme.

その作家の作品は学校の英語のカリキュラムに取り入れられた。

1007 　☐☐☐☐☐

knowledgeable
[nɔ́lɪdʒəbl]
图 knowledge 知識
≒ well-informed, acquainted, versed
↔ ignorant, unknowledgeable

形 博識な、精通した

The university became famous for its ability to attract **knowledgeable** professors.

その大学は博識な教授を引きつけることができたことで有名になった。

1008 □□□□□

comparable
[kámpərəbl]

動 compare 匹敵する、～を比較する
名 comparison 比較
≒ ① analogous, similar, equivalent, alike

形 ①同等の、匹敵する ②比較できる

Students of **comparable** ability are grouped together to improve class morale.

クラスの士気を高めるために、同等の能力を持った生徒が集められている。

1009 □□□□□

gifted
[gíftɪd]

≒ talented
♪ gift は元々「与えられたもの (= something given)」の意味。

形 天賦の才能のある

Intelligent children are often chosen to attend schools for **gifted** students.

知能の高い子どもはしばしば天才児のための学校に選ばれて通う。

1010 □□□□□

stigmatise
[stígmətàɪz]

名 stigma 汚名、烙印
形 stigmatic 不名誉な
≒ brand
♪ ■ stigmatize

動 ～に烙印を押す、汚名を着せる

The doctor says not to **stigmatise** children with special needs, but to encourage them to learn.

特別支援が必要な子という烙印を押すのではなく、子どもを励まして学ばせなさい、と博士は言う。

1011 □□□□□

elucidate
[ɪlúːsədèɪt]

名 elucidation 解明
形 elucidatory 説明的な
≒ clarify, explain, illuminate

動 ～を解き明かす、解明する

Some texts can be difficult to understand, but the guidance of a professor can help **elucidate** them.

理解するのが難しい教科書もあるかもしれないが、教授の指導によってそれらを読み解くことができるだろう。

1012 □□□□□

astray
[əstréɪ]

≒ afield
♪ go astray (行方不明になる) という表現も覚えておこう。

副 道に迷って、方向を見失って

The teacher must watch students to make sure they are not led **astray** from their classwork.

教師は生徒が授業以外のことに気をとられないようにしっかりと見守らなければならない。

1013 □□□□□

smother
[smʌðə]

≒ ① overwhelm ② stifle

動 ①～を覆い尽くす、～にあふれるほど与える
②〈感情など〉を抑える

One positive consequence of **smothering** a child with a lot of attention is a stronger emotional connection.

子どもべったりに世話を焼く効果の一つは情緒的なつながりが強くなることだ。

1014
impede
[ɪmpíːd]

图 impediment 妨害（物）
≒ hamper, hinder, obstruct, interfere, stymie

動〈進行など〉を遅らせる

Overly large classroom sizes can **impede** the progression of students and pupils.

教室が広すぎると生徒・児童の学習進度が遅くなることがある。

1015
reflective
[rɪfléktɪv]

動 reflect（〜を）反射する；熟考する
图 reflection 反射；熟考
≒ ① contemplative, deliberate, thoughtful

形 ①熟考する、思慮深い ②反射する

Requiring students to keep a journal makes them more **reflective** about the choices they make every day.

日記を書かせると、生徒は自らが毎日行っている選択についてより深く考えるようになる。

1016
infuse
[ɪnfjúːz]

图 infusion（思想などの）導入、投入
≒ animate, saturate
♪ infuse A with B（AにBを吹き込む）の形で覚えておこう。

動〈思想・活力など〉を吹き込む、与える

The school **infused** art with geometry, considering the two subjects to be complementary.

その学校は、美術と幾何学を補完的なものと考え、美術に幾何学を取り入れた。

1017
detrimental
[dètrəméntl]

图 detriment 損害
≒ adverse, harmful, noxious, pernicious

形 有害な、弊害をもたらす

Some believe allowing a child to have a television in their bedroom has **detrimental** effects on development.

子どもの寝室にテレビを置くと成長に悪影響を及ぼすと考える人もいる。

1018
transcript
[trǽnskrɪpt]

图 transcription 書き起こすこと

名 記録、（口述などを）文字に書き換えたもの

The students were given the task of writing a **transcript** of the speech, so they had to listen closely.

生徒たちはその演説を文字に書き起こす課題を与えられたため、注意深く聞かなければならなかった。

1019
literate
[lítərət]

≒ educated, learned, lettered
↔ illiterate

形 読み書きができる

Not having had the opportunity to attend school, many of the population are not **literate**.

その国民の多くは通学する機会に恵まれず、読み書きができない。

1020 □□□□□

tome
[tóʊm]

♪ tome の原義は「分冊」。tom は「分割する」を意味する語根で、atom（原子）は「これ以上分割できないもの」。

名 分厚い本、大部の書

Rather than reading through heavy **tomes** in a library, online education appears to be a better approach.

図書館で分厚い本を読み通すよりも、オンライン教育の方がよい取り組み方に思える。

1021 □□□□□

vocational
[vəʊkéɪʃənl]

名 vocation 職業、天職
≒ occupational

形 職業の

Vocational courses in construction and plumbing give students a direct route to employment.

建築と配管の職業訓練を受けることが、学生が就職する早道になる。

1022 □□□□□

emeritus
[ɪmérətəs]

♪「名誉教授」は professor emeritus とも emeritus professor とも言う。

形 名誉（退）職の

A number of **emeritus** professors at Oxford University return often to give lectures.

オックスフォード大学の多くの名誉教授がよく大学に戻ってきて講義をする。

1023 □□□□□

excel
[ɪksél]

形 excellent 非常に優れた
名 excellence 優秀さ
≒ exceed, surpass

動 （ほかより）優れる

Students who **excel** in a particular subject are moved up to a more advanced class.

特定の科目に秀でている生徒は上のクラスに移される。

1024 □□□□□

recalcitrant
[rɪkǽlsɪtrənt]

≒ defiant, disobedient, uncontrollable, unruly

形 手に負えない、言うことを聞かない

A well-behaved student can have a positive influence on a **recalcitrant** one.

態度のよい生徒は手に負えない生徒によい影響を与えることができる。

1025 □□□□□

rudimentary
[rùːdəméntəri]

名 rudiment 基礎、初歩
≒ ① elementary, fundamental
② primitive
↔ ① advanced

形 ①基本的な、初歩的な ②原始的な

After receiving only a **rudimentary** education, some students quit school to follow a career in labour.

基本的な教育を受けただけで通学をやめて働き始める生徒もいる。

政治 外交 法律 時事 経済 ビジネス マーケティング・営業 コミュニケーション メディア・IT

1026 □□□□□

abide
[əbáɪd]
≒ comply with

動 [abide by で]〈法律・約束などに〉従う

Students who write their own class rules are more likely to **abide by** them.

生徒は自分たちでクラスの決まりを作るとそれを守る傾向がある。

1027 □□□□□

mastery
[mástəri]
動 master ～を（完全に）習得する
≒ control, proficiency

名 精通した知識、熟達した技能

Her **mastery** of chess was unparalleled — nobody could defeat her.

彼女のチェスの才能は類いまれなもので、誰も彼女に勝てなかった。

1028 □□□□□

reiterate
[riítərèit]
名 reiteration 反復、繰り返し
≒ repeat, restate

動 ～を（何度も）繰り返して言う

After the lecture the professor **reiterated** the key information so that the students did not forget.

一通り説明したあとで、教授は学生たちが忘れないように重要な情報を何度も繰り返した。

1029 □□□□□

personalise
[pə́ːsənlàɪz]
🔊 ■ personalize

動 ①～を個人向けにする
　②～を個人の問題と考える

A lesson should be **personalised** to suit the student's learning styles.

授業は生徒の学習スタイルに合うように個別指導されるべきだ。

1030 □□□□□

supervise
[súːpəvàɪz]
名 supervision 監督、管理
≒ oversee, superintend
🔊「指導者、監督者」は supervisor。

動 ～を監督する

The teacher **supervises** the student's independent research project, helping only when really necessary.

教師は生徒の自主研究プロジェクトを監督し、本当に必要なときだけ手助けする。

教育・キャンパス

1031 □□□□□

scrutinise
[skrúːtɪnàɪz]
名 scrutiny 綿密な調査
≒ check out, inspect
🔊 ■ scrutinize

動 ～を注意深く調べる

After an essay is submitted it is **scrutinised** by a teacher.

論文が提出されると、教師がそれを注意深く読む。

建築 都市・交通 観光・レジャー

1032
affirmative
[əfə́ːmətɪv]

動 affirm 肯定する
名 affirmation 肯定
≒ positive
↔ negative

形 肯定の、同意を示す

Affirmative responses to children's questions help them to develop in a healthy way.

子どもの質問に肯定的に答えることは子どもの健やかな成長の一助となる。

1033
ponder
[pɔ́ndə]

≒ contemplate, deliberate, speculate, mull over

動 ～を熟考する

It is important to give students enough time to **ponder** questions and talk to their classmates.

学生が問題についてじっくり考えたり、クラスメートと話し合ったりすることが十分できる時間を与えることが大事だ。

1034
rote
[róʊt]

♪ by rote（機械的に、丸暗記で）という
　表現も覚えておこう。

名 機械的なやり方、まる暗記

His paper criticises methods of **rote** learning, where students repeat information over and over.

彼の論文は、生徒が情報を何度も繰り返すまる暗記の学習法を批判している。

1035
upbringing
[ʌ́pbrìŋɪŋ]

♪ bring up（～を育てる、養育する）も
　セットで覚えておこう。

名 （子どもの）しつけ、教育

Parents' evenings give teachers an insight into a student's **upbringing** and life at home.

夜の保護者会で、教師は生徒が家庭でどのようにしつけを受け生活しているのかをうかがい知ることができる。

1036
intimidate
[ɪntímədèɪt]

形 intimidating 威圧的な
名 intimidation おどし、脅迫
≒ frighten, threaten

動 ～をおどす、脅迫する

If one student is seen trying to **intimidate** another student, there should be serious consequences.

生徒が別の生徒をおどそうとしているところが目撃されたら、深刻な結果になるだろう。

1037
safeguard
[séɪfgàːd]

≒ [動] protect, secure

動 ～を守る、保護する
名 （危険・損失などに対する）防御策

As well as educating them, teachers should **safeguard** their students from dangerous experiences.

教師は生徒を教育するだけでなく、危険な目に遭わないように守るべきだ。

政治・外交　法律　時事　経済　ビジネス　マーケティング・営業　コミュニケーション　メディア・IT

教育・キャンパス

建築　都市・交通　観光・レジャー

1038

☐☐☐☐☐

collaborative

[kəlǽbərətɪv]

🔵 collaborate 協力する
🔷 collaboration 協力
≒ cooperative, concerted, joint

形 協力的な、共同制作の

The children had to make a **collaborative** effort and work together in order to succeed.

子どもたちは成功を収めるために、一致団結してがんばり、みんなが協力しなければならなかった。

1039

☐☐☐☐☐

illiterate

[ɪlítərət]

🔷 illiteracy
読み書きができないこと、無学
↔ literate

形 読み書きのできない、教育のない

The number of **illiterate** people is decreasing as education reaches rural areas.

田舎まで教育が行きわたるにつれ、読み書きのできない人が減っている。

1040

☐☐☐☐☐

formative

[fɔ́ːmətɪv]

🔷 formation 形成、発達

形 ①（人格の）形成上の、発達の　②造形の

The artist's **formative** years were between 11 and 16, when he was mentored by another great painter.

その画家が成長したのは 11 歳から 16 歳の間で、その時期に彼はもう一人の偉大な画家から指導を受けた。

1041

☐☐☐☐☐

studious

[stjúːdiəs]

≒ diligent, industrious

形 勉強熱心な

A **studious** pupil can be a useful partner for those who struggle to focus.

勉強熱心な生徒がいると、なかなか集中できない生徒たちのためになる。

1042

☐☐☐☐☐

tutorial

[tjuːtɔ́ːriəl]

🎵「個別指導教師」は tutor、「個別指導時間」は tutoring。

名（大学でのチューターによる）個別指導時間
形 家庭教師の；チューターの

A **tutorial** is combined with each lesson so you can ask questions.

質問ができるように、各講義には個別指導時間が組み込まれています。

1043

☐☐☐☐☐

module

[mɔ́djuːl]

🔵 modular モジュール（方式）の
🎵 アクセントは o にある。システムを構成する単位のこと。

名 ①（大学の）履修単位　②測定の単位
　　③（宇宙船の）モジュール

The biology major is made up of six different **modules** covering a range of the natural sciences.

生物専攻は自然科学分野を扱う 6 つの異なる履修単位から成る。

社会科学　**225**

1044 ☐☐☐☐☐

supplement

[動] [sʌ́pləmènt] [名] [sʌ́pləmənt]

形 supplementary 補足の、追加の

♪ ple は「満たす」を意味する語根で complete (〜を完成する)、replenish (〜を補充する) などにも含まれる。

動 〜を補う、補足する
名 ① 補足 ② 栄養補助食品

Consistent attendance **supplemented** by self-study and regular reading is a reliable method for passing a course.

授業にしっかりと出て、さらに自習や読書習慣で補うことが、課程を修了する確かな方法だ。

1045 ☐☐☐☐☐

prerequisite

[prìːrékwəzɪt]

≒ requirement, precondition

名 必要条件、前提条件

Typically, a bachelor's degree is a **prerequisite** for a master's degree.

一般的に、学士号は修士号を取るための必要条件だ。

1046 ☐☐☐☐☐

dean

[díːn]

♪ chancellor ((大学の) 総長)、bursar ((大学の) 会計係) などの語も覚えておこう。

名 (大学の) 学部長

After fifteen years of teaching, the professor was promoted to be the **dean** of the science departments.

15 年間教鞭をとったのち、その教授は昇格して理学部の学部長になった。

1047 ☐☐☐☐☐

enrol

[ɪnróʊl]

名 enrolment 登録、入学
♪ ■ enroll

動 登録する、入学する

First year students are required to **enrol** on six different modules as part of their university courses.

1 年生は大学の課程の一部として異なる 6 単位に登録する必要がある。

1048 ☐☐☐☐☐

hectic

[héktɪk]

≒ frenzied

形 あわただしい、非常に忙しい

The campus has a tranquil garden area so students can have breaks from their **hectic** schedules.

キャンパスには静かな庭園があり、学生たちはあわただしい時間割の合間に休憩できる。

1049 ☐☐☐☐☐

postgraduate

[pòʊstgrǽdʒuət]

♪ ■では graduate と言う。

形 大学卒業後の；大学院の
名 (大学を卒業した) 大学院生

Postgraduate education has declined in popularity as the price for Master's degrees increased.

修士課程の学費の値上がりにより、大学院進学者が減っている。

政治・外交　法律　時事　経済　ビジネス　マーケティング・営業　コミュニケーション　メディア・IT

教育・キャンパス

建築　都市・交通　観光・レジャー

1050　☐☐☐☐☐

respite

[réspaɪt]

≒ pause

名 中休み、休息

The winter holiday provides students with a nice **respite** from the pressures of school.

冬休みは学生が学校のプレッシャーから解放されるよい機会になる。

1051　☐☐☐☐☐

faculty

[fǽkəlti]

≒ ① department ② ability

名 ①（大学の）学部 ②教授陣 ③能力

The **Faculty** of Science is located on the second floor.

理学部は2階にある。

1052　☐☐☐☐☐

adjunct

[ǽdʒʌŋkt]

≒ [名] supplement
♪ 形容詞としては名詞の前で使う。

形 非常勤の、補助の
名 付属物

An **adjunct** professor is someone who works part-time, supporting other educators and their students.

非常勤教授とは、非常勤でほかの教員や学生を支える人のことだ。

1053　☐☐☐☐☐

self-contained

[sélfkəntéɪnd]

≒ independent, self-sufficient

形 自己完結の、自給自足の

Universities are often **self-contained**, offering accommodation, food, and other amenities students require.

学生が必要とする宿泊施設、食べ物、その他の設備を提供しているために、学内だけで暮らせる大学は多い。

1054　☐☐☐☐☐

bibliography

[bìbliɒ́grəfi]

形 bibliographic 文献目録の

名 参考文献一覧、文献目録

Each thesis requires a detailed **bibliography** of sources referred to and used.

どの学位論文にも参照先と引用元を詳細にまとめた文献目録が必要だ。

1055　☐☐☐☐☐

optional

[ɔ́pʃənl]

動 opt 選ぶ
名 option 選択肢
↔ compulsory

形 任意の、選択が自由の

Optional extra classes are available if students need help with their studies.

学生が勉強するのに助けが必要な場合は任意で利用できる補習がある。

1056

☐☐☐☐☐

placement
[pléɪsmənt]

↗ placement test（プレースメントテスト）とは、新入生のクラス分けのためのテストのこと。

名 ① クラス分け ② 就職あっせん ③ 配置

Each student is given a **placement** test to determine which level to study at.

各学生は学習レベルを決めるクラス分けテストを受ける。

1057

☐☐☐☐☐

canteen
[kæntíːn]

↗ 構内にあるcorridor（廊下）、dormitory（寄宿舎）、laboratory（実験室）などの語も覚えておこう。

名 （学校・工場などの）大食堂、社員食堂

Food served in school **canteens** was judged to be unhealthy by the investigators.

学生食堂で出される食品は、調査員によって不健康だと判断された。

1058

☐☐☐☐☐

consecutive
[kənsékjətɪv]

≒ successive

形 （一定の順序で）連続した

Every morning the students have four **consecutive** classes with no breaks.

生徒は午前中はいつも休み時間なしで4つの授業を立て続けに受ける。

1059

☐☐☐☐☐

thesis
[θíːsɪs]

↗ 複数形は theses。

名 （学位）論文

In order to graduate, each student must submit a **thesis** on their chosen topic of study.

各学生は卒業するために自ら選択した研究テーマに関する論文を提出しなければならない。

1060

☐☐☐☐☐

naive
[naɪíːv]

≒ innocent, unsophisticated

↗ ai の発音に注意。否定的な意味合いの語で、「繊細な」は delicate、sensitive などと言う。

形 単純な、世間知らずの

Students are initially **naive** about what is expected of them when they arrive at university.

入学したばかりの学生は、最初、何を求められているのかよくわかっていない。

1061

☐☐☐☐☐

dissertation
[dìsətéɪʃən]

↗ 特に博士論文を指す。「博士号」は doctorate。

名 学術論文

In the third year of university, most students are required to write their **dissertation**.

大学3年のときにほとんどの学生は学術論文を書かなければならない。

政治・外交　法律　時事　経済　ビジネス　マーケティング・営業　コミュニケーション　メディア・IT

1062　□□□□□

commence

[kəméns]

图 commencement 開始、始め
≒ originate ② initiate

動 ① 始まる　② 〜を始める

Before the academic year **commences**, professors in each department meet to discuss their planned courses.

新年度が始まる前に、各学部の教授が集まって予定されている課程について話し合う。

1063　□□□□□

puzzling

[pʌ́zlɪŋ]

图 puzzlement 当惑、困惑
≒ bewildering, confusing, mystifying, perplexing

形 困惑させる、悩ませる

Subjects that the students found **puzzling** at the beginning of term were easily understandable by the end.

学生たちが学期の初めにはさっぱりわからなかった科目も、学期末には楽に理解できるようになった。

1064　□□□□□

prestigious

[prestídʒəs]

图 prestige 名声、威信
≒ honoured, esteemed, respected, reputable

形 有名な、名誉ある

Scientists at the **prestigious** University of Cambridge have been using AI to solve climate change.

有名なケンブリッジ大学の科学者たちは気候変動を解明するために人工知能を使っている。

1065　□□□□□

diploma

[dɪplóumə]

♪ 複数形は diplomas あるいは diplomata。

名 学位、卒業証書

The university began offering honours degrees and **diploma** courses for online students.

その大学はオンラインの学生に優等学位課程と学士課程を提供し始めた。

1066　□□□□□

competent

[kɑ́mpɪtnt]

图 competence 能力
≒ adept, skilled, capable
↔ incompetent

形 有能な

The leading universities have highly **competent** professors from many different backgrounds.

一流大学には様々な経歴を持った非常に有能な教授がそろっている。

教育・キャンパス

建築　都市・交通　観光・レジャー

教育・キャンパス

☐☐☐☐☐
thermodynamics 熱力学
[θə̀ːmoʊdaɪnǽmɪks]

☐☐☐☐☐
biochemistry 生化学
[báɪoʊkémɪstri]

☐☐☐☐☐
geometry 幾何学
[ʤiɑ́mətri]

☐☐☐☐☐
algebra 代数学
[ǽlʤəbrə]

☐☐☐☐☐
arithmetic 算数
[əríθmətìk]

☐☐☐☐☐
statistics 統計学
[stətístɪks]

☐☐☐☐☐
electronics 電子工学
[èlektrɑ́nɪks]

☐☐☐☐☐
geography 地理学
[ʤiɑ́grəfi]

☐☐☐☐☐
ecology 生態学
[ɪkɑ́ləʤi]

☐☐☐☐☐
zoology 動物学
[zoʊɑ́ləʤi]

☐☐☐☐☐
pathology 病理学
[pəθɑ́ləʤi]

☐☐☐☐☐
neuroscience 脳科学、
[n(j)ʊ̀əroʊsáɪəns] 神経科学

☐☐☐☐☐
genetics 遺伝学
[ʤənétɪks]

☐☐☐☐☐
eugenics 優生学
[juːʤénɪks]

☐☐☐☐☐
pedagogy 教育学
[pédəgɑ̀ʤi]

☐☐☐☐☐
sociology 社会学
[sòʊʃiɑ́ləʤi]

☐☐☐☐☐
ethnology 民族学
[eθnɑ́ləʤi]

☐☐☐☐☐
bioethics 生命倫理学
[báɪoʊéθɪks]

☐☐☐☐☐
theology 神学
[θi(ː)ɑ́ləʤi]

☐☐☐☐☐
psychiatry 精神医学
[saɪkáɪətri]

☐☐☐☐☐
logic 論理学
[lɑ́ʤɪk]

☐☐☐☐☐
aesthetics 美学
[iːsθétɪks]

☐☐☐☐☐
curriculum カリキュラム
[kəríkjələm]

☐☐☐☐☐
liberal arts 教養課程
[líbərəl ɑ́ːts]

☐☐☐☐☐
facility 施設
[fəsíləti]

☐☐☐☐☐
auditorium 講堂
[ɔ̀ːdətɔ́ːriəm]

☐☐☐☐☐
laboratory 実験室
[lǽbɔ́rətəri]

☐☐☐☐☐
corridor 廊下
[kɔ́rɪdɔ̀ː]

☐☐☐☐☐
atlas 地図帳
[ǽtləs]

☐☐☐☐☐
scholarship 奨学金
[skɔ́ləʃɪp]

☐☐☐☐☐
headmaster 校長
[hédmæstə]

☐☐☐☐☐
lecturer 講師
[léktʃərə]

☐☐☐☐☐
tutor 個人指導教員
[tjúːtə]

☐☐☐☐☐
janitor 用務員
[dʒǽnətə]

☐☐☐☐☐
tuition 授業料
[t(j)u(ː)íʃən]

☐☐☐☐☐
assignment 課題
[əsáɪnmənt]

☐☐☐☐☐
preparation 予習
[prèpəréɪʃən]

☐☐☐☐☐
review 復習
[rɪvjúː]

☐☐☐☐☐
observation 観察
[ɔ̀bzəvéɪʃən]

☐☐☐☐☐
experiment 実験
[ɪkspérəmənt]

☐☐☐☐☐
degree 学位
[dɪgríː]

☐☐☐☐☐
semester 学期
[səméstə]

☐☐☐☐☐
outing 遠足
[áʊtɪŋ]

建築　Building & Architecture

1067 ☐☐☐☐☐

occupant

[ɔ́kjəpənt]

名 occupancy 占有、居住
≒ denizen, dweller, inhabitant, resident, tenant

名 (建物・部屋などの) 居住者

In Spain, it is very difficult for a homeowner to remove a renting **occupant** from their building.

スペインでは家主が賃借人を建物から追い出すのは非常に難しい。

1068 ☐☐☐☐☐

demolish

[dɪmɔ́lɪʃ]

名 demolition 破壊、取り壊し
≒ ① destroy, pull down, tear down

動 ①〈建物など〉を(計画的に)取り壊す
　 ②〈敵〉を打倒する

The building is going to be **demolished** in order to make room for a new school.

そのビルは新しい学校の建設用地にするために取り壊される。

1069 ☐☐☐☐☐

ledge

[lédʒ]

名 ①(壁面の細長い) 出っ張り、棚 ②岩棚

Having no space for a garden, many people choose to grow herbs on window **ledges**.

多くの人は庭を作るスペースがないので、窓台でハーブを育てることにする。

1070 ☐☐☐☐☐

adobe

[ədóubi]

♪ 発音に注意。粘土とわらを混ぜ、日に干して作るれんが。

名 アドービれんが

Adobe — made using a mixture of mud and straw — has been used for thousands of years.

泥とわらを混ぜ合わせたものを使って作られるアドービれんがは、何千年もの間使われてきた。

1071 ☐☐☐☐☐

haul

[hɔ́:l]

≒ ① drag, heave, tug
♪ 発音は hall と同じ。

動 ①〈重い物〉を引っぱる、引きずる
　 ②～を輸送する

They tied ropes around the large rocks and **hauled** them up the hill.

彼らは大岩の周りにロープをかけて結び、丘の上へ引っ張り上げた。

1072 ☐☐☐☐☐

perimeter

[pərímətə]

形 peripheral 周囲の、周辺部の
≒ circumference, boundary, confines, fringe, periphery

名 周囲、外周

The tourist attraction had a **perimeter** fence around it to prevent people from getting too close.

その観光名所は、人が近寄りすぎないように周囲をフェンスで囲われていた。

政治・外交　法律　時事・経済　ビジネス　マーケティング・営業　コミュニケーション　メディア・IT　教育・キャンパス

1073

☐☐☐☐☐

debris

[dèbríː]

≒ fragment, wreckage, remains, dreg

♪ フランス語の debris（がれき）から。語末の s は発音しない。

名 がれき、残骸

After the earthquake, the townspeople worked day and night to search through the **debris** for survivors.

地震のあと、住民は連日連夜がれきをかき分けて生存者の捜索作業をした。

1074

☐☐☐☐☐

prefabricate

[prìːfǽbrɪkèit]

♪ 日本語の「プレハブ」は過去分詞 prefabricated の短縮形 prefab をカタカナ語にしたもの。

動 〈建物〉をプレハブ式で建てる

The walls of the house are **prefabricated** before being transported to the building site.

その家の壁はプレハブ式で建ててから、建設地に移す。

1075

☐☐☐☐☐

landmark

[lǽndmàːk]

♪〈land（陸）＋ mark（印）〉の構造。

名 ①目印となる建物、陸標　②画期的な出来事　③歴史的建造物

They depended upon visual **landmarks** to navigate through the park.

彼らは目立つ目印を頼みに公園を見て回った。

1076

☐☐☐☐☐

ventilate

[véntəlèit]

名 ventilation 通風、換気
名 ventilator 換気装置

動 〈部屋・建物など〉を換気する、〜に風を通す

The office had no windows so an air conditioning unit was installed to **ventilate** the room.

そのオフィスには窓がなかったので、部屋の換気のためにエアコンが取り付けられていた。

1077

☐☐☐☐☐

acoustic

[əkúːstɪk]

≒ auditory

♪「〈楽器が〉音を電子的に増幅していない」の意味があり、「アコースティックギター」はその用法。

形 ①〈建材が〉防音の　②音の、音響の

Acoustic foam was used to stop the sound from travelling out of the room.

部屋から音が漏れるのを防ぐために防音発泡体が使われた。

1078

☐☐☐☐☐

refurbish

[rɪfɔ́ːbɪʃ]

名 refurbishment 改装、改修
≒ renovate, revamp

動 〜を改装する、改修する

The old office was **refurbished** to make it look like new.

その古いオフィスは新築に見えるように改装された。

建築

都市・交通　観光・レジャー

1079

restoration
[rèstəréɪʃən]

- 動 restore ～を修復する
- 形 restorative 復帰の

☐☐☐☐☐

名 復元、修復

The **restoration** of the damaged church in Paris is expected to take many years.

パリの損傷した教会の復元には何年もかかると見込まれている。

1080

locale
[loʊkáːl]

≒ location

♪ 発音に注意。

☐☐☐☐☐

名 場所、現場

The choice of **locale** for the university came about due to the public transport links on offer.

大学用地は、公共交通のアクセスが提供されたことから決まった。

1081

timber
[tímbə]

♪ ▇ lumber

☐☐☐☐☐

名 (建築用の) 材木、木材

These trees are typically cut down for their **timber**, which is then used for housing.

これらの木はだいたい材木用に切り倒され、それから住宅建設に使われます。

1082

shaft
[ʃǽːft]

♪ 右に挙げた意味のほか、「(光の) 筋」など、細長いものを指すと覚えておこう。

☐☐☐☐☐

名 ①縦坑、シャフト ②(おの・やりなどの) 柄 ③(エンジンなどの) 動力伝達軸

Looking down a lift **shaft** can bring about feelings of nervousness in most people.

エレベーターの昇降路を見下ろすと、たいていの人は落ち着かない気持ちになる。

1083

retractable
[rɪtrǽktəbl]

- 動 retract ～を引っ込める
- 名 retraction 引っ込めること

☐☐☐☐☐

形 格納式の、引っ込められる

Wimbledon's Centre Court had a **retractable** roof installed for rainy weather.

ウィンブルドンのセンターコートには雨天用の開閉式屋根が取りつけられた。

1084

functional
[fʌ́ŋkʃənl]

- 名 動 function 機能 (する)
- ♪ 数学の文脈で「関数の」も意味する。

☐☐☐☐☐

形 ①機能本位の、実用的な ②機能上の

The buildings are more **functional** than beautiful, designed for use rather than appearance.

それらの建物は景観よりも実用を目的に設計されたので、美しいというよりは機能的だ。

1085 ☐☐☐☐☐

proximity

[prɒksíməti]

≒ closeness, nearness

名 近いこと

Buildings in **proximity** of the train line were soundproofed.

電車路線の近くにある建物は防音されていた。

1086 ☐☐☐☐☐

authorise

[ɔ́ːθəràɪz]

名 authorisation 許可；権限
≒ ① permit, approve
　② empower, enable, license
🔊 ■ authorize

動 ①〜を許可する、認可する
　②〜に権限を与える

The government **authorised** multiple companies to build housing along the river.

政府は多数の企業に川沿いの住宅建設を許可した。

1087 ☐☐☐☐☐

majestic

[mədʒéstɪk]

名 majesty 威厳
≒ magnificent, imposing, splendid

形 威厳のある、堂々とした

Versailles house in Florida is a replica of the **majestic** Palace of Versailles in France.

フロリダのベルサイユ邸はフランスの威風堂々としたベルサイユ宮殿を模したものだ。

1088 ☐☐☐☐☐

reside

[rɪzáɪd]

≒ dwell, inhabit

動 居住する、住む

Work-from-home positions provide employment opportunities for people no matter where they **reside**.

在宅勤務ができる職はどこに住んでいる人にも雇用機会を与える。

1089 ☐☐☐☐☐

unscathed

[ʌnskéɪðd]

≒ unharmed

形 無傷の

Although the storm was extreme, most buildings were surprisingly **unscathed**.

その嵐は猛烈だったが、ほとんどの建物は意外に無傷だった。

1090 ☐☐☐☐☐

accommodate

[əkɒ́mədèɪt]

名 accommodation
　宿泊設備、収容能力
≒ ① lodge, house, make room for

動 ①〜を収容できる
　②〈物・仕事など〉を提供する、用立てる
　③〜を(…に)適応させる

Housing typically is built to **accommodate** a family of four or five people.

住居は一般的には 4、5 人の家族が住めるように建てられる。

1091 □□□□□

adjacent

[ədʒéɪsnt]

名 adjacency 隣接
≒ abutting, adjoining,
contiguous, neighbouring

形 隣接した

This 19th century style of **adjacent** housing was built for the expanding middle class.

19世紀型の隣接し合った住宅は、増加する中流階級のために建てられた。

1092 □□□□□

derelict

[dérəlɪkt]

名 dereliction（意図的な）遺棄、放棄
≒ run-down, abandoned

形〈建物などが〉見捨てられた、放棄された

A **derelict** building in the downtown area was restored and converted into a homeless shelter.

繁華街の空きビルがホームレス保護施設に改修された。

1093 □□□□□

ornate

[ɔːnéɪt]

♪ orn は「飾る」を意味する語根で、ornament（装飾）や adorn（～を装飾する）などにも含まれる。

形（はでに）飾りたてた

Baroque architecture is known for its **ornate** style, full of details and decoration.

バロック建築は凝った装飾に満ちた華美な様式で知られている。

1094 □□□□□

blueprint

[blúːprɪ̀nt]

≒ ① scheme, master plan

名 ①綿密な計画 ②（設計図の）青写真

Construction of the building cannot begin until the architectural **blueprints** have been approved.

そのビル建設は建築計画が承認されなければ始められない。

1095 □□□□□

shudder

[ʃʌdə]

≒ [動] quiver, shiver, tremble

動 ①振動する ②身震いする 名 身震い、戦慄

Residents complained that their windows would **shudder** as planes passed over their houses.

住民は、飛行機が家の上空を通過すると窓が震えると苦情を言った。

1096 □□□□□

elaborate

[形] [ɪlǽbərət] [動] [ɪlǽbərèɪt]

名 elaboration 精緻化
≒ [形] ① fancy, sophisticated
② complicated

形 ①精巧な、手の込んだ ②複雑な
動 詳しく論じる

The Persian Empire was responsible for some of the most **elaborate** mosque designs.

ペルシャ帝国は最も精巧なモスクの設計のいくつかを担った。

政治外交 法律 時事 経済 ビジネス マーケティング・営業 コミュニケーション メディア・IT 教育・キャンパス

建築

都市・交通 観光・レジャー

1097 □□□□□

flaw

[flɔ́ː]

形 flawed 傷のある
≒ defect, fault, blemish
♪ 物理的な「傷、割れ目」から抽象的な「欠陥」まで表す語。

名 欠点、欠陥

A dangerous **flaw** was found in dozens of elevators across the city.

街中の何十基ものエレベーターに危険な欠陥が見つかった。

1098 □□□□□

vicinity

[vɪsínəti]

≒ neighbourhood

名 付近、近所

Homes were built in the **vicinity** of local services, such as hospitals and libraries.

病院や図書館といった地元の公共施設の近辺に住宅が建てられた。

1099 □□□□□

premises

[prémɪsɪz]

≒ ② assumption, presupposition
♪ ①の意味では複数形で使う。

名 ①敷地、構内 ②根拠、前提

Upon arrival, the **premises** were empty; no one had been in the building for months.

行ってみると、その物件は空き家で、その建物には何か月も人が立ち入っていなかった。

1100 □□□□□

thatch

[θǽtʃ]

形 thatched かやぶきの
♪ 英国元首相 Margaret Thatcher の family name でもある thatcher は「屋根ふき職人」の意。

動〈屋根〉をふく 名(屋根の)ふきわら

The Great Fire of London spread quickly due to the use of **thatched** roofs in the 17th century.

17世紀には屋根がかやぶきだったので、ロンドン大火はまたたく間に広がった。

1101 □□□□□

colossal

[kəlɔ́sl]

≒ enormous, immense, gigantic

形 巨大な;莫大な

The suspension of a **colossal** structure such as the Golden Gate Bridge requires expert engineering.

ゴールデンゲートブリッジのような巨大構造物を吊り下げるには、卓越した土木技術が必要だ。

1102 □□□□□

dilapidated

[dɪlǽpədèɪtɪd]

名 dilapidation 荒廃、崩壊
≒ decrepit, run-down

形 老朽化した、荒廃した

The cost of improving the **dilapidated** government building resulted in public criticism.

老朽化した庁舎の改築費は国民の批判を浴びる結果になった。

1103
flimsy
[flímzi]
≒ ① frail, fragile
↔ ① sturdy

形 ①〈物が〉壊れやすい
　　②〈根拠などが〉説得力を欠く

Before a hurricane, citizens are advised to strengthen any **flimsy** structures.

ハリケーンが来る前には、壊れやすい構造物を補強するよう、市民に対して呼びかけられる。

1104
dismantle
[dɪsmǽntl]
名 dismantlement 分解、解体
≒ take apart, break down
↔ assemble

動〈機械など〉を解体する、分解する

The company **dismantles** large cargo ships and sells them in pieces.

その会社は大きな貨物船を解体し、部分的に売っている。

1105
high-rise
[háɪràɪz]
↔ [形] low-rise
▸「多くの階がある」点に重点がある。

形 高層の　名 高層［多層］ビル

For someone who grew up in a rural village, the number of **high-rise** buildings in Bangkok is astounding.

農村で育った者にとってはバンコクの高層ビルの数は驚くべきものだ。

1106
adjoining
[ədʒɔ́ɪnɪŋ]
≒ adjacent, contiguous, neighbouring

形 隣接している、隣り合った

Disney bought up **adjoining** pieces of land of an area the size of San Francisco.

ディズニーはサンフランシスコほどの広さの土地に隣接する土地を買いあさった。

1107
scaffold
[skǽfəʊld]
▸ scaffolding も「足場」という意味。

名（工事現場の）足場

Nowadays, many construction companies cover the **scaffold** with pictures of the building.

近頃では足場をビルの写真つきシートで覆う建設会社が多い。

1108
edifice
[édəfɪs]
≒ structure

名 大建造物、建物

The large and impressive **edifice** sits at one end of the square in Isfahan.

イスファハンの広場の一端に印象的な大建造物が建っている。

Terminology

建築

◀ MP3>>> 215

□□□□□			□□□□□	
architecture [ɑ́:kɪtèktʃə]	建築		**drain** [dréɪn]	排水管
construction [kənstrʌ́kʃən]	建設		**courtyard** [kɔ́:tjɑ̀:d]	中庭
structure [strʌ́ktʃə]	構造		**hedge** [héʤ]	生け垣
arch [ɑ́:tʃ]	アーチ		**storeroom** [stɔ́:rù:m]	物置
vault [vɔ́:lt]	アーチ形の天井 ［屋根］		**shed** [ʃéd]	納屋
dome [dóʊm]	丸屋根		**exterior** [ɪkstíəriə]	外装、外壁
attic [ǽtɪk]	屋根裏		**resident** [rézɪdənt]	居住者
beam [bí:m]	はり			
pillar [pílə]	柱			
staircase [stéəkèɪs]	階段			
basement [béɪsmənt]	地下			
fireplace [fáɪəplèɪs]	暖炉			
eaves [í:vz]	ひさし			
vent [vént]	通気孔			

政治・外交　法律　時事　経済　ビジネス　マーケティング・営業　コミュニケーション　メディア・IT　教育・キャンパス

建築

都市・交通　観光・レジャー

◀ MP3≫ 216-217

1109 □□□□□

outskirts

[áʊtskə̀ːts]

♪〈out-(外に)＋skirt(スカート、すそ)＋s(複数形の s)〉の構造。

名 郊外、町外れ

More people are pushed to the **outskirts** of cities due to rising housing costs.

住居費の値上がりのために、ほとんどの人が都市郊外に追いやられている。

1110 □□□□□

embankment

[embǽŋkmənt]

≒ dike

名 堤防、土手

In order to prevent flooding, **embankments** were built along all of the rivers in the city.

洪水を防ぐために、町のすべての川に堤防が築かれた。

1111 □□□□□

bottleneck

[bɑ́tlnèk]

♪ 文字通り「びんの口」の意味もある。

名 ① 道が狭くなっている箇所
② (進行を妨げる)障害

City planners look at **bottlenecks** in traffic where vehicles get stuck for long periods of time.

都市計画者は、車が長時間詰まる渋滞地点に注目する。

1112 □□□□□

sewer

[súːə]

图 sewage 下水、廃水
≒ sewerage
♪ 発音に注意。

名 下水道、下水溝

The Romans created advanced **sewers** for removing waste.

ローマ人は、廃水を除去するために、先進的な下水道を敷設した。

1113 □□□□□

density

[dénsəti]

形 dense 濃い
♪ 形容詞形 dense の反意語は sparse (まばらな)。

名 密度、密集

High population **density** leads to increased costs for smaller housing.

人口が過密だと小規模住宅のための費用が増す。

1114 □□□□□

suburban

[səbə́ːbən]

图 suburb 郊外
♪〈sub-(副)＋urban(都市の)〉の構造。

形 郊外の、郊外にある[住む]

Melbourne's **suburban** development is a shining example of how a city can build out, instead of up.

メルボルン郊外の発展は、都市が上ではなく横に広がっていくことができることを示す好例だ。

1115　□□□□□

breakwater
[bréɪkwɔ̀ːtə]

≒ bulwark, seawall

名 防波堤

The **breakwater** works as protection for the boats to safely stay docked.

防波堤は船が安全に係留されているように保護する役割を果たす。

1116　□□□□□

focal
[fóʊkl]

動 名 focus 〜に焦点を合わせる；焦点
♪ 名詞の前で使う。

形 焦点の；焦点となっている

The high street is regarded as the **focal** point of business in any major British city.

イギリスのどの主要都市においても、目抜き通りはビジネスの中心地と見なされている。

1117　□□□□□

rubbish
[rʌ́bɪʃ]

≒ garbage, trash, waste
♪ 紙くず、生ごみ、空き缶、空き瓶など。アメリカ英語では garbage、trash のほうがよく使われる。

名 ごみ、廃棄物

New bins have been installed around the city to reduce the amount of **rubbish** on the streets.

通りのごみを減らすために町中に新しいごみ箱が設置された。

1118　□□□□□

dredge
[drédʒ]

名 dredger 浚渫機

動 〈川底など〉を浚渫する、〈土砂など〉をさらう

The demand for sand meant that rivers were heavily **dredged**.

砂の需要があるということは、河川の土砂を大量にさらうことを意味した。

1119　□□□□□

sprawl
[sprɔ́ːl]

♪ 日本語でも、都市の郊外に無秩序に宅地が広がる現象を「スプロール現象」と呼ぶ。

名 （都市の）膨張
動 無秩序に広がる

The city could not build train lines fast enough to keep up with urban **sprawl**.

その都市は、都市部が膨張するペースに合わせて迅速に鉄道を敷設することができなかった。

1120　□□□□□

revamp
[rìvǽmp]

≒ renovate, refurbish

動 （外観などをよくするために）〜を改良する

There was a marked attempt to **revamp** the city centre, to freshen it up and attract people.

町の中心部を再開発して一新し、人々を呼び込もうとする試みが熱心に進められた。

政治・外交　法律　時事　経済　ビジネス　マーケティング・宣伝　コミュニケーション　メディア・IT　教育・キャンパス　建築

都市・交通
観光・レジャー

1121
□□□□□
fringe
[fríndʒ]
≒ border, periphery, verge

名 へり、ふち

The fire had spread from the forest to the **fringe** of the nearest city.

火事は森林から最寄りの町外れまで広がっていた。

1122
□□□□□
gravel
[grǽvl]
形 gravelled 砂利を敷いた

名 砂利

Most roads are made with **gravel**, a mixture of small stones.

ほとんどの道路は砂利、つまり小石を混ぜ合わせたものでできている。

1123
□□□□□
drainage
[dréɪnɪdʒ]
動 drain ～の排水をする
♪ sewerage（下水道）、waterway（水路）も覚えておこう。

名 ①排水、水はけ ②排水路

In the late 19th century, London's **drainage** system was constructed to remove waste effectively.

19世紀後半に、排泄物を効果的に除去するために、ロンドンに下水道が敷設された。

1124
□□□□□
urbanisation
[ə̀ːbənaɪzéɪʃən]
形 urban 都市の
動 urbanise ～を都市化する
♪ ■urbanization

名 都市化

The **urbanisation** of the rural areas around the city has harmed the local wildlife.

都市周辺の田園地帯の都市化によって、そこに生息する野生生物が被害を受けている。

1125
□□□□□
unravel
[ʌnrǽvl]
♪ un のつかない ravel には「もつれる」と「ほどける」という相反する意味がある。

動 ①〈計画などが〉失敗する ②〈謎・もつれたものなど〉を解く

Their plan to develop the area slowly **unravelled**, leading to the failure of the project.

その地域を開発する計画はだんだんと崩れていき、結局失敗に終わった。

1126
□□□□□
disfigure
[dɪsfígə]
名 disfigurement 美観を損なうこと
≒ mar

動 ～の外観を損なう、～を醜くする

Many said that the appearance of the city had been **disfigured** by the ugly new office buildings.

多くの人が、その見苦しい新オフィスビルで町の景観が損なわれたと言った。

政治・外交　法律　時事　経済　ビジネス　マーケティング・営業　コミュニケーション　メディア・IT　教育・キャンパス　建築

都市・交通

観光・レジャー

1127 □□□□□

townscape

[táʊnskèɪp]

♪ -scape は「風景、景観」を意味する接尾辞。例：landscape（景色）、seascape（海の風景）、moonscape（月面風景）。

名 町の景観

The **townscape** has changed dramatically in the past decade, with the addition of many tall buildings.

たくさんの高層ビルが建って、町の景観はここ10年でがらっと変わった。

1128 □□□□□

alley

[ǽli]

♪ 主に建物や塀ではさまれたものを指す。

名 狭い路地、裏通り

In modern cities, small roads and **alleys** are important for people to be able to walk.

現代の都市では小道や路地は人々が歩ける道として重要だ。

1129 □□□□□

subterranean

[sʌ̀btəréɪniən]

♪ 〈sub-（下に）+ terra（土地）+ -nean（形容詞語尾）〉の構造。

形 地下の、地中の

The ancient Romans dug **subterranean** channels to drain moisture from certain areas of land.

古代ローマ人は地下水路を掘って特定の土地から排水した。

1130 □□□□□

formulate

[fɔ́ːmjəlèɪt]

派 formulation 公式化、定式化
≒ devise

動 〈計画・理論など〉を策定する

A plan had to be **formulated** to deal with the increasing population and its needs.

増加する人口と人々の必要に対処するための計画を策定しなければならなかった。

1131 □□□□□

reclaim

[rɪkléɪm]

派 reclamation 造成、埋め立て

動 ～を埋め立てる、開墾する

Odaiba is an artificial island in Tokyo Bay that was built using **reclaimed** land.

お台場は埋め立て地を利用して造られた東京湾の人工島だ。

1132 □□□□□

tram

[trǽm]

♪ アメリカ英語では streetcar、trolley などと言う。

名 路面電車、市街電車

Riding on San Francisco's famous **tram** system is a popular activity for tourists.

サンフランシスコでは有名な路面電車に乗るのが観光客に人気の活動だ。

1133

laden

[léɪdn]

≒ loaded

形 (荷を) 山ほど積み込んだ

Vessels sail from the port **laden** with a variety of goods.

様々な品を山ほど積み込んだ船がその港から出ていく。

1134

jerk

[dʒɔ́ːk]

≒ [動] twitch, jolt, lurch

♪「ぐい」を意味する擬態語からできた語。

動 急に動く、急に引く

名 ①ぐいと引くこと ②けいれん

We are taught not to **jerk** on the steering wheel, as sudden movements can lead to accidents.

私たちは急ハンドルを切らないように教えられる。突発的な動きは事故につながりかねないからだ。

1135

freight

[fréɪt]

≒ burden, cargo

♪ ei の部分の発音に注意。

名 運送貨物

Freight shipping across oceans and seas is far cheaper than delivering items via plane.

海上貨物輸送は荷物を空輸するよりはるかに安い。

1136

propulsion

[prəpʌ́lʃən]

形 propulsive 推進力のある

≒ thrust, impetus

名 推進(力)

Electric **propulsion** systems in ships are far quieter than their fuel-based counterparts.

船の電気推進システムは燃料を使うものよりもはるかに静かだ。

1137

stack

[stǽk]

♪ ものを整然と積み上げること。雑然と積み上げることは pile と言う。

動 ～を積み重ねる

名 ①山、積み重ねたもの ②煙突

Chocolate bars are then **stacked** in boxes for easier transportation.

板チョコは次に、運びやすいように箱の中に積み重ねられる。

1138

cosmopolitan

[kɔ̀zməpɔ́lɪtən]

名 cosmopolitanism
国際主義、世界主義

≒ worldly

形 〈場所が〉国際的な、国際感覚のある

As traveling has become faster and cheaper, large cities around the world have become more **cosmopolitan**.

速く安く移動できるようになるにつれ、世界中の大都市がますます国際的になっている。

1139　☐☐☐☐☐

buffet

[búfeɪ]

♪ フランス語から来た語。発音に注意。

名 （列車の）ビュッフェ、（駅の）軽食堂

Frequently, you can find trains with **buffet** cars — like mobile restaurants — in Eastern Europe.

東ヨーロッパではよく、移動レストランのようなビュッフェ車両のある列車が見られる。

1140　☐☐☐☐☐

accessible

[æksésəbl]

≒ ① reachable ② obtainable

♪ 〈ac-（～に）＋ cess（行く）＋ ible（～できる）〉の構造。

形 ① 〈場所が〉利用しやすい、行きやすい
　　② 入手できる

Accessible entrances to metro stations are often difficult for disabled citizens to find.

利用しやすい地下鉄駅の出入り口は障がい者には見つけにくいことが多い。

1141　☐☐☐☐☐

fleet

[flíːt]

♪ ①②いずれの意味でも、ある団体に属する全船舶、全車両を指す。

名 ① 艦隊、船団　② （保有）車両

The Indian Navy has one of the largest **fleets** of ships in the world.

インド海軍は世界最大の艦隊の1つを持っている。

1142　☐☐☐☐☐

sledge

[slédʒ]

♪ ■ sled

名 小型そり、犬ぞり

Sledges are a common mode of transport for the Inuit people.

そりはイヌイットの人々の一般的な運送手段だ。

1143　☐☐☐☐☐

hiss

[hís]

♪ 擬音語から生じた語。

名 シュッという音
動 シュッという音を立てる

The **hiss** of the train as it leaves the station gives a feeling of being back in time.

列車が駅を出るときにシュッと鳴る音を聞くと、昔に戻ったような気持ちになる。

1144　☐☐☐☐☐

toll

[tóʊl]

♪ take a toll on（～に大きな被害をもたらす）の表現も重要。

名 ① （道路・橋などの）通行料（金）
　　② 犠牲、死傷者数

To reduce traffic congestion, a **toll** road was built that drivers could use for a small fee.

交通渋滞を緩和するために、ドライバーが低額で利用できる有料道路が造られた。

政治・外交　法律　時事　経済　ビジネス　マーケティング・営業　コミュニケーション　メディア・IT　教育・キャンパス　建築

都市・交通

観光・レジャー

1145 □□□□□

overload

[動] [əʊvəláʊd] [名] [óʊvəlàʊd]

♪ 〈over-(越えた)＋load (負荷)〉の構造。

動 ～に過重な負担をかける[荷物を積む]
名 過重負担

Officers found a truck **overloaded** with illegal timber broken down at the side of the road.

警察は違法木材を過積載したトラックが道路わきで故障しているのを見つけた。

1146 □□□□□

detour

[díːtʊə]

♪ take a detour (遠回りをする) という表現も覚えておこう。

名 回り道、迂回路

Mudslides are common in the area, in which cases drivers are often forced to take long **detours**.

その地域ではよく土砂崩れが起こり、その場合、ドライバーはしばしば遠回りしなければならない。

1147 □□□□□

sideways

[sáɪdwèɪz]

≒ [副] sidelong

♪ -ways は「方向、位置、様態」を表す接尾辞で、lengthways (縦に) などにも含まれる。

副 横へ、斜めに　**形** 横の、斜めの

The helicopter revolutionised emergency air travel, as it can move up and down or **sideways**.

ヘリコプターは上下左右に進めるので、緊急時の飛行に大変革をもたらした。

1148 □□□□□

rig

[ríg]

♪ 「〈取引・選挙など〉を不正操作する」という意味もある。

動 ①〈船〉を艤装する、～を装備する
②～を急ごしらえする
名 〈石油の〉掘削装置

Old ships took days to be **rigged** in preparation for sailing.

古い船は航海に備えて艤装するのに何日もかかった。

1149 □□□□□

tow

[tóʊ]

图 towage けん引

動 〈船・車など〉をけん引する

The crew was rescued by a passing ship which **towed** their boat to land.

乗組員たちは通りがかりの船に救助され、その船は彼らのボートを陸までけん引していってくれた。

1150 □□□□□

hazard

[hǽzəd]

圏 hazardous 有害な、危険な
≒ risk, danger, peril, threat, menace

名 危険を引き起こすもの

Be careful of road **hazards** such as icy roads and falling rocks.

路面凍結や落石などの路上の危険に注意してください。

政治・外交　法律・時事　経済　ビジネス　マーケティング・営業　コミュニケーション　メディア・IT　教育・キャンパス　建築

都市・交通

観光・レジャー

1151　□□□□□

hull

[hʌl]

♪ 煙突、帆柱などを除いた部分を指す。

名 船体

The large **hull**, which is the main part of the ship, enabled people to cross oceans more easily.

船の本体である船体が大きくなると、人々が海を渡るのが楽になった。

1152　□□□□□

waterway

[wɔ́ːtəwéɪ]

≒ canal

名 水路、航路；運河

Today, British **waterways** are mainly used for cruises rather than transporting goods.

今日、イギリスの水路は主に、物品輸送ではなくクルーズに使われている。

1153　□□□□□

collision

[kəlíʒən]

動 collide 衝突する
≒ crash, smash

名 衝突

The road was closed due to a **collision** between a car and a lorry.

車とトラックの衝突事故があったためにその道路は封鎖された。

1154　□□□□□

devious

[díːviəs]

動 deviate それる
≒ ② deceitful, shrewd, sly

形 ①〈道などが〉遠回りの　②よこしまな、ずるい

Passengers were tired of taxi drivers who take **devious** routes in order to increase fares.

乗客は料金をかさ上げするために遠回りをするタクシー運転手にうんざりしていた。

1155　□□□□□

consignment

[kənsáɪnmənt]

動 consign〈商品など〉を発送する
≒ ① goods ② shipment, delivery

名 ① 発送される商品　②（商品の）発送

A **consignment** of medicine from the Indian government was received to help fight tuberculosis in Kenya.

インド政府から送られたケニアの結核撲滅に役立つ医薬品が受領された。

1156　□□□□□

locomotive

[lòukəmóutɪv]

≒ engine
♪〈loco（場所）+ motive（移動する）〉の構造。場所から場所へと移動するもの。

名 機関車

Locomotives, such as early steam trains, were typically powered by coal or wood.

昔の蒸気機関車のような機関車は一般的に石炭や木材を燃料にしていた。

1157
unload
[ʌnlóʊd]
↔ load
♪ load（〜に荷物を積む）に「逆にする」を意味する un- のついた語。

動〈船・車など〉の積み荷を降ろす

These vehicles will load and **unload** themselves without the need for humans.

これらの車は車自身が荷の上げ下ろしをし、人手を必要としない。

1158
congestion
[kəndʒéstʃən]
形 congested 混雑した
♪「交通渋滞」は traffic jam とも言う。

名 ①（道路・地域などの）渋滞、混雑 ②うっ血

A lack of public transport has created a huge issue with traffic **congestion** in Phnom Penh.

プノンペンでは公共交通機関が足りないため、交通渋滞が大問題になっている。

1159
standstill
[stǽndstìl]
≒ halt, impasse, stalemate

名 停止、静止、行き詰まり

The traffic is so bad in the area that it often comes to a complete **standstill**.

その地域は交通の流れが非常に悪く、完全に止まってしまうことがよくある。

1160
roundabout
[ráʊndəbàʊt]
≒ [形] indirect
♪ 英国の交差点の多くは信号がなく円形になっており、ロータリー内は左回りの一方通行で、車はスムーズに循環する。

形 遠回りの、遠回しな
名 ①ロータリー ②回転木馬

The product takes a **roundabout** route, with material from India, production in China, and shipment to Canada.

その製品は、インドから原材料を調達し、中国で生産し、カナダへ出荷する、という遠回りなルートをたどる。

Terminology

都市・交通

◀ MP3>>> 225

scenery 風景
[síːnəri]

plaza 広場
[pláːzə]

residence 住宅
[rézɪdəns]

skyscraper 超高層ビル
[skáɪskrèɪpə]

condominium 分譲マンション
[kɔ̀ndəmíniəm]

tenant 借家人、テナント
[ténənt]

landlord 大家
[lǽndlɔ̀ːd]

rent 家賃
[rént]

slope 坂
[slóʊp]

sewerage 下水道
[súːərɪʤ]

crossing 踏切、交差点
[krɔ́sɪŋ]

intersection 交差点
[íntəsèkʃən]

pedestrian 歩行者
[pədéstriən]

timetable 時刻表
[táɪmtèɪbl]

runway 滑走路
[ránweɪ]

boarding ticket 搭乗券
[bɔ́ːdɪŋ tìkət]

aisle 通路
[áɪl]

customs 税関
[kʌ́stəmz]

tricycle 三輪車
[tráɪsəkl]

lorry トラック（貨物車）
[lɔ́ri]

windscreen フロントガラス
[wíndskrìːn]

petrol ガソリン
[pétrəl]

vessel 船
[vésl]

steamship 汽船、蒸気船
[stíːmʃìp]

anchor 錨
[ǽŋkə]

dock 波止場
[dɔ́k]

pier 埠頭
[píə]

lighthouse 灯台
[láɪthàʊs]

1161 　□□□□□

vibrant

[váibrənt]

名 vibrancy 元気、活発
≒ ① active, vivacious, energetic, bustling ② brilliant, vivid

形 ① 活気に満ちた
　② 〈光・色などが〉鮮やかな

The **vibrant** and lively cityscape is what attracts most tourists to the area.

その場所は都会らしく活気に満ちてにぎわっているので、ほとんどの観光客を引きつける。

1162 　□□□□□

ridge

[rídʒ]

♪ 山の峰から峰へと高く連なる線状の場所。

名 尾根、稜線

They set their sights on the mountain **ridge**, climbing slowly until they reached it.

彼らはその山の尾根を目指すことにし、ゆっくりと登って、最後にそこへたどり着いた。

1163 　□□□□□

amenity

[əmíːnəti]

♪ 「アメニティーグッズ」は和製英語。またamenity が指すものは石鹸や歯ブラシなどの備品よりもずっと広い。

名 ① 生活を便利に［楽しく］するもの、施設
　② （環境・場所などの）快適さ

The hotel set a new standard, providing every **amenity** a guest could want, including a cinema.

そのホテルは新基準を設け、映画など客が望みそうな設備をすべて整えた。

1164 　□□□□□

infamous

[ínfəməs]

≒ disgraceful, notorious
♪ fa の発音に注意。

形 悪名高い

It has been said that Amsterdam is **infamous** for its attractions, rather than famous.

アムステルダムはその呼び物で有名というよりはむしろ評判が悪いと言われている。

1165 　□□□□□

treacherous

[trétʃərəs]

名 treachery 裏切り、背信
≒ ① hazardous

形 ① 危険な、油断できない ② 不誠実な

The travellers are warned that the mountain path is **treacherous** and a few people have died there.

旅行者たちは、山道は危険で死者も数名出ている、と注意される。

1166 　□□□□□

exuberant

[ɪgzjúːbərənt]

名 exuberance
　（あふれるほどの）元気、活気
≒ buoyant

形 元気のよい、喜びにあふれた

During the one-week festival, the town is alive with **exuberant** music and decorations.

1週間にわたる祭りの間、その町はにぎやかな音楽と飾りつけでわき立つ。

政治・外交　法律　時事　経済　ビジネス　マーケティング・営業　コミュニケーション　メディア・IT　教育・キャンパス　建築　都市・交通

観光・レジャー

1167　□□□□□

gigantic

[dʒaɪgǽntɪk]

≒ colossal, enormous, immense, mammoth, massive

♪ 発音に注意。

形 巨大な、膨大な

Many people expect the Statue of Liberty to be **gigantic**, but it does not seem all that big in person.

多くの人は自由の女神を巨大なものだと考えているが、実物はそこまで大きくは見えない。

1168　□□□□□

fortnight

[fɔ́ːtnàɪt]

♪ fourteen nights を意味する古英語が変化してできた語だが、通例単数形で使う。

名 2 週間、14 日

The tours used to be held once a week, but now they are only held once a **fortnight**.

そのツアーは以前は週に 1 度行われていたが、現在は 2 週間に 1 度しか行われていない。

1169　□□□□□

trek

[trék]

≒ [名] expedition

♪ カタカナ語の「トレッキング」に比べ、trek には困難を伴うニュアンスがある。

名 トレッキング、徒歩旅行　動 トレッキングをする

Three days into the difficult **trek**, just before they reached the peak, they encountered poor weather.

大変なトレッキングの 3 日目、あと少しで山頂というときに、彼らは悪天候に見舞われた。

1170　□□□□□

trappings

[trǽpɪŋz]

♪ 富・階級・地位などを示すもの。

名 (うわべの) 虚飾

These urban gardens allow people to experience nature while enjoying the **trappings** of a city life.

こうした都市庭園があることにより、人々は華やかな都会の生活を楽しみつつ自然に触れることができる。

1171　□□□□□

fairground

[féəgràʊnd]

♪ 〈fair (催し物・市) + ground (用地)〉の構造。

名 (市・催し物などの) 開催場

Tourists flock to the city for the shops and **fairgrounds**, where a large number of events are held.

観光客は多くのイベントが開催される店や催し物会場を目指してその町に押し寄せる。

1172　□□□□□

icon

[áɪkɔn]

形 iconic 偶像の、聖像の
≒ ② idol

名 ① 象徴 (的なもの)　② 聖画像、聖像
　　③ (パソコンの) アイコン

Most tourists' first stop is the Eiffel Tower, the global **icon** of France.

ほとんどの観光客が最初に訪れるのは、フランスの世界的な象徴であるエッフェル塔だ。

1173 · leisurely

leisurely
[léʒəli]

≒ [形] unhurried

♪ -lyで終わっているが、形容詞として使われることが多い。

形 ゆっくりした、悠然とした　副 ゆっくりと

Visitors to the Louvre would need more than three months to see everything at a **leisurely** pace.

ルーブルをゆっくりとしたペースですべて見て回るには 3 か月以上かかるだろう。

1174 · hum

hum
[hʌ́m]

♪ 擬音語から生じた語。ing形のhumming（ハミング）はカタカナ語にもなっている。

名 ① がやがや、〈ハチ・扇風機などの〉ブンブン音
② 鼻歌
動 ブンブンと音を立てる

The **hum** of the city provides a soundtrack for its people.

都市の喧騒は都会人の BGM だ。

1175 · captivating

captivating
[kǽptəvèitiŋ]

動 captivate 〈人〉を魅了する
名 captivation 魅了
≒ charming, fascinating, seductive

形 （人を）魅了するような、魅惑的な

The river crossing is a **captivating** scene, with millions of animals on the move to find food.

何百万もの動物がえさを求めて移動するその川渡りは、心奪われる光景だ。

1176 · foyer

foyer
[fɔ́iei]

≒ hall, lobby
♪ フランス語から来た語。発音に注意。

名 （劇場・ホテルなどの）正面ロビー

The reception, located in the **foyer**, is available 24 hours a day.

フロントは正面ロビーにあり、1 日 24 時間ご利用可能です。

1177 · inhospitable

inhospitable
[ìnhɑ́spitəbl]

≒ ② unfriendly, hostile

形 ①〈場所が〉住むのに適さない、荒れ果てた
② 不親切な

Due to its **inhospitable** terrain, very few people stay in Antarctica for more than a few months.

南極は住むのに適さない土地なので、数か月以上滞在する人はほとんどいない。

1178 · remnant

remnant
[rémnənt]

≒ remains, trace, relic

名 面影、名残

Millions of tourists flock to Kyoto to view the **remnants** of Japan's well-preserved past.

何百万人もの観光客が、色濃く残る日本の昔の面影を見ようと、京都に押しかける。

政治外交　法律　時事　経済　ビジネス　マーケティング・営業　コミュニケーション　メディア・IT　教育・キャンパス　建築　都市・交通

観光・レジャー

1179

□□□□□

mausoleum

[mɔ̀ːsəlíːəm]

≒ tomb, monument

♪ 世界七不思議の一つ Mausoleum of Halicarnassus（ハリカルナッソスのマウソロス霊廟）から来た語。

名 壮大な墓、霊廟

A tour of Moscow should include Lenin's **Mausoleum**, where you can see his preserved body.

モスクワを回るならレーニン廟に行くといい。保存された彼の亡骸を見ることができる。

1180

□□□□□

customise

[kʌ́stəmàiz]

≒ tailor

♪ ▇ customize

動 ～をカスタマイズする

Today's tourists want to **customise** their holidays, making for a more personal experience.

最近の旅行者は自分の休日をカスタマイズしてより個人的な体験にしたがる。

1181

□□□□□

inundation

[ìnʌndéiʃən]

▣ inundate〈場所〉を水浸しにする

≒ deluge

名 ①殺到 ②氾濫、浸水

The town of Wacken experiences an **inundation** of visitors during its annual metal festival.

ヴァッケンの町は毎年恒例のメタルフェスティバルの間、観光客でごった返す。

1182

□□□□□

renowned

[rináund]

图 renown 名声

≒ celebrated, prominent, eminent

形 有名な

The guide indicated that the pub had been a popular place for **renowned** writers.

ガイドによると、そのパブは有名な作家たちに人気の場所だったということだった。

1183

□□□□□

excursion

[ɪkskə́ːʃən]

≒ expedition, foray

♪ 主に団体の行楽旅行のこと。

名 小旅行、遠足

Excursions to unusual travel destinations have become popular, such as trips to the DMZ between the Koreas.

珍しい目的地まで旅することが人気になっている。例えば、南北朝鮮間の非武装地帯を訪れることなどだ。

1184

□□□□□

sheer

[ʃíə]

♪ ①は大きさや量、程度を強調するのに使われる。

形 ①莫大な、絶大な ②まったくの、純粋な

As they approached, the **sheer** scale of the mountain astounded them; it was enormous.

近づくにつれ、彼らは山のものすごいスケールに圧倒された。それはとてつもなく大きかった。

1185
□□□□□

allure
[əlúə]

≒ [名] appeal, charisma, charm,
　　glamour, magnetism
　[動] bewitch, captivate, charm,
　　enchant, fascinate

名 魅力、魅惑
動 ～を魅惑する、誘い込む

Roughly half an hour from the city, the
allure of the area is difficult to resist.

その場所は市街から 30 分くらいのところにあり、あらがいがたい
魅力がある。

1186
□□□□□

tame
[téɪm]

≒ [形] tamed, domesticated
　[動] domesticate
↔ [形] wild

形 飼い慣らされた
動 ～を飼い慣らす

By 2020, the elephants **tamed** to transport
tourists around Angkor Wat were retired.

アンコールワット周辺で観光客を運ぶために飼い慣らされた
ゾウたちは 2020 年までに引退した。

1187
□□□□□

recline
[rɪkláɪn]

♪ reclining seat (リクライニングシート)
　はカタカナ語になっている。

動 ①（座席などが）後ろに倒れる
　②寄りかかる、もたれる

Passengers with first-class tickets can sleep
on comfortable **reclining** chairs.

ファーストクラスの乗客は心地よいリクライニングのいすで眠る
ことができる。

1188
□□□□□

tranquil
[trǽŋkwɪl]

名 tranquillity 静けさ
動 tranquilise
　～を（薬で）鎮める、落ち着かせる
≒ serene, restful

形 〈場所などが〉静かな、平穏な

The area was first developed as a **tranquil**
escape from the city.

その場所は当初、都市生活から解放される閑静な保養地として
開発された。

1189
□□□□□

novice
[nóvəs]

≒ beginner

名 初心者

Novices were found to enjoy their hobbies
more than those with more experience.

経験者よりも初心者の方が趣味を楽しむことがわかった。

1190
□□□□□

dazzling
[dǽzəlɪŋ]

動 dazzle ～の目をくらませる
≒ ① brilliant, radiant, splendid

形 ①〈光が〉目のくらむような、まぶしい
　②素晴らしい

Las Vegas is known for its **dazzling** array of
bright and colourful casinos.

ラスベガスは目がくらむように明るいカラフルなカジノがずらり
と並んでいることで知られている。

3753

1191

☐☐☐☐☐

opulent

[ˈɒpjələnt]

图 opulence 豪華さ、ぜいたくさ

≒ deluxe, lavish, luxurious, sumptuous

形 豪華な、ぜいたくな

The **opulent** Chelsea Hotel has hosted an incredible number of famous guests.

豪華なチェルシーホテルにはこれまでに非常に多くの有名人が宿泊している。

1192

☐☐☐☐☐

carousel

[ˌkærəˈsél]

≒ ② roundabout

♪「(空港の) 手荷物受取所」は baggage claim と言う。

名 ① ベルトコンベヤー ② 回転木馬

After the aeroplane has landed, passengers wait for their luggage at the **carousel**.

飛行機の着陸後、乗客はベルトコンベヤーのところで荷物を待つ。

1193

☐☐☐☐☐

artisan

[ˌɑːtɪˈzæn]

≒ craftsman

名 職人

Recent popularity of **artisan** bakeries and cafés has seen an increase in tourism to the area.

最近はこだわりのパン屋やカフェの人気が高まっているおかげで、その地区を訪れる人が増えている。

1194

☐☐☐☐☐

scour

[ˈskáʊə]

♪ 同じつづりで「~を磨く、こすり落とす」という意味の動詞もある。

動 ~をくまなく探す

Tourism companies are **scouring** the globe in search of the next hot destination.

旅行会社は次に人気を集める旅行先を発掘しようと世界中をくまなく探している。

1195

☐☐☐☐☐

discard

[dɪsˈkáːd]

≒ throw away, dispose of, dump, do away with, shed

♪ 文字通り「(トランプの) 捨て札」の意味もある。

動 〈不用品など〉を捨てる、処分する

Rubbish **discarded** on Mount Everest has accumulated because there are few people to collect it.

エベレスト山に捨てられたごみがたまっている。収集する人がほとんどいないからだ。

1196

☐☐☐☐☐

stunning

[ˈstʌnɪŋ]

動 stun ~をぼう然とさせる

形 stunned ぼう然とした、仰天した

≒ amazing, impressive, breathtaking, spectacular

形 驚くべき

Tourists ride the cable car to the top of the mountain to take in the **stunning** views of the city below.

観光客はケーブルカーに乗って山頂へ行き、眼下に広がる町の素晴らしい景観を楽しむ。

政治・外交　法律　時事　経済　ビジネス　マーケティング・営業　コミュニケーション　メディア・IT　教育・キャンパス　建築　都市・交通

観光・レジャー

1197

☐☐☐☐☐

signpost
[sáɪnpòʊst]
≒ [名] sign, notice

名 道標、案内標識
動 ～に道標を立てる、～を明示する

The area has very few **signposts**, so it is easy to get lost.

その地域には案内標識がほとんどないので、すぐ迷ってしまう。

1198

☐☐☐☐☐

bustling
[bʌ́slɪŋ]
動 bustle せわしく動き回る

形 にぎやかな、騒がしい

Tourists are attracted to New York's **bustling** centre, full of busy shops and hectic streets.

観光客は、客でごった返した店や大混雑の通りばかりのニューヨークのにぎやかな中心街に引きつけられる。

1199

☐☐☐☐☐

sip
[síp]
≒ [動] sup

動 ～をちびちび飲む、すする
名 （飲み物の）一口、ひとすすり

Along the Seine in Paris, tourists can be seen **sipping** champagne and eating dinner.

パリのセーヌ河畔では、観光客がシャンパンをすすったり夕食をとったりしている姿が見られる。

1200

☐☐☐☐☐

relish
[rélɪʃ]
≒ revel in, savour

動 ～を享受する、楽しむ

Wealthy people **relish** the prospect of taking holidays to space in the near future.

お金のある人たちは、近い将来、休日に宇宙旅行ができるかもしれないとわくわくしている。

1201

☐☐☐☐☐

spacious
[spéɪʃəs]
≒ roomy

形 広々とした

Passengers who upgrade to business class get more **spacious** seats and better food.

ビジネスクラスにグレードアップすれば、乗客は広々とした座席とおいしい食事を楽しむことができる。

1202

☐☐☐☐☐

unwind
[ʌnwáɪnd]
≒ relax, wind down, loosen up
♪ 第1義は「〈巻いたもの〉をほどく」。wind（～に糸を巻きつける）に、「逆」を意味する un- のついた語。

動 くつろぐ、リラックスする

After a long day of sightseeing, many tourists choose to **unwind** in a restaurant by the Seine.

丸一日観光したあとで、多くの観光客はセーヌ河畔のレストランでくつろごうとする。

政治外交 法律 時事 経済 ビジネス マーケティング・営業 コミュニケーション メディア・IT 教育・キャンパス 建築 都市・交通

観光・レジャー

1203 □□□□□

slumber

[slʌ́mbə]

形 slumberous 眠い；眠気を誘う

名 眠り、まどろみ

The pandas were in a deep **slumber** after their morning meal.

パンダたちは朝食後でぐっすり眠っていた。

1204 □□□□□

boulevard

[búːləvὰːd]

≒ avenue

♪ 標識などでは blvd. と略されることもある。

名 広い並木道

Every December, the trees lining the **boulevard** are covered with lights for the holidays.

12 月になると、大通りの並木は祝日用のイルミネーションで埋め尽くされる。

1205 □□□□□

devastate

[dévəstèit]

名 devastation
破滅させること、荒廃
≒ destroy, demolish, ravage, ruin

動 ～を壊滅させる

The tourism industry was **devastated** as people began avoiding crowded places like buses and airplanes.

人々がバスや飛行機など混雑する場所を避け始めると、観光業は壊滅的な被害を受けた。

1206 □□□□□

kaleidoscope

[kəláidəskòup]

形 kaleidoscopic 万華鏡のような

名 万華鏡、絶えず変化するもの

The sky above Tromsø displays a **kaleidoscope** of colour as the Northern Lights light up the night.

オーロラが夜を照らすと、トロムソの空は万華鏡のように色が移り変わっていく。

1207 □□□□□

flare

[fléə]

♪「太陽フレア」は solar flare と言う。

名 (短く燃える) 炎、発煙筒
動 ～を(朝顔形に)広げる

Anybody who is lost at sea should shoot a **flare** into the sky to point out their location.

海で遭難したら必ず発煙筒を空に発射して自分がいる地点を知らせるべきだ。

1208 □□□□□

awesome

[ɔ́ːsəm]

≒ ② excellent

形 ①畏敬の念を起こさせる、荘厳な
　 ②素晴らしい、最高の

Millions of tourists come to experience the **awesome** beauty of New Zealand's natural landscapes.

何百万人もの観光客が、ニュージーランドの荘厳で美しい自然景観を体験するためにやってくる。

観光・レジャー

☐☐☐☐☐
itinerary
[aɪtínərəri]
旅行日程

☐☐☐☐☐
lobby
[lɔ́bi]
(ホテルの) ロビー

☐☐☐☐☐
lounge
[láʊndʒ]
(ホテルの) ラウンジ

☐☐☐☐☐
inn
[ín]
宿屋

☐☐☐☐☐
spa
[spá:]
温泉

☐☐☐☐☐
surcharge
[sɔ́:tʃɑ̀:dʒ]
追加料金

☐☐☐☐☐
mileage
[máɪlɪdʒ]
マイル距離、マイレージ

☐☐☐☐☐
jet lag
[dʒét læ̀g]
時差ぼけ

☐☐☐☐☐
cruising
[krú:zɪŋ]
船旅、クルージング

☐☐☐☐☐
souvenir shop
[sù:vəníə ʃɔ̀p]
土産物店

☐☐☐☐☐
duty-free goods
[djú:tifrí: gúdz]
免税品

◆ NISHIBE'S EYE

▌「最後の一押し！」に使える単語アプリ

■ 単語アプリを使った学習

　ここでは、単語集の学習が進んだ段階で試していただきたい単語アプリを使った学習法をご紹介します（PCソフトでも構いませんが、いずれにせよ「自分専用の単語リストが作成できる」という点が重要です）。アプリストアを見ると、いろいろな無料の単語アプリが公開されているので、自分にあったものを探してみましょう。

　自分でデータを入力するので、この学習法を始めるのは覚えるべき単語が残り二けたくらいになったタイミングが現実的でしょう。以下に、現時点で入手可能な無料アプリを使った方法をご紹介します。

　例：0251 havoc の場合
　パターン1：havoc（見出し語）と「（大規模な）破壊、混乱」（訳語）を登録。
　　　　　　　見出し語を見る ➤ 訳語を推測 ➤ 訳語を見て確認
　パターン2：「（大規模な）破壊、混乱 h〜」（訳語＋見出し語の頭文字）と havoc
　　　　　　　（見出し語）を登録。
　　　　　　　訳語を見る ➤ 見出し語を推測 ➤ 見出し語を見て確認
　パターン3：登録内容はパターン1と同じ。
　　　　　　　訳語を見る ➤ 見出し語を推測 ➤ 見出し語を見て確認

1から3に進むにつれ、負荷のかかった学習になります。

■ コロケーションで覚える

　本書は「リアルな例文で単語を学習する」のが中心コンセプトですが、この段階では IELTS の内容にも慣れてきているはずなので、例文の中から、見出し語とその前後の単語を含む、意味を成す最短フレーズを抜き出してみましょう。havoc の例の場合、cause havoc（大打撃を与える）がそれにあたります。cause 以外にも動詞はたくさんありますが、語注を見ると、havoc と共に使われる動詞は cause のほか、wreak や play と明記されていますね。こうした、単語の組み合わせの決まったパターンを「コロケーション」と言います。無料アプリには単語だけでなくフレーズを登録できるものもありますので、例文を参考にコロケーション学習（フレーズ学習）も

政治外交　法律　時事　経済　ビジネス　マーケティング・営業　コミュニケーション　メディア・IT　教育・キャンパス　建築　都市・交通

観光・レジャー

試してみてください。オンライオン辞書の Online OXFORD Collocation Dictionary も参考になります。

■ **シャッフル機能で順番を変える**

登録した単語の順番から答えが何となくわかってしまう、という場合にはシャッフル機能を使いましょう。これにより予測ができなくなり、記憶力が刺激されます。

人文科学

Humanities

哲学・倫理　Philosophy & Ethics

◀ MP3>>> 235-236

1209 ☐☐☐☐☐

conception
[kənsépʃən]

動 conceive 〜を心に抱く

名 ①観念、構想 ②受胎

Our **conception** of time is connected to the rising and setting of the Sun.

私たちの時間の観念は日の出、日の入りと結びついている。

1210 ☐☐☐☐☐

immortal
[ɪmɔ́ːtl]

名 immortality 不滅、不死
≒ eternal, everlasting
↔ mortal

形 不死の、死なない

Saint Augustine believed that the **immortal** soul could continue to live on with God after death.

聖アウグスティヌスは、死後も魂は死なずに神とともに生き続けることができると信じていた。

1211 ☐☐☐☐☐

reckless
[rékləs]

≒ careless, irresponsible, foolhardy

形 向こう見ずな、無謀な

The company has been criticised for their **reckless** use of dangerous chemicals.

その会社は危険な化学薬品を見境なく使ったことで批判されている。

1212 ☐☐☐☐☐

selfless
[sélfləs]

≒ unselfish, altruistic
↔ selfish, self-centred

形 無私の、無欲の

It was found that **selfless** acts such as donating money to charitable causes can improve mental health.

慈善事業にお金を寄付するといった無欲の行為は精神面によい影響を与えうるということがわかった。

1213 ☐☐☐☐☐

tenet
[ténət]

≒ principle

名 主義、教義

Karma and samsara are two of the main **tenets** of Hinduism.

業と輪廻はヒンドゥー教の主要教義の2つだ。

1214 ☐☐☐☐☐

transcend
[trænsénd]

名 transcendence 卓越；超越
形 transcendent 並外れた、卓越した

動 〈理解・経験などの〉限界を超える、超越する

Many religions suppose that there is an existence that **transcends** material reality.

多くの宗教は物質的な現実を超越する存在があることを想定している。

1215 □□□□□

presuppose

[prìːsəpóuz]

图 presupposition 前提（条件）
≒ assume, suppose, presume

動 ～をあらかじめ想定する

The concept of "good" **presupposes** the concept of "bad".

「善」という概念は「悪」という概念があることを前提にしている。

1216 □□□□□

disdain

[dɪsdéɪn]

形 disdainful 尊大な、軽蔑的な
≒ [名] contempt, scorn

名 蔑視、見下すこと　動 ～を見下す

Not all scientists feel **disdain** towards religion; many embrace their religious beliefs.

すべての科学者が宗教を蔑視しているわけではない。信仰心を抱いている者は多い。

1217 □□□□□

homage

[hɔ́mɪdʒ]

≒ admiration, tribute
♪「オマージュ」というカタカナ語はフランス語から。

名 敬意

On the 6th of January many Catholics attend church to pay **homage** to the Three Wise Men.

多くのカトリック教徒が1月6日に教会に行き、3人の賢人に敬意を表する。

1218 □□□□□

altruistic

[æltruístɪk]

图 altruism 利他主義
≒ unselfish, humanitarian, philanthropic
↔ selfish

形 利他的な

Can we truly be **altruistic**, caring for others more than ourselves?

私たちは自分のことよりも他人のことを考える真に利他的な人間になれるのだろうか。

1219 □□□□□

meditation

[mèdətéɪʃən]

動 meditate 熟考する、瞑想する
形 meditative 思索的な
≒ contemplation

名 熟考、瞑想

Meditation is about clearing your mind more than it is about your posture and silence.

瞑想で大事なのは、姿勢と沈黙ではなく、頭を空っぽにすることだ。

1220 □□□□□

divine

[dɪváɪn]

图 divinity 神性；神
≒ [動] foresee

形 神の　動 ～を予知する

In ancient times, natural disasters were commonly thought to be **divine** punishment for man's sins.

古代においては、自然災害はふつう、人間の罪に対する神罰と考えられた。

哲学・倫理

心理学　歴史　考古学　芸術　文学　言語学

1221
☐☐☐☐☐

intolerant
[ɪntɔ́lərənt]

🔲 intolerance 不寛容

形 （異説・異民族などに対して）不寛容な

The book explores why **intolerant** people lack respect for the practices and beliefs of others.

その本では不寛容な人々がなぜ他者の行いや信仰に対する敬意を欠くのか検討している。

1222
☐☐☐☐☐

principled
[prínsəpld]

🔲 principle 主義、信念
≒ honest, honourable, respectable

形 信念のある；主義をもった

A lack of **principled** businesspeople has resulted in the black market trade of luxury timber.

信念をもった実業家がいないために、高級材が闇取引されるようになってしまった。

1223
☐☐☐☐☐

enlightened
[ɪnláɪtnd]

🔲 enlighten 〜を啓蒙する
🔲 enlightenment 啓蒙、悟り
≒ ② educated

形 ① 悟りを開いた ② 啓蒙された、（文明の）進んだ

The Buddhist holiday Asalha Puja celebrates the day the **enlightened** Buddha met with his first disciples.

仏教の祝日である三宝節は、悟りを開いた仏陀が最初の弟子たちと集った日を祝う。

1224
☐☐☐☐☐

ominous
[ɔ́mɪnəs]

🔲 omen 前兆、きざし
≒ foreboding, portentous, sinister

形 不吉な

The bad weather was an **ominous** sign of things to come.

悪天候はきたるべきことの不吉な前兆だった。

1225
☐☐☐☐☐

appease
[əpíːz]

🔲 appeasement なだめること
≒ mollify, pacify, placate

動 〜をなだめる、和らげる

The Mayans tried to **appease** their gods by cutting themselves with knives.

マヤ族の人々は自分自身をナイフで切ることによって神をなだめようとした。

1226
☐☐☐☐☐

benevolent
[bənévələnt]

🔲 benevolence 親切心；善行
≒ benign, compassionate
↔ cruel, unkind, malevolent

形 親切な、善意の

The President, seen as a **benevolent** and unlikely leader, cared for people more than his image.

その大統領は慈悲深く、リーダーらしからぬ人と目され、自分の見てくれよりも国民のことを思いやった。

1227

□□□□□

malevolent

[məlévələnt]

图 malevolence 悪意、邪悪

≒ malicious, vicious

↔ benevolent

形 悪意のある

In many cultures across history, people have used charms and amulets to keep away **malevolent** spirits.

歴史を通じ、多くの文化において、人々は悪霊を近づけないためにお守りや魔除けを使ってきた。

1228

□□□□□

mythology

[mɪθɔ́lədʒi]

形 mythical 神話の

≒ ② folklore

♪ ①の意味では集合的に「神話」を表す。

名 ① 神話 ② 伝承

Poseidon, the god of the sea in Greek **mythology**, is referred to as Neptune in Roman myths.

ギリシャ神話の海神ポセイドンはローマ神話ではネプチューンと呼ばれている。

哲学・倫理

心理学　歴史　考古学　芸術　文学　言語学

心理学 Psychology

1229 □□□□□

revulsion

[rɪvʌ́lʃən]

形 revulsive 激しい嫌悪を起こさせる
≒ disgust, distaste, loathing, repulsion

名 激しい嫌悪、反感

He felt **revulsion** towards the smell; it was so disgusting he could not bear it.

彼はそのにおいにぞっとした。あまりに不快で耐えられなかった。

1230 □□□□□

intrepid

[ɪntrépɪd]

名 intrepidity 怖いもの知らず、大胆不敵
≒ brave, courageous, fearless

形 勇敢な

Edmund Hillary was one of the first **intrepid** explorers to climb Mount Everest.

エドモンド・ヒラリーは、エベレスト山に登った最初の勇敢な探検家たちのうちの一人だった。

1231 □□□□□

ingrain

[ɪngréɪn]

≒ imbue, instil

動〈思想・習慣など〉を深くしみ込ませる

The belief that career progression brings happiness is firmly **ingrained** in society.

仕事で昇進すれば幸せになれるという考えは社会に深く浸透している。

1232 □□□□□

evoke

[ɪvóʊk]

名 evocation 喚起
形 evocative 喚起させる
≒ arouse, cause

動〈感情・記憶・イメージなど〉を喚起する

Therapists are trained to notice if a certain type of question **evokes** a particularly strong response.

セラピストは訓練によって、ある種の質問が特別強い反応を引き起こした場合、それに気づくことができる。

1233 □□□□□

recoil

[rɪkɔ́ɪl]

≒ cringe, flinch, wince

動 後ずさりする、たじろぐ

Many people **recoil** in fear at the sight of a snake.

多くの人はヘビを見ると怖くて後ずさりする。

1234 □□□□□

reassurance

[rìːəʃɔ́ːrəns]

動 reassure〈人〉を安心させる
≒ relief

名 安心、安心させるもの[言葉]

Parents should offer **reassurance** to a child to give them confidence.

親は子どもに安心感を与えて自信をつけさせるべきだ。

1235

☐☐☐☐☐

envious
[énviəs]

图 envy ねたみ
≒ jealous

形 うらやましがる

Children can become **envious** if they see others with more than they have.

子どもはほかの子が自分より多くのものを持っているのを見ると
うらやましがることがある。

1236

☐☐☐☐☐

loath
[lóuθ]

動 loathe ～をひどく嫌う
≒ hesitant, reluctant, unwilling
♪ oa の発音に注意。

形 (～するのを) 嫌って、気が進まなくて

People are typically **loath** to admit they are wrong, so they will ignore evidence that says otherwise.

人々はふつう自分の誤りを認めるのを嫌がるので、自説と異なる
証拠を無視しようとする。

1237

☐☐☐☐☐

valid
[vælɪd]

图 validity 妥当性、有効性
動 validate ～の正当性を証明する
≒ ① well-founded ② effective
↔ invalid

形 ①根拠がしっかりとした、正当な ②有効な

We have the desire to know that our feelings are **valid** and acceptable to others.

私たちは自分の考えが妥当で他人に受け入れてもらえると思い
たい。

1238

☐☐☐☐☐

fret
[frét]

≒ bother, worry

動 気に病む、悩む

Therapists receive many patients who suffer from anxiety, **fretting** unnecessarily about upcoming events.

セラピストのもとには、未来の出来事を不必要に気に病んで
不安にかられている多くの患者がやって来る。

1239

☐☐☐☐☐

inclination
[ìnklənéɪʃən]

動 incline 傾向がある
≒ tendency, disposition, penchant

名 傾向、性向

People feel a strong **inclination** to run if they are faced with danger.

人は危険に直面すると逃げたい衝動に強くかられる。

1240

☐☐☐☐☐

frustrate
[frʌ́strèɪt]

图 frustration 挫折；欲求不満
≒ ② thwart, foil

動 ①～を欲求不満にさせる、失望させる
②～を邪魔する

City planning **frustrated** people who were not allowed to build their homes exactly how they wanted.

都市計画は思う通りに家を建てられない人を不満にさせた。

1241

□□□□□

engender

[ɪndʒéndə]

≒ beget, bring about, generate, spawn

動〈感情・状況など〉を生む、引き起こす

A noisy room can **engender** excitement in some people, but also anxiety in others.

部屋が騒がしいと興奮する人もいるかもしれないが、不安を感じる人もいるだろう。

1242

□□□□□

unyielding

[ʌnjíːldɪŋ]

≒ ① determined, steadfast, resolute
♪ yield は「屈する」。

形 ①〈信念などが〉揺るぎない、断固とした
② 固くて変形しない

His **unyielding** belief in his work brought him success later in life.

仕事に対する揺るぎない信念が、後年、彼に成功をもたらした。

1243

□□□□□

dampen

[dǽmpən]

≒ ② moisten
♪〈damp (湿った) + -en (〜にする)〉の構造。

動 ①〈元気など〉をくじく、そぐ ② 〜を湿らせる

The author did not let the rejections **dampen** her spirits, and she continued submitting her first book to publishers.

その作家は却下されてもくじけることなく、出版社に自らの第一作を提出し続けた。

1244

□□□□□

sinister

[sínəstə]

≒ menacing, dire, ominous, threatening

形 不吉な、邪悪な

As they progressed into the jungle, **sinister** black clouds started to cover the sky.

彼らがジャングルの中へ分け入っていくと、不吉な暗雲が空を覆い始めた。

1245

□□□□□

solace

[sɔ́ləs]

≒ comfort, consolation

名 慰め

The men found **solace** in the knowledge that their efforts were not wasted.

男たちは自分たちの努力が無駄ではなかったことを知り、慰められた。

1246

□□□□□

prone

[próʊn]

≒ apt, inclined
♪ be prone to で「〜の傾向がある」という意味。

形〈好ましくない〉傾向がある

Working from home can make some people **prone** to laziness.

在宅勤務だと人によっては怠け癖がつくかもしれない。

1247 □□□□□

indifference

[ɪndífrəns]

形 indifferent 無関心な
≒ apathy, nonchalance

名 無関心、むとんちゃく

Nobel prize winner Elie Wiesel famously said, "The opposite of love is not hate: it's **indifference**".

ノーベル賞受賞者エリー・ウィーゼルは「愛の反対は憎しみではない。無関心だ」という名言を吐いた。

1248 □□□□□

carefree

[kéəfrìː]

≒ light-hearted

形 心配のない、気楽な

Having a relaxed and **carefree** attitude can help you to live longer.

のんびりと気楽に暮らしていると長生きできるかもしれない。

1249 □□□□□

disenchantment

[dìsəntʃáːntmənt]

形 disenchanted 幻滅した
≒ disappointment, disillusionment

名 幻滅

Dedicating your life to something can result in **disenchantment**, or a lack of interest in the topic.

生活のすべてをかけて何かに打ち込んだ挙げ句、幻滅したりその主題に興味を失ったりすることがある。

1250 □□□□□

procrastinate

[prəʊkrǽstɪnèɪt]

名 procrastination 先延ばし

動 (やるべきことを) 先延ばしにする

The study looked into why some people complete tasks well in advance while others **procrastinate**.

その研究は、十分余裕を持って課題を終える人もいれば先延ばしにする人もいるのはなぜかということを扱った。

1251 □□□□□

preferable

[préfərəbl]

副 preferably むしろ
動 prefer 〜のほうを好む
名 preference 好み

形 (〜より) 好ましい、ましな

Certain types of smells are more **preferable** to us, such as chocolate and bread.

チョコレートやパンのように、私たちが好ましく思うある種のにおいがある。

1252 □□□□□

agitated

[ǽdʒətèɪtɪd]

動 agitate 〜を動揺させる；攪拌(かくはん)する
名 agitation 動揺、扇動

形 動揺した、興奮した

If patients start to become uncomfortable and **agitated**, the therapist may end the session.

患者が不快になったり動揺したりし始めたら、セラピストは治療を終わりにするかもしれない。

哲学・倫理

心理学

歴史 考古学 芸術 文学 言語学

人文科学　**269**

1253 □□□□□

distort
[dɪstɔ́ːt]

图 distortion 歪曲
≒ misrepresent, twist, falsify

♪ tort は「ねじる」を意味する語根で、torture (拷問) などにも含まれる。

動 ～をゆがめる、歪曲する

Our memories can be **distorted** over time; negative events can be blocked or changed by our minds.

私たちの記憶は時とともにゆがめられ、嫌な出来事が精神的に遮られたり変更されたりすることがある。

1254 □□□□□

daydream
[déɪdrìːm]

≒ [名] fantasy, pipe dream

動 空想する、夢想する　名 空想、夢想

Daydreaming may be just as valuable as classroom study, as it encourages independent thought.

空想は教室で学ぶのとまったく同じくらい大事なことかもしれない。自主的に考えることが促されるからだ。

1255 □□□□□

distaste
[dɪstéɪst]

形 distasteful 嫌な、不愉快な
≒ aversion, disgust, loathing, repulsion, revulsion

名 嫌気、嫌悪

Children's **distaste** for foods with strong flavours often goes away with age.

子どもはにおいがきつい食べ物を嫌がるが、年齢を重ねるとそういうことはなくなってくることが多い。

1256 □□□□□

disposition
[dìspəzíʃən]

≒ temperament

名 気質、性質

His cheerful **disposition** hid the fact that he suffered from depression.

彼は明るい性格だったので、うつ病を患っていることは気づかれなかった。

1257 □□□□□

hypnosis
[hɪpnóʊsɪs]

形 hypnotic 催眠 (術) の
♪ 複数形は hypnoses。「催眠療法」は hypnotherapy と言う。

名 ① 催眠状態　② 催眠術

After watching a video, people felt under **hypnosis**, like they were in a dream.

動画を見ると、人々は夢の中にいるような催眠状態に陥った。

1258 □□□□□

cognition
[kɔgníʃən]

形 cognitive 認識に関する
♪ gn(os/or) は「知る」を意味する語根で、ignore (～を無視する)、recognise (～を認識する) などにも含まれる。

名 認識(力)、認知

Typically, mental disability affects an individual's **cognition**, their way of understanding the world.

一般的に精神障がいは人の認知力、つまり世の中のことを理解する機能に影響を及ぼす。

1259

mindset
[máindsèt]
≒ attitude
□□□□□

名 ものの見方、考え方

Great athletes typically have a certain type of **mindset**; they think differently than average people.

偉大なアスリートはたいていある種のものの見方をする。並の人間とは違う考え方をするのだ。

1260

seesaw
[síːsɔ̀ː]
♪ 文字通り、「シーソー (遊び)」の意味もある。
□□□□□

動〈感情・状況が〉揺れ動く、変動する
名 上下運動、前後運動

The researcher **seesawed** between supporting and rejecting the idea, unable to make up his mind.

その研究者はその考えに賛成か反対かで揺れ動き、決められなかった。

1261

inherent
[ɪnhérənt]
名 inherence 本来備わっていること
≒ innate, built-in, essential, intrinsic
□□□□□

形 本来備わっている

Although some personality traits are **inherent**, others occur and develop with experience.

性格には生まれつきのものもあるが、経験によって生じて形成されていくものもある。

1262

repercussion
[rìːpəkʌ́ʃən]
≒ effect, consequence
□□□□□

名 (悪い) 影響

Part of becoming an adult is coming to understand that poor decisions can have terrible **repercussions**.

大人になることの一つに、判断ミスがひどい影響を及ぼす可能性があるということがわかるようになることがある。

1263

self-esteem
[sélfɪstíːm]
≒ pride, self-respect
♪ esteem は「尊重 (する)」という意味。
□□□□□

名 自尊心、プライド

Congratulating children when they successfully complete a task can help to build their **self-esteem**.

課題を上手にやり終えた子どもをほめてやると、自尊心が育まれる。

1264

exploit
[ɪksplɔ́ɪt]
形 exploitable 開発できる；利用できる
名 exploitation 開発、(経済的) 利用
♪ 「～を悪用する、食い物にする」という意味もある。
□□□□□

動 ①～を開拓する、開発する
②～を利用する、活用する ③～を搾取する

Once you are confident in your skills, you can **exploit** your own strengths to develop further.

自分の技能に自信を持つと、さらに向上するために自身の強みを開拓することができる。

1265 □□□□□

stimulus
[stímjələs]

動 stimulate ～を刺激する；激励する
≒ impetus, motivation, incentive, incitement
✏ 複数形は stimuli [stímjəlàɪ]。

名 刺激；励み

The organisation maintains that multiple **stimuli** should be used to aid a child's development.

その組織は、子どもの成長を促すためには様々に刺激してやるべきだと主張している。

1266 □□□□□

lament
[ləmént]

名 lamentation 悲嘆、哀悼
≒ bemoan, deplore, grieve

動 ～を嘆く、残念がる

Physicists are still **lamenting** the loss of Stephen Hawking.

物理学者たちはいまだにスティーヴン・ホーキングの死を嘆いている。

1267 □□□□□

well-being
[wélbíːɪŋ]

≒ welfare
✏ physical, economic といった修飾語句と共に使うことが多い。

名 健康、幸福

It is hoped that soon everyone will treat mental **well-being** as importantly as physical health.

近い将来、皆が精神的健康を身体的健康と同様に重視することが望まれている。

1268 □□□□□

seduce
[sɪdjúːs]

名 seduction 誘惑
形 seductive 誘惑的な
≒ tempt, entice

動 〈人〉を引き寄せる、誘惑する

Teenagers are **seduced** into lives of crime with the promise of easy money.

10 代の若者は簡単に金を稼げると言われて犯罪生活に誘い込まれる。

1269 □□□□□

bravery
[bréɪvəri]

形 brave 勇敢な
≒ courage, daring, gallantry, fortitude

名 勇気、勇敢さ

The soldier, who had been through many dangerous situations, was awarded for his **bravery**.

多くの危険な状況を切り抜けてきたその兵士に、勇気をたたえる賞が贈られた。

1270 □□□□□

vicissitude
[vəsísətjùːd]

≒ adversity, mishap

名 苦難、試練

The psychologist said that the happiest people learn to find joy in the **vicissitudes** of life.

その心理学者によると、人生の苦難の中に喜びを見いだせるようになったら、それが一番の幸福だということだった。

1271　□□□□□

generosity

[dʒènərɔ́səti]

形 generous 気前のよい、寛大な
≒ largesse

名 気前のよさ、寛容さ

Warren Buffet is known for his incredible **generosity**, having given billions of dollars to charities.

ウォーレン・バフェットは何十億ドルも慈善団体に寄付するなど、信じられないほどの気前のよさで知られている。

1272　□□□□□

elicit

[ɪlísət]

名 elicitation
（情報・反応などを）引き出すこと
≒ ① evoke ② draw out, extract

動 ①〈反応〉を引き起こす
②〈情報・返事など〉を引き出す

The patient had an extreme fear of spiders; even images of them would **elicit** a strong response.

その患者はクモを極度に恐れていて、クモの画像を見るだけでも強い反応を引き起こした。

1273　□□□□□

moody

[múːdi]

≒ ① crabby
② temperamental, capricious

形 ①不機嫌な ②むら気な、気分屋の

People may feel **moody** because of lack of sleep, poor diet, or a medical condition of some kind.

睡眠不足や偏った食生活、あるいは何らかの病状のために人は気分がふさぐことがある。

1274　□□□□□

obscure

[əbskjúə]

名 obscurity 不明瞭、あいまい
≒ [形] ambiguous, arcane, cryptic, unclear

動 ～を曖昧にする　形 曖昧な、不明瞭な

In the Arctic, the long days in summer and long nights in winter can **obscure** your sense of time.

北極では、夏は昼が長く、冬は夜が長いので、時間の感覚が曖昧になりやすい。

1275　□□□□□

worthwhile

[wɔ́ːθwáɪl]

↔ worthless, useless

形 （時間・労力・金などをかける）価値がある

Students concentrate best when they feel the work is **worthwhile**, that it is important and useful.

学生は、その学習はやる価値があり、重要で役立つと感じるときに、最も集中する。

1276　□□□□□

consolation

[kɔ̀nsəléɪʃən]

動 console ～を慰める
≒ comfort, solace

名 慰め、慰めとなる人［もの］

Teachers see the value of **consolation** prizes for second and third place, which can really encourage children.

2番、3番の子は残念賞をもらうと本当に励まされるので、教師はその価値を認めている。

哲学・倫理

心理学

歴史　考古学　芸術　文学　言語学

1277 □□□□□

therapeutic
[θèrəpjúːtɪk]

≒ curative ② healing, remedial

形 ① 治癒力のある ② 治療の；治療に関する

Art is seen as **therapeutic**, as people find it relaxing to concentrate on something creative or abstract.

芸術は治癒力があると考えられている。創造的なことや抽象的なことに一心に取り組むと気分が安らぐからだ。

1278 □□□□□

introspection
[ìntrəuspékʃən]

形 introspective 内省的な
≒ self-examination

名 内省、内観

We are often the cause of our problems, which is why therapists encourage **introspection**.

問題の原因はしばしば自分にある。そのため、セラピストは内省を勧める。

1279 □□□□□

rigid
[rídʒɪd]

名 rigidity 固いこと；厳格
≒ ① strict, rigorous, stringent
② unyielding
↔ ② flexible

形 ① 厳格な ② (物が) 固い、動かない

Rigid rules can make a workplace unenjoyable as staff feel they are being treated like children.

規則が厳しいと職場をつまらなくするかもしれない。従業員が子ども扱いされていると感じるからだ。

1280 □□□□□

retrieve
[rɪtríːv]

名 retrieval 回復；検索
形 retrievable 取り戻せる
≒ ① get back, recover, recapture, reclaim

動 ① ～を取り戻す、回収する ② 〈情報〉を検索する

Psychologists ask very specific types of questions in order to **retrieve** forgotten memories.

心理学者は忘れ去られた記憶を取り戻すために事細かな質問をする。

1281 □□□□□

shove
[ʃʌv]

≒ [名] thrust
♪ o の発音に注意。

名 突くこと、ひと押し
動 ～を(力任せに)押す

Some people need a **shove** of encouragement to get over their fears.

不安を乗り越えるのに励ましの言葉で背中を押してもらわなければならない人がいる。

1282 □□□□□

subconscious
[sʌbkɑ́nʃəs]

♪ 〈sub- (下の)＋conscious (意識した)〉の構造。

形 潜在意識の、意識下の

Our **subconscious** minds notice many things we do not, and these affect how we feel about a person.

私たちの潜在意識は私たちが気づかない多くのことに気づき、それによって私たちの人への感じ方が変わる。

1283

☐☐☐☐☐

reluctance

[rɪlʌ́ktəns]

形 reluctant 気が進まない
≒ disinclination, hesitance, unwillingness

名 気が進まないこと、嫌気

As people get older, there is more **reluctance** to change, and we become stuck in our habits.

私たちは年を取るにつれて変化を嫌がるようになり、習慣にはまり込む。

1284

☐☐☐☐☐

spontaneous

[spɔntéɪniəs]

副 spontaneously おのずと
名 spontaneity 自発性
≒ instinctive, involuntary

形〈行為などが〉自然に生まれる、無意識の

The response was **spontaneous**; they rushed to the victims of the crash without considering their own safety.

その行動は思わず取られたものだった。彼らは自分の身を守ることを考えずに衝突事故の犠牲者に駆け寄った。

1285

☐☐☐☐☐

tedious

[tíːdiəs]

名 tedium 退屈
≒ dreary, humdrum, tiresome
♪ e の発音に注意。

形 つまらない、退屈な

The tribe endures three **tedious** weeks of nonstop walking during each dry season.

その部族は乾季のたびに休みなく歩き続けるうんざりするような3週間に耐える。

1286

☐☐☐☐☐

pacify

[pǽsəfàɪ]

形 pacific 平和な、平穏な
名 pacification なだめること
≒ appease, assuage, mollify, placate

動 ～をなだめる、静める

When removed from a city, these typically tense and nervous people are **pacified** and calm.

こうしたピリピリと張りつめていることの多い人たちが都会から抜け出すと、落ち着いて穏やかになる。

1287

☐☐☐☐☐

wane

[wéɪn]

≒ ① abate, diminish, dwindle, ebb, lessen, subside
♪ 「月が満ちる」は wax。しばしば wax and wane とセットで使われる。

動 ①弱まる、衰える ②〈月が〉欠ける

The public's patience began to **wane** as the process of leaving the EU was taking too long.

EU からの離脱プロセスが長引くにつれ、国民は我慢できなくなってきた。

1288

☐☐☐☐☐

reckon

[rékən]

≒ suppose
♪ 進行形にしない。

動 ～と思う、推測する

They **reckoned** they would reach the edge of the city by evening.

彼らは夜になるまでには市境に着くだろうと思った。

哲学・倫理

心理学

歴史 考古学 芸術 文学 言語学

1289

sceptical

[sképtɪkl]

名 scepticism 懐疑主義
🔊 ■ skeptical

形 懐疑的な

People were **sceptical** about the advertisement because the manufacturer had lied before.

人々はその広告に懐疑的だった。そのメーカーは以前偽ったことがあったからだ。

1290

isolate

[áɪsəlèɪt]

形 isolated 孤立した
名 isolation 孤立
≒ insulate, seclude, separate

動 ～を孤立させる、分離する

Why do we feel uncomfortable when we are **isolated** from other people?

私たちは孤立するとなぜ居心地が悪くなるのか。

1291

ridicule

[rídɪkjùːl]

形 ridiculous ばかげた
≒ derision, mockery

名 からかい、あざけり

Fear of **ridicule** can slow a child's emotional and educational development.

子どもがからかわれることを恐れると、情緒面や教育面での成長が遅れるかもしれない。

1292

depressed

[dɪprést]

名 depression 憂鬱；不景気
≒ ① disappointed, discouraged, despondent

形 ①〈人が〉気落ちした、落胆した ②不景気な

Mothers commonly report becoming **depressed** in the first months after giving birth to a child.

母親たちは出産直後の数か月間はうつ状態になるとよく言う。

1293

coherent

[kəʊhíərənt]

動 cohere 首尾一貫している
名 coherence 一貫性
≒ consistent, logical, rational

形 〈論理などが〉首尾一貫した

After five days without water, Ralston was barely **coherent** and had given up hope on being rescued.

5日間水を飲まなかったため、ラルストンは思考に一貫性がなくなり、救助される望みは捨ててしまった。

1294

irritation

[ìrətéɪʃən]

動 irritate ～をいらいらさせる
名 irritant 刺激物

名 ①いらだち、怒り ②いらだたせるもの、刺激するもの

Airports are ranked by convenience and whether they are pleasant or cause **irritation** to passengers.

空港は、利便性や、利用客にとって快適であるか、いらいらさせられるか、といったことでランク付けされる。

1295　□□□□□

mannerism
[mǽnərìzm]

≒ eccentricity, idiosyncrasy, peculiarity, quirk

名 (言葉・動作などの) 癖

It is human instinct to copy the **mannerisms** of the person you're talking to.
一緒に話している人の癖をまねるのは人間の本能だ。

1296　□□□□□

amenable
[əmíːnəbl]

名 amenability 従順なこと
≒ ① compliant, docile, obedient, submissive

形 ① (忠告・提案などに) 従順な　② ～に適する

His success is due to being **amenable** to change, moving with the trends of the time.
彼がうまくいっているのは、変化を受け入れ、時代の流れに乗って進んでいるからだ。

1297　□□□□□

pleasurable
[pléʒərəbl]

名 pleasure 喜び、楽しみ
≒ pleasant, enjoyable
↔ unpleasant

形 楽しい、愉快な

The project aimed to turn any visit to the airport into a happy and **pleasurable** one.
その企画は、空港はいつ来ても心地よくて楽しいと感じてもらうことを目的としていた。

1298　□□□□□

reticence
[rétəsəns]

形 reticent 無口な、控え目な
≒ silence, hesitation

名 無口、控えめ

His natural **reticence** gave people the impression of a shy person.
彼は生来無口で、そのために恥ずかしがり屋という印象を与えた。

1299　□□□□□

optimism
[ɔ́ptəmìzm]

形 optimistic 楽天的な
名 optimist 楽天主義者
≒ pessimism

名 楽天主義

A positive experience gives people a sense of **optimism** about life.
有益な経験をすると人は人生に楽観的になる。

1300　□□□□□

eerie
[íəri]

≒ creepy, spooky, uncanny, weird

形 不気味な

The figure in Edvard Munch's *The Scream* has an **eerie**, almost scary appearance.
エドヴァルド・ムンクの『叫び』に描かれている人物は不気味で、ほとんど恐ろしく見える。

哲学・倫理

心理学

歴史　考古学　芸術　文学　言語学

1301 restless
☐☐☐☐☐

[réstləs]
≒ uneasy

形 落ち着きのない、そわそわした

Those who feel unchallenged and **restless** in their jobs are recommended to find more satisfactory work.

今の仕事にやりがいがなく居心地が悪い人は、もっと満足いく仕事を探すことをお勧めします。

1302 fury
☐☐☐☐☐

[fjúəri]
≒ ① rage, ire, wrath

名 ① 激怒 ② 激しさ、強烈

The decision to increase taxes resulted in **fury** from the public.

増税の決定は国民の激しい怒りを招いた。

1303 monotonous
☐☐☐☐☐

[mənɔ́tənəs]
派 monotony 単調さ
≒ dreary, tedious, humdrum, tiresome

形 単調な、変化のない

Monotonous tasks such as data entry are enjoyable to certain types of people.

ある種の人々にとっては、データ入力のような単調な作業が楽しい。

1304 psychiatric
☐☐☐☐☐

[sàɪkiǽtrɪk]
≒ mental
♪ psychi の発音に注意。

形 精神医学の

Psychiatric disorders, such as anxiety and depression, were found in more than a third of middle-aged women.

不安症やうつといった精神疾患が中年女性の3分の1以上で見つかった。

1305 disillusioned
☐☐☐☐☐

[dìsəlúːʒənd]
派 動 disillusion 幻滅；幻滅させる

形 幻滅した

The young journalist grew **disillusioned** after seeing media companies change stories for financial reasons.

その若い記者は、報道機関が金銭的な理由で報道内容を変えるのを見て、幻滅した。

1306 introvert
☐☐☐☐☐

[íntrəʊvɜ̀ːt]
↔ extrovert

名 内向的な人

An **introvert** needs time to recharge their energy after socialising.

内向的な人は、人と交流したあとにエネルギーを入れ直す時間を必要とする。

1307

apathy
[ǽpəθi]

形 apathetic 無関心な、無感動の
≒ ① indifference

名 ①無関心 ②無感動

The difficulty we find when trying to help the environment frequently leads us to **apathy**.

環境保護の取り組みには困難を伴うので、そのために無関心になってしまうことがよくある。

1308

aspire
[əspáɪə]

名 aspiration 熱望

動 目指す、熱望する

Although he had **aspired** to be a writer of novels, he eventually became a linguist.

彼は小説家を目指していたが、結局言語学者になった。

1309

foster
[fɔ́stə]

≒ encourage, promote
↔ discourage, hinder, inhibit

動 ～を育成する、促進する

Positivity and encouragement are required to **foster** and aid a child's development.

子どもの成長をはぐくみ、助けるためには、プラス志向と励ましが必要だ。

1310

taunt
[tɔ́ːnt]

≒ tease

動 ～をあざける

Bullying may begin with bigger children verbally **taunting** the youngest.

いじめは、大きな子たちが一番年下の子を言葉でばかにすることから始まるのかもしれない。

哲学・倫理

心理学

歴史 考古学 芸術 文学 言語学

心理学

☐☐☐☐☐
sympathetic 思いやりのある
[sìmpəθétɪk]

☐☐☐☐☐
thoughtful 思いやりのある
[θɔ́:tfl]

☐☐☐☐☐
polite 礼儀正しい
[pəláɪt]

☐☐☐☐☐
generous 気前がいい
[dʒénərəs]

☐☐☐☐☐
diligent 勤勉な
[dílɪdʒənt]

☐☐☐☐☐
strict 厳しい、厳格な
[stríkt]

☐☐☐☐☐
humble 謙遜な、控えめな
[hʌ́mbl]

☐☐☐☐☐
moderate 節度のある
[mɔ́dərət]

☐☐☐☐☐
curious 好奇心旺盛な
[kjʊ́əriəs]

☐☐☐☐☐
faithful 誠実な
[féɪθfl]

☐☐☐☐☐
passionate 情熱的な
[pǽʃənət]

☐☐☐☐☐
eager 熱心な
[í:gə]

☐☐☐☐☐
keen 熱心な
[kí:n]

☐☐☐☐☐
desirable 素敵な
[dɪzáɪərəbl]

☐☐☐☐☐
aggressive 積極的な
[əgrésɪv]

☐☐☐☐☐
alert 機敏な
[əlɔ́:t]

☐☐☐☐☐
bold 大胆な
[bóʊld]

☐☐☐☐☐
modest 謙虚な
[mɔ́dɪst]

☐☐☐☐☐
cautious 慎重な、用心深い
[kɔ́:ʃəs]

☐☐☐☐☐
sensible 分別のある
[sénsəbl]

☐☐☐☐☐
enthusiastic 熱心な
[ɪnθjù:ziǽstɪk]

☐☐☐☐☐
obedient 素直な、従順な
[əbí:diənt]

☐☐☐☐☐
flexible 柔軟性のある
[fléksəbl]

☐☐☐☐☐
earnest 真面目な
[ɔ́:nɪst]

☐☐☐☐☐
gallant 勇敢な
[gǽlənt]

☐☐☐☐☐
ambitious 野心的な
[æmbíʃəs]

☐☐☐☐☐
respectable 立派な
[rɪspéktəbl]

☐☐☐☐☐
introspective 内省的な
[ìntrəʊspéktɪv]

□□□□□
conservative 保守的な
[kənsɔ́:vətɪv]

□□□□□
odd 風変わりな、変な
[ɔ́d]

□□□□□
meek おとなしい
[mí:k]

□□□□□
sensitive 傷つきやすい、敏感な
[sénsətɪv]

□□□□□
jealous 嫉妬深い
[ʤéləs]

□□□□□
impatient 短気な
[ɪmpéɪʃənt]

□□□□□
stubborn 頑固な、強情な
[stʌ́bən]

□□□□□
shy 恥ずかしがりやの
[ʃáɪ]

□□□□□
dishonest うそつきな、不正直な
[dɪsɔ́nɪst]

□□□□□
cynical 皮肉な、冷笑的な
[sínɪkl]

□□□□□
greedy 貪欲な、欲張りな
[grí:di]

□□□□□
capricious 気まぐれな
[kəpríʃəs]

□□□□□
stingy けちな、しみったれた
[stíndʒi]

□□□□□
childish 子供じみた、大人げない
[tʃáɪldɪʃ]

□□□□□
cruel 残酷な、冷酷な
[krú:əl]

□□□□□
evil 邪悪な
[í:vl]

□□□□□
wicked 邪悪な
[wíkɪd]

□□□□□
cunning ずる賢い、狡猾な
[kʌ́nɪŋ]

□□□□□
vulgar 下品な
[vʌ́lgə]

□□□□□
lazy 怠惰な
[léɪzi]

□□□□□
optimistic 楽観的な
[ɔ́ptəmístɪk]

□□□□□
pessimistic 悲観的な
[pèsəmístɪk]

□□□□□
passive 消極的な
[pǽsɪv]

哲学・倫理

心理学

歴史 考古学 芸術 文学 言語学

歴史 History

1311 □□□□□
flourish
[flə́rɪʃ]

≒ ① prosper, thrive
♪ 発音に注意。〈flour（花）＋ -ish（〜になる）〉の構造。

動 ① 繁栄する ② 繁茂する

The post-war economy **flourished**, which allowed the country to recover quicker than expected.

戦後経済が大きく成長したおかげで、その国は予想されていたよりも短期間で復興した。

1312 □□□□□
booming
[búːmɪŋ]

图動 boom 急成長（する）
≒ flourishing, prosperous, thriving

形 急成長の、好景気の

As a measure against the **booming** population, the Chinese government introduced a strict one-child policy.

急増する人口の抑制策として、中国政府は徹底した一人っ子政策を打ち出した。

1313 □□□□□
demise
[dɪmáɪz]

≒ collapse, downfall

名 崩壊、消滅

The **demise** of the Roman Empire was in the 5th century.

ローマ帝国が崩壊したのは5世紀のことだ。

1314 □□□□□
liberation
[lìbəréɪʃən]

動 liberate 〜を解放する
≒ emancipation, freeing

名 解放、釈放

The **liberation** of Paris from German rule was achieved on August 25, 1944.

ドイツ統治からのパリの解放は1944年8月25日に実現した。

1315 □□□□□
eminent
[émənənt]

图 eminence 名声
≒ distinguished, renowned, prestigious, prominent

形 有名な、著名な

Jacques Derrida was one of the **eminent** philosophers of the 20th century, publishing more than 40 books.

ジャック・デリダは20世紀の著名な哲学者の一人で、40冊以上の本を出版した。

1316 □□□□□
emigrate
[éməgrèɪt]

图 emigration（他国などへの）移住
♪ migr は「移る」を意味する語根で、immigration（（他国からの）移住）などにも含まれる。

動 移住する

Numbers of people were forced to **emigrate** from their homelands to new countries due to the war.

その紛争により、多くの人が祖国から新たな国へ移住することを余儀なくされた。

1317 □□□□□

wheelbarrow
[wíːlbæ̀rəʊ]

♪ 単に barrow とも言う。

名 手押し車、1 輪車

German citizens had to use **wheelbarrows** to move their money, as it was impossible to carry.

ドイツ人はお金を運ぶのに手押し車を使わなければならなかった。持ち運べなかったからだ。

1318 □□□□□

static
[stǽtɪk]

≒ still, immobile, stationary
↔ dynamic
♪ static electricity (静電気) という表現も覚えておこう。

形 静止した、動きのない

Culture is not **static**; it changes slightly with every new book, film, and even discussion among citizens.

文化は止まっていない。新しい本や映画が出るたびに、はたまた庶民が議論するだけでも、文化はわずかずつ変わっていく。

1319 □□□□□

wreck
[rék]

名 wreckage 難破船、残骸；破壊

名 ①難破船、残骸 ②衝突事故
動 ～を破壊する

The **wreck** of the Titanic lies in two pieces at the bottom of the ocean.

タイタニック号の残骸は海底で真っ二つになっている。

1320 □□□□□

lag
[lǽg]

≒ [動] delay
♪ jet lag (時差ぼけ) という表現も覚えておこう。

動 遅れる
名 遅れ、時間差

The United Kingdom led the Industrial Revolution, with other countries **lagging** behind.

イギリスは産業革命を先導し、他国は後れをとった。

1321 □□□□□

rebellion
[rɪbéljən]

形 rebellious 反乱の
動 rebel 反乱を起こす
≒ uprising, revolt, insurgency

名 反乱

The slave **rebellion** of 1811 saw over a hundred people fighting back.

1811 年の奴隷の反乱では 100 人以上の人が反旗を翻した。

1322 □□□□□

milestone
[máɪlstòʊn]

≒ landmark, turning point
♪ 「マイル標石、道しるべ」が元の意味。

名 画期的な事件、出来事

The establishment of the United Nations was a **milestone** in peaceful diplomatic relations.

国際連合の設立は平和的な外交関係を築く上で画期的な出来事だった。

哲学・倫理 心理学 歴史 考古学 芸術 文学 言語学

1323 pedigree
[pédɪɡrì:]

≒ ② lineage
♪「(動物の) 血統書」の意味もある。

图 ①由来、起源 ②家系、血統

The University of Oxford has an impressive **pedigree** which stretches back centuries into the past.

オックスフォード大学には過去数世紀をさかのぼる興味深い由来がある。

1324 wield
[wíːld]

≒ ① exert ② handle

動 ①〈権力など〉を振るう、行使する
②〈道具・武器など〉を巧みに使う

Julius Caesar **wielded** power like that of a dictator, and he saw himself as equal to royalty.

ジュリアス・シーザーは独裁者のように権力を行使し、自らを王族同然のように考えていた。

1325 poised
[pɔ́ɪzd]

≒ ① ready, prepared

形 ①準備のできた、態勢が整った
②落ち着いた

By 2010, China was **poised** to become the largest economy in the world.

2010 年の段階ですでに、中国は世界最大の経済国になる勢いだった。

1326 obsolete
[ɔ̀bsəlíːt]

名 obsolescence
廃れかけていること
≒ out of date, outdated, outmoded

形 時代遅れの、廃れた

Although the machines from the Industrial Revolution are now **obsolete**, many of them have historical value.

産業革命の頃の機械は今では時代遅れだが、その多くには歴史的な価値がある。

1327 transitional
[trænzíʃənl]

名 transition 移行、過渡期
≒ provisional

形 暫定の、過渡的な

The new style of housing signified a **transitional** phase in the history of architecture.

その新しい様式の住宅は建築史における移行期を示した。

1328 invincible
[ɪnvínsəbl]

名 invincibility 無敵 ; 不屈
≒ unbeatable, unconquerable

形 無敵の、打ち負かせない

Alexander's armies seemed **invincible** — in his entire life, the leader never lost a single battle.

アレキサンダーの軍隊は無敵だったようだ。この大王は生涯で一度たりとも戦いに負けたことがなかった。

1329 ☐☐☐☐☐

uncharted
[ʌntʃɑ́ːtɪd]

♪ 〈un-（否定）+ chart（図 [海図] にする）+ -ed〉の構造。

形 〈場所などが〉地図［海図］にない

Columbus reached what he thought was Asia but was actually the **uncharted** land of the Americas.

コロンブスが到着したのは、彼はアジアだと思っていたが、実は地図にはなかったアメリカ大陸だった。

1330 ☐☐☐☐☐

colonise
[kɔ́lənàɪz]

名 colony 植民地、コロニー
名 colonist 入植者
♪ ■ colonize

動 ①〈地域・国など〉を植民地化する
②（動物が）〈場所〉にすみつく、コロニーを作る

The British Empire **colonised** 23% of the world, controlling hundreds of millions of people.

大英帝国は世界の 23%を植民地化し、何億人もの人々を支配していた。

1331 ☐☐☐☐☐

pave
[péɪv]

名 pavement 舗装
♪ pave the way で「道を切り開く」と比喩的な意味でも用いられる。

動 ～を舗装する

High-speed Internet **paved** the way for the success of e-commerce.

高速インターネットのおかげで電子商取引が隆盛となった。

1332 ☐☐☐☐☐

portend
[pɔːténd]

名 portent 前兆、前触れ
形 portentous 不吉な
≒ forebode, foretell

動 ～の前兆となる

Poor sales of the game console **portended** the decline of the company's fortunes.

そのゲーム機の低調な売上はその会社の社運が傾く前兆となった。

1333 ☐☐☐☐☐

communal
[kɔ́mjʊnl]

名 community 地域社会

形 ①共同で使用する、共有の ②地域社会の

In Roman times, **communal** baths were used not only for washing but socialising too.

ローマ時代、共同浴場は体を洗うためだけでなく、交流の場としても利用された。

1334 ☐☐☐☐☐

topple
[tɔ́pl]

≒ overthrow, overturn, upset

動 〈政府・指導者など〉を倒す、崩壊させる

The Persian Empire fell when it was **toppled** by Alexander the Great.

ペルシャ帝国はアレキサンダー大王に征服されて滅亡した。

哲学・倫理　心理学

歴史

考古学　芸術　文学　言語学

1335
□□□□□

envisage

[ɪnvízɪdʒ]

≒ imagine

♪ 発音に注意。

動 〈可能性・将来の出来事など〉を思い描く

It would have been impossible for a citizen of the 18th century to **envisage** 21st century life.

18世紀の一市民が21世紀の生活を思い描くことなどできなかっただろう。

1336
□□□□□

casualty

[kǽʒuəlti]

≒ ① fatality

♪ cas(e) は「落ちる」を意味する語根で、「偶然降りかかったもの」→「大惨事」となった。

名 ①（事故などの）犠牲者、死傷者 ②大惨事

The army suffered many **casualties** from the extreme winter temperatures.

極寒の気温によってその軍の多くの兵士が犠牲になった。

1337
□□□□□

ravage

[rǽvɪdʒ]

≒ [動] demolish, devastate, ruin

名 破壊、被害
動 ～を荒廃させる

The **ravages** of time had turned the castle into a ruin.

風化によってその城は廃墟と化した。

1338
□□□□□

prominence

[prɑ́mɪnəns]

形 prominent 卓越した
≒ eminence

名 目立つこと、卓越

The Persian Empire rose to **prominence** under the leadership of Cyrus the Great.

ペルシャ帝国はキュロス大王の統治下で隆盛を誇った。

1339
□□□□□

ancestry

[ǽnsestri]

↔ posterity

♪ 集合的にとらえた「祖先」のこと。「祖先」の一人ひとりは ancestor と言う。

名 先祖、祖先

The actor Benedict Cumberbatch can trace his **ancestry** back to King Richard III of England.

俳優のベネディクト・カンバーバッチの祖先をたどるとイングランド王リチャード3世に行きつく。

1340
□□□□□

riot

[rάɪət]

≒ [名] turmoil, tumult

♪ 発音に注意。

名 暴動、騒動
動 暴動を起こす

The **riots** occurred because of hyperinflation and the shortage of daily necessities.

その暴動は、ハイパーインフレと生活必需品の不足によって起きた。

1341

☐☐☐☐☐

cannon
[kǽnən]

♪「輪唱曲」の意味の「カノン」は canon で別語だが、発音は同じ。

名 大砲、機関砲

The new **cannon** was able to shoot much farther, making other weapons redundant.

新しい大砲ははるかに遠くへ撃つことができたので、ほかの武器は不要になった。

1342

☐☐☐☐☐

chronological
[krɔ̀nəlɔ́dʒɪkl]

名 chronology 年代学、年代記

♪ chron(o) は「時」を意味する語根で、chronic (慢性の)、chronicle (年代記) などにも含まれる。

形 年代順の

The book is clearly organised, putting the events in **chronological** order from 1900 to 2000.

その本は出来事を 1900 年から 2000 年まで年代順に並べていて、すっきりと整理されている。

1343

☐☐☐☐☐

engrave
[ɪngréɪv]

≒ etch, inscribe

動〈文字・模様など〉を刻む、彫る

One of Sinatra's famous lyrics, "The best is yet to come," is **engraved** on his tombstone.

シナトラの有名な歌詞「お楽しみはこれからだ」は彼の墓石に刻まれている。

1344

☐☐☐☐☐

heyday
[héɪdèɪ]

≒ prime

名 全盛期、絶頂期

The Beatles were part of the **heyday** of British music in the 1960s.

ビートルズは 1960 年代のイギリス音楽全盛期の一端を担っていた。

1345

☐☐☐☐☐

commonplace
[kɔ́mənplèɪs]

≒ common, everyday, normal

♪ common よりも平凡さを強調した語。

形 ごく日常的な、ありふれた

Just like modern times, bread was a **commonplace** food item in ancient Rome.

現代とまったく同様に、古代ローマにおいてパンはごく日常的な食べ物だった。

1346

☐☐☐☐☐

shipwreck
[ʃíprèk]

形 shipwrecked 難破した

≒ [名] wreck, wreckage

名 難破、難破船　動 ～を難破させる

The **shipwreck** of the Titanic was discovered off the coast of Newfoundland in 1985.

1985 年にニューファンドランド沖でタイタニック号の残骸が発見された。

哲学・倫理 心理学

歴史

考古学 芸術 文学 言語学

1347

coincide
[kòʊɪnsáɪd]

形 coincidental
偶然に起こる、同時に起こる
名 coincidence (偶然の) 同時発生
≒ accompany, synchronise

動 同時に起こる

Construction of the dam **coincided** with an increased need for electricity.

そのダムはちょうど電気の需要が高まった時期に建設された。

1348

divergent
[daɪvɔ́ːdʒənt]

動 diverge 〈道・線路などが〉分岐する
名 divergence 分岐
≒ ② disparate, diverse
↔ ① convergent

形 ① 分岐する ② 相違する、一致しない

Catholicism and Puritanism are **divergent** interpretations of Christian belief.

カトリシズムとピューリタニズムはキリスト教信仰から枝分かれした解釈だ。

1349

downfall
[dáʊnfɔ̀ːl]

形 downfallen 転落 [没落] した
≒ ruin, destruction

名 没落、破滅

The end of the Cold War marked the **downfall** of communism in Europe.

冷戦の終結に伴ってヨーロッパの共産主義は崩壊した。

1350

accumulate
[əkjúːmjəlèɪt]

名 accumulation 蓄積、積み立て
形 accumulative 累積する
≒ ① compile, assemble, amass

動 ① (長期間にわたって) 〜をためる、蓄積する
② たまる、蓄積する

Kings of England sought to **accumulate** more and more wealth, hoping for power and safety in return.

イングランドの王たちはどんどんと富を蓄えることに心を砕き、その見返りに権力と身の安全を望んだ。

1351

forefather
[fɔ́ːfɑ̀ːðə]

♪ 性別を意識しないときはふつう ancestor を使う。

名 (主に男の) 祖先、先祖

Revolutionary painter George Braque is said to be the **forefather** of Cubism.

革新的な画家、ジョルジュ・ブラックは、キュビスムの創始者と言われている。

1352

ensuing
[ɪnsjúːɪŋ]

動 ensue 続いて起こる
≒ resultant, consequent, subsequent

形 続いて起こった、次の

The colonies declared their independence, and George Washington led their forces to victory in the **ensuing** war.

複数の植民地が独立を宣言し、ジョージ・ワシントンは続いて起こった戦争において彼らの軍を勝利に導いた。

1353 □□□□□

foreshadow
[fɔːʃǽdoʊ]

≒ prefigure

動 ～の前兆となる、～を予示する

Luis von Ahn's early interest in computers **foreshadowed** his success in the industry later in life.

ルイス・フォン・アンが小さい頃に抱いたコンピュータへの興味は、のちのコンピュータ産業での成功を暗示していた。

1354 □□□□□

notorious
[noʊtɔ́ːriəs]

图 notoriety 悪評、悪名
≒ infamous, disreputable

形 悪名高い、よく知られた

The **notorious** Vlad Dracula is remembered for his cruelty.

悪名高いヴラド・ドラキュラはその残酷さで人々の記憶にとどめられている。

1355 □□□□□

provenance
[prɔ́vənəns]

≒ origin, source
♪ ven は「来る」を意味する語根で、convene (～を集める)、intervene (介入する) などにも含まれる。

名 起源、由来

The **provenance** of the artworks was traced back to Central Asia.

その美術品の起源をたどると、中央アジアに行きついた。

1356 □□□□□

unfold
[ʌnfóʊld]

≒ ① develop, evolve
② spread (out)
♪ (un- (否定) + fold (折りたたむ)) の構造。

動 ①〈話・計画などが〉展開する、明らかになる
②～を広げる

Many Americans were deeply moved by watching the events that **unfolded** following Hurricane Katrina.

多くのアメリカ人はハリケーンカトリーナに続いて起きた出来事を目にして大きな衝撃を受けた。

1357 □□□□□

treason
[tríːzn]

形 treasonable 反逆の、謀反の
≒ treachery

名 反逆(罪)

Fawkes was convicted of **treason** for trying to blow up parliament.

フォークスは国会議事堂を爆破しようとしたとして反逆罪で有罪となった。

1358 □□□□□

abrupt
[əbrʌ́pt]

≒ sharp, unexpected
♪ sudden よりも驚き・不快の気持ちが強い。

形 突然の、不意の

The Industrial Revolution brought about **abrupt** change in the infrastructure of the United Kingdom.

産業革命はイギリスの社会基盤に急激な変化をもたらした。

1359

subsequent

[sʌ́bsɪkwənt]

≒ ensuing, posterior
↔ precedent, foregoing
♪ アクセントの位置に注意。

形 その後の、それに続く

The **subsequent** period of time showed a rapid growth in population.

それに続く期間に人口が急増した。

1360

suffrage

[sʌ́frɪdʒ]

≒ ballot, franchise, vote

名 投票権、参政権

The 1848 Women's Rights Convention is considered to be the beginning of the women's **suffrage** movement.

1848 年の女性の権利大会は婦人参政権運動の始まりと見なされている。

1361

pivotal

[pívətl]

≒ vital, critical, crucial
♪ この語の元になっている pivot の本義は「旋回軸」。そこから「中心点、要点」という意味が派生した。

形 中心的な、重要な

The United Kingdom played a **pivotal** role in the Industrial Revolution.

イギリスは産業革命で中心的な役割を果たした。

1362

abate

[əbéɪt]

動 ① 弱まる、和らぐ ② ～を軽減する

After the conflict **abated**, people started to move back to the city to rebuild their lives.

紛争が沈静化すると、人々は生活を再建するために町に戻り始めた。

Terminology

MP3>>> 263

歴史

□□□□□
status 身分
[stéɪtəs]

□□□□□
royalty 王族
[rɔ́ɪəlti]

□□□□□
knight 騎士
[náɪt]

□□□□□
peasant 農夫
[péznt]

□□□□□
merchant 商人
[mɔ́ːtʃənt]

□□□□□
warrior 武士
[wɔ́ːriə]

□□□□□
Renaissance ルネサンス
[rənéɪsəns]

□□□□□
era 時代
[íərə]

□□□□□
civilization 文明
[sìvəlaɪzéɪʃən]

□□□□□
dynasty 王朝
[dínəsti]

□□□□□
feudalism 封建制度
[fjúːdlìzm]

□□□□□
slavery 奴隷制度
[sléɪvəri]

□□□□□
colony 植民地
[kɔ́ləni]

□□□□□
revolution 革命
[rèvəlúːʃən]

□□□□□
Christianity キリスト教
[krìstiǽnəti]

□□□□□
Islam イスラム教
[ízlɑːm]

□□□□□
Hinduism ヒンズー教
[hínduːìzm]

□□□□□
Buddhism 仏教
[búdìzm]

□□□□□
Confucianism 儒教
[kənfjúːʃənìzm]

□□□□□
Taoism 道教
[táʊìzm]

□□□□□
bishop 司教
[bíʃəp]

□□□□□
priest 司祭
[príːst]

□□□□□
monk 修道士
[mʌ́ŋk]

□□□□□
missionary 宣教師
[míʃənèri]

□□□□□
nun 尼僧
[nʌ́n]

哲学 倫理 心理学

歴史

考古学 芸術 文学 言語学

1363
□□□□□
dwelling
[dwélɪŋ]
- 動 dwell ～に住む
- 名 dweller 住人
- ≒ habitation, residence, domicile

名 住居、居住施設

They found ancient **dwellings** made of mud and stone, with room to house whole families.

彼らは、泥と石で作られた、家族全員が暮らせる広さの古代住居を発見した。

1364
□□□□□
remains
[rɪméɪnz]
- ≒ ① corpse ② ruins
- ♪ 複数名詞として扱う。

名 ① 遺体、遺骨 ② 跡、遺跡

The archaeologists found human **remains** under the building, which were possibly of King Richard III.

考古学者たちはその建物の下に人骨があるのを発見した。それはリチャード3世のものかもしれなかった。

1365
□□□□□
fossil
[fɔ́sl]
- ♪ 「環境」などの文脈で fossil fuel（化石燃料）の形でも頻出。

名 化石

Digging in the Middle East has revealed thousands of small animal **fossils**.

中東での発掘で何千もの小動物の化石が見つかった。

1366
□□□□□
engraving
[ɪngréɪvɪŋ]
- 動 engrave ～を彫る

名 ① 版画、彫り込まれた絵 ② 彫刻法

He believes that the **engravings** of people in the caves were made 14,000 years ago.

その洞窟の人物画は1万4千年前に彫られたと彼は考えている。

1367
□□□□□
decode
[di:kóʊd]
- ≒ decipher
- ↔ encode

動 ～を解読する

With the discovery of the Rosetta Stone, the symbols became far easier to **decode**.

ロゼッタストーンの発見で、その記号ははるかに解読しやすくなった。

1368
□□□□□
priceless
[práɪsləs]
- ≒ invaluable
- ♪ 「値段がつけられないほど貴重な」という意味。

形 非常に貴重な、金で買えない

Under the earth they found **priceless** historical objects from tens of thousands of years ago.

彼らは地中で何万年も前の非常に貴重な遺物を発見した。

4312

1369 □□□□□

antiquity
[æntíkwəti]

形 antique 骨董の；古代の
≒ ① relics ② ancient times

名 ①[antiquities で]遺物、遺跡 ②古代

The Louvre holds many Egyptian **antiquities**, including statues, musical instruments, and jewellery from the ancient empire.

ルーブル美術館は古代エジプト帝国の像や楽器、宝石といった多くの遺物を所蔵している。

1370 □□□□□

burial
[bériəl]

動 bury ～を埋葬する
♪ bu の発音に注意。

名 埋葬

After someone died, the Ancient Egyptians would take days to prepare the body for **burial**.

古代エジプト人は誰かが亡くなると何日もかけて遺体を埋葬する準備をした。

1371 □□□□□

revelation
[rèvəléiʃən]

動 reveal ～を明らかにする、暴露する
≒ ② disclosure

名 ①意外な新事実[発見] ②暴露、発覚

The **revelation** was surprising: Stonehenge was once used to bury the dead.

新事実は驚くべきものだった。ストーンヘンジはかつて死者を埋葬するために使われていたのだ。

1372 □□□□□

garment
[gá:mənt]

≒ apparel, attire
♪ 複数形 garments で「衣類」という意味。

名 衣服（の 1 点）

Boots, shirts, and other old **garments** were found at the archaeological site.

その遺跡でブーツやシャツなどの古い衣服が見つかった。

1373 □□□□□

artefact
[á:təfæekt]

♪ ▇▇ artifact
特に史的価値のあるものを指す。

名 遺物、人工物

Numerous **artefacts** from the period are displayed in museums across the world.

その時代の多数の遺物が世界中の博物館で展示されている。

1374 □□□□□

pristine
[prísti:n]

≒ untouched

形 元の状態の

The artefact has been kept in a glass case for decades, so it is still in **pristine** condition.

その遺物は何十年もガラスケースに保存されているので、いまだに元の状態のままだ。

哲学・倫理 心理学 歴史

考古学

芸術 文学 言語学

人文科学 **293**

1375

excavate

[ékskəvèit]

图 excavation 発掘
≒ dig up, unearth

動 ～を掘る、発掘する

The first Tyrannosaurus-rex fossil was **excavated** in 1902 by American palaeontologist Barnum Brown.

最初のティラノサウルス・レックスの化石は 1902 年にアメリカの古生物学者バーナム・ブラウンによって発掘された。

1376

earthenware

[ə́ːθnwèə]

≒ crockery, pottery
♪ 集合的に陶器を表す。

名 陶器、土器

Some of Iran's beautiful **earthenware** pots and containers date back to over 6,000 years ago.

イランの美しい陶器のつぼや入れ物の中には 6 千年以上前に作られたものもある。

1377

loot

[lúːt]

图 looter 略奪者
≒ pillage, plunder, ransack

動 ～を略奪する

Unfortunately, the pyramid had been **looted** of its treasures years before.

残念ながら、そのピラミッドは何年も前に宝物が略奪されていた。

1378

mound

[máund]

♪ 野球の「マウンド」の意味もある。

名 盛り土、(土・石などの) 山

Ancient tools were found beneath a small **mound** of earth in Ireland.

アイルランドの小さな盛り土の下で古代の道具が発見された。

1379

fragment

[frǽgmənt]

形 fragmentary 断片的な
图 fragmentation 破砕
≒ fraction, particle

名 破片、断片

Fragments of bone were found on the site by the archaeologists.

その遺跡で考古学者が骨の破片を見つけた。

1380

pottery

[pɔ́təri]

图 potter 陶工
≒ earthenware

名 陶器、陶磁器類

Vases and other basic **pottery** items were made by this ancient civilisation.

この古代文明では花瓶などの基礎的な陶器が作られた。

1381 🔲🔲🔲🔲🔲

bead

[bíːd]

♪ 材料はガラス・石・木など。

🔳 名 小さな飾り玉、ビーズ

The archaeologists discovered some small stone **beads** that had been part of a necklace.

考古学者たちはネックレスの一部だった小さな石の飾り玉を発見した。

1382 🔲🔲🔲🔲🔲

intact

[ɪntǽkt]

≒ undamaged, untainted, unimpaired, unaffected

🔳 形 無傷の

The remains of the dinosaur were **intact**, with no breaks in the bones whatsoever.

その恐竜の化石は無傷で、骨に亀裂さえ入っていなかった。

1383 🔲🔲🔲🔲🔲

cemetery

[sémətri]

♪ graveyard（教会の墓地）、tomb（装飾された広い内部を持つ大がかりな墓）も覚えておこう。

🔳 名 墓地、（教会に付属しない）共同墓地

The ancient **cemetery** contained the bodies of at least nine people from 8,500 years ago.

その古代墓地には 8500 年前の遺体が少なくとも 9 体あった。

1384 🔲🔲🔲🔲🔲

seam

[síːm]

♪ 欠如を表す接尾辞 -less のついた seamless（継ぎ目のない）も覚えておこう。

🔳 名 ①縫い目、継ぎ目
　　②（厚い地層にはさまれた）薄層

The dress was so well preserved that the **seams** down the sides were still visible.

そのドレスは保存状態が非常によく、脇の縫い目がまだくっきりとしていた。

1385 🔲🔲🔲🔲🔲

relic

[rélɪk]

≒ remains, remnant, vestige

🔳 名 遺物、遺跡、名残り

The archaeologists uncovered some **relics** from the site which had been very well preserved.

考古学者はその遺跡から保存状態が非常によい遺物を発掘した。

1386 🔲🔲🔲🔲🔲

authenticity

[ɔ̀ːθentísəti]

🔳 authentic 真正の
🔳 authenticate
　～が本物であると認める
≒ genuineness

🔳 名 真正であること、信頼性

Before the artefacts are added to the museum's collection, they are tested for **authenticity**.

遺物は、博物館に収蔵される前に、本物かどうか鑑定される。

哲学・倫理　心理学　歴史

考古学

芸術　文学　言語学

考古学

□□□□□
origin 起源
[ɔ́rədʒɪn]

□□□□□
evolution 進化
[ìːvəlúːʃən]

□□□□□
dinosaur 恐竜
[dáɪnəsɔ̀ː]

□□□□□
primitive 原始人
[prímətɪv]

□□□□□
mummy ミイラ
[mʌ́mi]

□□□□□
sword 剣、刀
[sɔ́ːd]

□□□□□
spear 槍
[spíə]

□□□□□
bow 弓
[bóʊ]

□□□□□
arrow 矢
[ǽrəʊ]

芸術 Art

1387 □□□□□

glaze
[gléɪz]

↗ 素焼きの陶磁器の表面に施すガラス質の溶液のこと。「うわぐすり」とも言う。

名 釉薬

動 〜に釉薬をかける、〜のつやを出す

The pots are then coated with a **glaze** to make them waterproof.

それから、つぼには防水のために釉薬が塗られる。

1388 □□□□□

depict
[dɪpíkt]

名 depiction 描写、叙述
≒ picture, portray, represent

動 〜を描く

Ms Tan, the artist of the painting, says it **depicts** her early life in Dubai.

その絵を描いたタンさんは、それはドバイでの自分の子ども時代を表していると言っている。

1389 □□□□□

inscribe
[ɪnskráɪb]

名 inscription
記された［刻まれた］もの
≒ engrave, etch
↗ 〈in-（中に）＋ scribe（書く）〉の構造。

動 〈名前・文字など〉を記す、刻む

Cortissoz wrote the tribute which is **inscribed** above the statue of Abraham Lincoln.

コーティーザスはエイブラハム・リンカーン像の上に刻まれている賛辞を書いた。

1390 □□□□□

improvise
[ímprəvàɪz]

名 improvisation 即興
形 improvisational 即興の
≒ ad-lib

動 （〜を）即興で作る［演奏する］

The ability to **improvise** is what sets jazz musicians apart from other artists.

即興で演奏できることが、ジャズミュージシャンがほかのアーティストと違うところだ。

1391 □□□□□

rim
[rím]

≒ edge, border, verge, margin
↗ 丸いものの縁のこと。丸くないもののへりは edge。

名 （円形の物の）縁、へり

The body of the pot is painted in blue, up to the gold band at the **rim**.

そのつぼは全体が青で塗られ、口は金で縁取られている。

1392 □□□□□

fascinate
[fǽsənèɪt]

名 fascination 魅せられること；魅力
≒ charm, captivate, enchant, enthral

動 〈人〉をうっとりさせる、魅了する

Many visitors to the museum go straight to *Las Meninas* and stand there, **fascinated** by the painting.

その美術館を訪れる多くの人がまっすぐ『ラス・メニーナス』のところへ行き、その絵にうっとりとしてそこにたたずむ。

哲学・倫理　心理学　歴史　考古学

1393 ☐☐☐☐☐

craftsman

[krǽftsmæn]

图 craftsmanship 職人技
≒ artisan
♪ craftsperson の形も使われる。

名 工芸家；職人

The **craftsmen** were artistic, creating delicate pieces of woodwork with beautiful designs.

その工芸家たちは技巧に優れ、美しいデザインの精巧な木工品を制作した。

1394 ☐☐☐☐☐

pigment

[pígmənt]

♪ 主に水や油で溶く、粉末状のものを指す。colour にも同じ意味がある。

名 ①顔料 ②(生物の)色素

The paintings in the cave were created using blood as a natural red **pigment**.

その洞窟絵画は血を天然の赤色顔料として使って描かれた。

1395 ☐☐☐☐☐

gimmick

[gímɪk]

圈 gimmicky 人目を引くためだけの
≒ device

名 仕掛け、からくり

3D cinema has largely been seen as a **gimmick** rather than the future of film.

3D 映画は一般的には未来の映画というよりはむしろ仕掛けとして見られている。

1396 ☐☐☐☐☐

witty

[wíti]

图 wit 機知
≒ clever

形 機知のある、気のきいた

The comedian is known for his intelligent sense of humour, making a lot of **witty** jokes.

そのコメディアンは知的なユーモアのセンスで知られていて、当意即妙のジョークをよく言っている。

1397 ☐☐☐☐☐

attribute

[動] [ətríbju:t] [名] [ǽtrəbjù:t]

≒ [動] ① ascribe
　[名] characteristic, trait, quality, property
♪ 動詞のアクセントの位置に注意。

動 ①～を(…の)作品だと考える ②～を(…に)帰する
名 属性、特質

The Egyptian pyramids are now **attributed** to paid workers and not slaves.

エジプトのピラミッドは、今では奴隷ではなく賃金をもらう労働者が建てたと考えられている。

1398 ☐☐☐☐☐

defiant

[dɪfáɪənt]

動 defy ～に反抗する
≒ disobedient

形 挑戦的な、反抗的な

Early Impressionist painters took a **defiant** attitude towards traditional forms of painting.

初期の印象派の画家は伝統的な画法に挑戦的な態度をとった。

1399

eccentric
[ɪkséntrɪk]

图 eccentricity 奇妙さ
≒ [形] unusual, bizarre, peculiar, odd

□□□□□

形 風変わりな、常軌を逸した　名 奇人、変人

The fashion designer was known for her **eccentric** style and tastes, which seemed very unusual at the time.

そのファッションデザイナーは風変わりなスタイルとセンスで知られていて、それは当時非常に珍しいことだったようだ。

1400

tilt
[tílt]

≒ ① lean, slant

□□□□□

動 ①～を傾ける　②傾く

Early cinema created many interesting styles, such as **tilting** the camera to the side for dramatic effect.

初期の映画は多くの面白い手法を生み出した。例えば、劇的な効果をねらってカメラを傾けたりした。

1401

obtrusive
[əbtrúːsɪv]

動 obtrude 出しゃばる
≒ ② pushy

□□□□□

形 ①目障りな、ひどく目立つ
②押しつけがましい、出しゃばりの

Due to its size, *the Angel of the North* was thought by many to be **obtrusive**.

『エンジェル・オブ・ザ・ノース』は、その大きさのために多くの人に目障りに思われた。

1402

laud
[lɔ́ːd]

形 laudable 称賛に値する
≒ acclaim, praise, extol
♪ au の発音に注意。

□□□□□

動 ～を称賛する、ほめたたえる

Eilish and her brother were **lauded** for their work in popular music.

アイリッシュと彼女の兄は、ポップミュージックにおける活動を称賛された。

1403

haphazard
[hæphǽzəd]

≒ arbitrary, random, helter-skelter
↔ methodical, systematic

□□□□□

形 無計画な、行き当たりばったりの

Some abstract paintings have a clear meaning; others look like a **haphazard** mess of colour.

抽象画の中には明確な意味を持つものもあるが、色をめちゃくちゃに塗りたくっただけに見えるものもある。

1404

feat
[fíːt]

≒ achievement, accomplishment, exploit, deed

□□□□□

名 偉業、離れ業

The **feat** of creating incredible music even while deaf has earned Beethoven long-lasting admiration.

ベートーベンは耳が聞こえなくても素晴らしい曲を作ったという偉業により、長く称賛されている。

哲学・倫理 心理学 歴史 考古学

芸術

文学 言語学

1405
☐☐☐☐☐

absurdity
[əbsə́ːdəti]

形 absurd ばかげた、不合理な
≒ folly, insanity, stupidity

名 ばかげたこと[もの]

The **absurdity** of his actions are what made him such a popular physical comedy actor.

そのパフォーマンスがばかばかしいからこそ、彼は体で演じるコメディアンとして人気者になったのだ。

1406
☐☐☐☐☐

stun
[stʌ́n]

形 stunning 驚くべき
≒ startle, astound, astonish

動 〈人〉をぼう然とさせる

Visitors to the building cannot help but be **stunned** by the incredible sculpture in the courtyard.

その建物を訪れる人は、中庭の素晴らしい彫刻にただただぼう然とする。

1407
☐☐☐☐☐

overlap
[動] [òuvəlǽp] [名] [óuvəlæp]

♪「オーバーラップ（する）」はカタカナ語にもなっている。

動 （部分的に）重なり合う、重複する
名 重複（部分）

In abstract paintings, such as the works of Picasso, shapes and images often **overlap**.

ピカソの作品のような抽象画においては、形と像とがしばしば重なり合う。

1408
☐☐☐☐☐

painstaking
[péinztèikiŋ]

≒ conscientious, meticulous, scrupulous

形 〈仕事などが〉丹念な、骨の折れる

The artwork has such **painstaking** attention to detail that most people think it's a photograph.

その挿絵は細部に至るまで丹念に注意深く描かれているので、ほとんどの人は写真だと思う。

1409
☐☐☐☐☐

premiere
[prémièə]

♪ first を意味するフランス語から来た語。

名 （映画の）封切り；（演劇の）初日

Many celebrities attended the **premiere**, which was held one week before the film's general release.

多くの著名人が、その映画の一般公開の1週間前に行われたプレミアに参加した。

1410
☐☐☐☐☐

outrageous
[àutréidʒəs]

≒ ① extraordinary, exorbitant, extravagant
② abominable, heinous

形 ① 常軌を逸した、とんでもない ② 非道な

Francis Bacon's work was deemed **outrageous** by people at the time, whereas now it feels more raw.

フランシス・ベーコンの作品は当時の人々には常軌を逸していると思われていたが、今ではむしろ生々しいと感じられる。

1411

incongruous

[ɪnkάːŋgruəs]

圏 incongruity 矛盾
≒ inconsistent
↔ congruous

形 ちぐはぐな、似つかわしくない

The high-pitched voice of the singer seems **incongruous** with his large physical build.

その歌手の甲高い声は大きな体格に似つかわしくない感じがする。

1412

imagery

[ímɪdʒəri]

圏 image 印象、イメージ
♪ 思想などを形にしたもの。

名 像、画像、彫像

Christian **imagery** dominates the art surviving from the fall of the Western Roman Empire.

西ローマ帝国の滅亡を切り抜けて現存している芸術の大半はキリスト像だ。

1413

cultivate

[kʌ́ltəvèit]

圏 cultivation 耕作；育成
≒ ① encourage, foster, promote, nurture

動 ① ～をはぐくむ、養う ② ～を耕す

The unique artistic styles of the Italian Renaissance were **cultivated** over hundreds of years.

イタリアルネサンスの独特の芸術形態は何百年にもわたってはぐくまれた。

1414

arouse

[əráʊz]

≒ stimulate, provoke, incite
♪ ou の発音に注意。

動 〈関心・感情など〉を呼び起こす、刺激する

The artist's work **aroused** interest in buyers throughout the country.

そのアーティストの作品は全国のバイヤーの興味を呼び起こした。

1415

aesthetic

[iːsθétik]

♪ 日本語にもなっている aesthetician（エステティシャン）には「美学者」の意味もある。

形 美の、美的な

Art is judged not only by its **aesthetic** value but also its effect on society.

芸術はその美的な価値だけでなく社会に与える影響によっても判断される。

1416

recreate

[rìːkriéit]

♪ 同じつづりで「～を気晴らしさせる」を意味する動詞もある。

動 ～を再現する

The actors **recreated** a typical battle that would have been watched at the Colosseum.

俳優たちはコロッセオで見られただろう典型的な闘いを再現した。

哲学・倫理 心理学 歴史 考古学

芸術 文学・言語学

1417

rendition

[rendíʃən]

働 render
　～を表現する；(ある状態に) する
≒ rendering

名 (絵画・音楽などによる) 表現、描写、演奏

Each year many popular musicians release compilation albums of their **renditions** of famous Christmas songs.

毎年多くのポップミュージシャンが、有名なクリスマスソングを独自にアレンジしたコンピレーションアルバムを発売する。

1418

embellish

[ɪmbélɪʃ]

名 embellishment 装飾 (物)、飾り
≒ decorate, adorn, beautify, ornament

動 ～を飾る、粉飾する

The painted portrait of the Queen was **embellished** with a beautiful golden frame.

描き終わった女王の肖像画は美しい金の額に入れられた。

1419

aptitude

[æptətjùːd]

形 apt 適した
≒ talent

名 素質、能力

William Hoare showed an **aptitude** for drawing and was sent to study under Italian painter Giuseppe Grisoni.

ウィリアム・ホーアは絵を描く才能を示し、イタリアの画家ジュゼッペ・グリゾーニのもとに送られた。

1420

restrained

[rɪstréɪnd]

≒ ① subdued

形 ① 抑制した、控えめな
　　② 〈人・ふるまいが〉冷静な

Minimalism's **restrained** artistic style focused on the basics, trying not to complicate art.

ミニマリズムの抑制された芸術様式は基礎に焦点を絞り、芸術を複雑なものにしないようにした。

1421

murky

[mə́ːki]

名 murk 暗やみ、暗黒
≒ ① dim, gloomy, obscure

形 ① 〈闇・霧などが〉濃い ② 〈水が〉濁った

The picture shows the **murky** morning light breaking through trees on a cold winter's day.

その写真は、寒い冬の日に薄暗い朝の木漏れ日が差しているところを撮ったものだ。

1422

poignant

[pɔ́ɪnjənt]

≒ ① affecting, emotional, impressive, touching
② biting, caustic
♪ 発音に注意。

形 ① 心に強く訴える、感動的な
　　② 〈皮肉・批評などが〉辛辣な

This **poignant** image of her childhood is both sweet and sad at the same time.

この彼女の子ども時代の心を打つ映像は、美しくもあり、また悲しくもある。

1423

adorn
[ədɔ́ːn]

名 adornment 飾ること、装飾
≒ beautify, decorate, embellish, grace

動 ～を飾る

The interior revealed walls **adorned** with beautiful decorations of gold and silver.
中に入ると、壁には金銀の美しい装飾が施されていた。

1424

resonance
[rézənəns]

動 resonate 反響する、共鳴する
形 resonant 反響する、共鳴する
≒ ② echo

名 ① 共鳴、共振 ② 反響、響き

Audiences felt particular **resonance** with the main character due to her issues with love and happiness.
主人公が愛と幸せの問題にぶつかるので、視聴者は彼女に特に共鳴した。

1425

intricate
[íntrɪkət]

名 intricacy 複雑さ
≒ ② complex, complicated, convoluted, tangled

形 ① (模様・構造が) 細かい、多くの部分からなる ② 入り組んだ、難解な

The painter's brush strokes are so **intricate** that one can see each of the subject's eyelashes.
この絵は非常に細かく描き込まれているので、人物のまつ毛一本一本まで見て取れる。

1426

prodigy
[prɒ́dədʒi]

♪ 若い人に使う。「神童」なら a child prodigy。

名 天才、奇才

As a child, she was known for her intelligence and regarded as a **prodigy**.
彼女は子どもの頃、頭のよさで知られ、天才と見なされていた。

1427

budding
[bʌ́dɪŋ]

≒ nascent
♪ bud (芽を出す) の現在分詞が形容詞化したもの。

形 新進気鋭の

Budding artists were encouraged by the investment in the arts from local governments.
自治体は芸術に投資して、新進気鋭のアーティストたちを応援した。

1428

renaissance
[rənéɪsəns]

♪ ②の意味では Renaissance と大文字で始める。

名 ① 再興、復興 ② ルネサンス、文芸復興

There has been a **renaissance** in the usage of film-based cameras.
フィルムカメラの使用が見直されている。

哲学・倫理 心理学 歴史 考古学

芸術

文学 言語学

1429
destitute
[déstətjùːt]

形 貧しい、極貧な

图 destitution 極貧
≒ impoverished, indigent, needy

At the end of his life, Van Gogh was **destitute**, having sold only one piece of art.

ファン・ゴッホはわずか1枚の絵しか売れず、貧困のうちにその生涯を終えた。

1430
tribute
[tríbjuːt]

≒ eulogy
♪ tribute album (トリビュート・アルバム) などはカタカナ語にもなっている。

名 称賛[尊敬、感謝]の印

The concert was a **tribute** to Stevie Wonder, each musician playing different versions of his songs.

そのコンサートはスティーヴィー・ワンダーをたたえるもので、それぞれのミュージシャンが彼の曲を独自のスタイルで演奏した。

1431
porcelain
[pɔ́ːsəlɪn]

≒ china
♪ 高温で焼かれたしばしば白く半透明の焼き物。「陶器」は pottery、earthenware と言う。

名 磁器；磁器製品

Her sculptures are mostly made out of marble and **porcelain**.

彼女の彫刻はほとんどが大理石か磁器から彫り出される。

1432
interplay
[íntəplèɪ]

≒ interaction

名 相互作用、相互影響

His beautiful photographs of the waves bring to one's attention the **interplay** between water and light.

彼の波をとらえた美しい写真を見ると、水と光の相互作用に引きつけられる。

1433
workmanship
[wɔ́ːkmənʃɪp]

≒ craftsmanship

名 職人芸

Many centuries after the Roman Empire fell, we still see examples of their **workmanship** in their buildings.

ローマ帝国が崩壊して何世紀も経つが、その建造物ではいまだに職人技の例が見られる。

1434
fusion
[fjúːʒən]

動 fuse 溶ける、融合する
≒ blend

名 融合（物）

The mid-twentieth century saw a **fusion** of classical and contemporary art forms that hadn't come together previously.

20世紀半ばに、それまで一体となることがなかった古典的芸術形態と現代的芸術形態の融合が起きた。

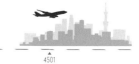

1435

☐☐☐☐☐

deride

[dɪráɪd]

名 derision 嘲笑、あざけり
≒ mock, ridicule

動 ～をあざ笑う

Although the album was **derided** by critics, it was well-received by the musician's longtime fans.

そのアルバムは評論家には酷評されたが、そのミュージシャンの長年のファンたちには好評だった。

1436

☐☐☐☐☐

prodigious

[prədídʒəs]

≒ ① astonishing, astounding, fabulous, marvellous
　② enormous

形 ①並外れた、驚くべき ②巨大な

From an early age Mozart was remarkable for his **prodigious** ability to play the piano and compose music.

モーツァルトは幼い頃からピアノ演奏と作曲の並外れた才能で際立っていた。

1437

☐☐☐☐☐

idiosyncratic

[ìdiəʊsɪŋkrǽtɪk]

名 idiosyncrasy (個人の) 特異性
≒ peculiar, quirky
♪ アクセントの位置に注意。

形 (一個人に) 特有の

Many abstract paintings can initially seem very similar, but each has its own **idiosyncratic** features.

多くの抽象画は最初は非常に似通って見えることがあるが、それぞれ特有の特徴を持っている。

1438

☐☐☐☐☐

encase

[ɪnkéɪs]

≒ enclose, include
♪ 〈en- (中に) + case (ケース)〉の構造。

動 ～を (箱などに) 入れる、すっぽりと覆う

The museum council is debating whether to **encase** the sculpture or leave it out in the open.

美術館の評議員会は、その彫刻を展示ケースに入れるか、野外に置くかについて討議している。

1439

☐☐☐☐☐

interpretation

[ɪntə̀:prətéɪʃən]

動 interpret ～を (…と) 解釈する
♪ translation (翻訳) も重要語。

名 解釈、理解

Art is based on **interpretation**; a painting that seems beautiful to some may be frightening to others.

芸術は解釈に基づく。ある人には美しく見える絵が別の人には恐ろしいこともある。

1440

☐☐☐☐☐

hue

[hjú:]

≒ tint, tinge

名 色調、色合い

Van Gogh's *Sunflowers* are recognisable for their mixture of orange and yellow **hues**.

ファン・ゴッホの『ひまわり』は混じり合ったオレンジと黄色の色調で見分けられる。

哲学 倫理 心理学 歴史 考古学

芸術 文学 言語学

1441

repertoire

[répətwàː]

♪ フランス語から来た語。発音に注意。

名 ① 技能［技術］のすべて、レパートリー
② （上演できる）演目、レパートリー

The studio was known for its huge **repertoire** of skills in all aspects of animation.

そのスタジオはアニメのすべての面における技能の膨大なレパートリーで知られていた。

1442

revere

[rɪvíə]

名 reverence 崇敬
形 reverential うやうやしい
≒ adore, venerate, worship

動 〜を崇敬する、あがめる

Kandinsky's work is **revered** by millions because of its originality and colour.

カンディンスキーの作品はその独創性と色彩のために何百万人もの人々に崇敬されている。

1443

marvellous

[máːvələs]

動 marvel 驚く
≒ astonishing, stunning, splendid
♪ ■ marvelous

形 驚くべき、不思議な

The collection of **marvellous** works of art was sadly lost during the Second World War.

その驚くべき芸術作品群は、残念ながら第二次世界大戦中に失われた。

1444

doomsday

[dúːmzdèɪ]

≒ Armageddon, Judgment Day
♪ doom は「運命」。「世界の終末にキリストが再臨して人類を裁く」という思想は、新約聖書の黙示録などに見られる。

名 最後の審判の日

The film portrays a **doomsday** scenario in which powerful aliens attack Earth.

その映画では、強力な宇宙人が地球を襲う破局のシナリオが描かれる。

4540

Terminology

MP3 >>> 279

芸術

□□□□□
etching エッチング
[étʃɪŋ]

□□□□□
still life 静物画
[stíl láɪf]

□□□□□
portrait 肖像画
[pɔ́ːtrət]

□□□□□
caricature 風刺画
[kǽrɪkətʃʊ̀ə]

□□□□□
sculpture 彫刻
[skʌ́lptʃə]

□□□□□
casting 鋳造；鋳物
[káːstɪŋ]

□□□□□
statue 彫像
[stǽtʃuː]

□□□□
kiln 窯
[kíln]

□□□□□
lacquer ware 漆器
[lǽkə wèə]

□□□□□
embroidery 刺繍
[ɪmbrɔ́ɪdəri]

□□□□□
calligraphy 書道
[kəlígrəfi]

□□□□□
composer 作曲家
[kəmpóʊzə]

□□□□□
conductor 指揮者
[kəndʌ́ktə]

□□□□□
choir 聖歌隊
[kwáɪə]

□□□□□
symphony 交響曲
[símfəni]

□□□□□
quartet 四重奏
[kwɔːtét]

□□□□□
quintet 五重奏
[kwɪntét]

□□□□□
hymn 賛美歌、聖歌
[hím]

□□□□□
scale 音階
[skéɪl]

□□□□□
chord 和音
[kɔ́ːd]

□□□□□
baton 指揮棒
[bǽtən]

□□□□□
podium 指揮台
[póʊdiəm]

□□□□□
tragedy 悲劇
[trǽʤədi]

□□□□□
clown 道化師、ピエロ
[kláʊn]

□□□□□
puppetry 人形劇
[pʌ́pətri]

□□□□□
binoculars 双眼鏡
[bənɔ́kjʊləz]

□□□□□
subtitles 字幕
[sʌ́btàɪtlz]

□□□□□
script 脚本
[skrípt]

哲学・倫理　心理学　歴史　考古学

芸術

文学　言語学

MP3>>> 280-281

1445 ☐☐☐☐☐

gritty

[gríti]

图 grit 砂利、砂
≒ ② grainy

形 ①〈描写などが〉現実的な、真に迫った
　②砂の、砂混じりの

The novel depicts the **gritty** side of the city, focusing on crime and the lower classes.

その小説は犯罪や下層階級の人々に焦点を絞っていて、その都市のありのままの姿を描いている。

1446 ☐☐☐☐☐

glossary

[glɔ́səri]

♪ bibliography（文献目録）、chronicle（年代記）、inventory（在庫一覧）といった語も覚えておこう。

名 （巻末の）用語集、用語辞典

A **glossary** of terms was produced to help beginners understand the language used.

初心者が使われている言葉を理解できるように、用語集が作られた。

1447 ☐☐☐☐☐

sublime

[səbláɪm]

图 sublimity 荘厳
≒ ① magnificent

形 ①荘厳な、崇高な　②卓越した

The **sublime** beauty of nature has inspired a great number of poets over the centuries.

自然の荘厳な美しさは何世紀にもわたって多くの詩人たちをかき立ててきた。

1448 ☐☐☐☐☐

miscellaneous

[mìsəléiniəs]

图 miscellany 寄せ集め
≒ sundry, various

形 種々雑多な、様々な

Aside from his novels, the **miscellaneous** writings of Tolstoy covered topics of religion, ethics, and politics.

小説以外にも、トルストイの著作は、宗教、倫理、政治の話題など多岐にわたった。

1449 ☐☐☐☐☐

banal

[bənáːl]

图 banality 陳腐さ；陳腐な言葉
♪ アクセントの位置に注意。

形 陳腐な

The poet uses a **banal** tone of voice to describe how bored the character was.

詩人はその登場人物がいかに退屈していたかを表すのに陳腐な言い回しを使っている。

1450 ☐☐☐☐☐

impersonal

[ɪmpə́:sənl]

≒ ② unfriendly
♪ 〈im-（非）＋ personal（個人的な）〉の構造。

形 ①私情を交えない、非個人的な
　②人間味のない、よそよそしい　③非人称の

Unlike fictional writing, reports and essays should have an objective and **impersonal** style.

小説と違って、ルポや評論は客観的で私情を交えない文体にすべきだ。

1451
backdrop
[bǽkdrɒ̀p]
≒ background

☐☐☐☐☐

名 (景色・出来事などの) 背景

James Joyce's novel *Dubliners* is set against a **backdrop** of early 20th century Dublin.

ジェイムズ・ジョイスの小説『ダブリン市民』は20世紀半ばのダブリンを背景にした設定になっている。

1452
folklore
[fóʊklɔ̀ː]
♪ ある地域の習慣や伝統行事、民族衣装や踊りなどのこと。

☐☐☐☐☐

名 民間伝承

Many students enjoy the insight into cultural and social history that is gained from reading **folklore**.

民間伝承を読むことによって得られる文化や社会の歴史への洞察を楽しむ学生は多い。

1453
recount
[rɪkáʊnt]
≒ describe, narrate, relate

☐☐☐☐☐

動 ～を詳しく話す、物語る

The autobiography **recounts** the author's childhood during the Second World War.

その自伝には第二次世界大戦中の著者の子ども時代のことが詳しく書かれている。

1454
archetype
[ɑ́ːkɪtàɪp]
♪ arch(e) は「主な」を意味する語根で、archbishop (大司教) などにも含まれる。

☐☐☐☐☐

名 典型、代表例

The **archetype** of the wise old teacher has been used in stories around the world for hundreds of years.

賢い老師というのは何百年もの間世界中の物語に登場してきた典型例だ。

1455
paradoxical
[pæ̀rədɔ́ksɪkl]
图 paradox 逆説；矛盾
≒ ② contradictory
♪ ①は一見不合理のように見えるが実は鋭く真理をついていること。

☐☐☐☐☐

形 ① 逆説的な ② 矛盾した

Hamlet makes the **paradoxical** statement, "I must be cruel to be kind".

ハムレットは「親切であるために残酷でなければならない」と逆説的なことを言う。

1456
acclaim
[əkléɪm]
≒ [名] applause
　 [動] hail, laud, applaud

☐☐☐☐☐

名 絶賛、喝采 **動** ～を絶賛する

Kazuo Ishiguro's *The Remains of the Day* achieved great critical **acclaim**, even earning the prestigious Booker Prize.

カズオ・イシグロの『日の名残り』は評論家に大絶賛され、名誉あるブッカー賞をも受賞した。

哲学・倫理　心理学　歴史　考古学　芸術

文学

言語学

1457 □□□□□ narrative

narrative
[nǽrətɪv]

動 narrate ～を語る
名 narration 語り、ナレーション

名 物語　形 物語の、物語形式の

The author makes learning interesting by turning historical events into action-packed **narratives**.

この作家は歴史上の出来事をアクション満載の物語に変えることによって、学ぶことを楽しくしている。

1458 □□□□□

lucid
[lúːsɪd]

名 lucidity 明快さ
≒ evident, obvious, unambiguous

形〈説明・文章などが〉明快な

Noah Harari's fantastic *Sapiens* is a **lucid** account of the history of mankind.

ノア・ハラリの名著『サピエンス全史』は人類の歴史を明快に説明している。

1459 □□□□□

metaphor
[métəfə]

形 metaphorical 隠喩的な
♪ She is an angel. は隠喩。She is like an angel. は直喩。「直喩」は simile と言う。

名 隠喩

Many readers struggle to understand Shakespeare's deep **metaphors** because they are too abstract.

シェイクスピアの深遠な隠喩はあまりにも抽象的なので、多くの読者は理解するのに苦労する。

1460 □□□□□

drab
[dræb]

≒ ① dull, colourless, dreary

形 ①面白みのない、単調な
　②淡褐色の、くすんだ色の

Allen Ginsberg is known for his **drab** readings of his poetry, expressing boredom and monotony.

アレン・ギンズバーグは自分の詩をつまならそうに一本調子で読む面白みのない朗読で知られている。

1461 □□□□□

highbrow
[háɪbràʊ]

↔ [形] lowbrow
♪ 発音に注意。軽蔑的なニュアンスを伴うことが多い。

形 高尚な、インテリ向きの
名 知識人、インテリぶる人

Demand for **highbrow** literature fell as the popularity of young adult fiction increased.

若者向けの小説の人気が高まるとともに、高尚な文学の需要は減った。

1462 □□□□□

serial
[síəriəl]

動 serialise ～を連載する
≒ [形] sequential

形 連続した、通しの　名 連続読み物、シリーズ

Dickens' *Great Expectations* was released in a **serial** publication from December 1860 to August 1861.

ディケンズの『大いなる遺産』は、1860年12月から1861年8月にかけて連続刊行物の中で発表された。

1463

intertwine

[ìntətwáin]

≒ twist, interweave

動 ～を(…と) 絡み合わせる

Pullman beautifully **intertwines** the stories of two teenagers who travel through different worlds.

プルマンは異なる世界を旅する 2 人のティーンエージャーの物語を見事に絡み合わせている。

1464

esoteric

[èsəʊtérɪk]

≒ ① arcane ② mystical

形 ①難解な、深遠な ②秘教的な、秘伝の

The book is clearly not written for the average reader because much of the vocabulary is **esoteric**.

その本は明らかに一般読者向けに書かれたものではない。難解な言葉がたくさん使われているからだ。

1465

archive

[áːkaɪv]

♪ ふつう複数形で使う。chi の発音に注意。

名 ①古文書、公文書 ②古文書保管所

Library **archives** have started to become digitised to keep up with modern times.

図書館の古文書は今の時代に合わせてデジタル化され始めている。

1466

ingenious

[ɪndʒíːniəs]

图 ingenuity 巧妙さ、創意
≒ inventive, creative, innovative

形 巧妙な、創意工夫に富んだ

Literary experts praised the author's **ingenious** use of narrative style.

文学界の大御所たちはその作家が物語体を巧みに用いたことを称賛した。

1467

descriptive

[dɪskríptɪv]

動 describe ～を描写する
图 description 描写
≒ explanatory

形 描写的な、説明的な

The reviews said that the book was unnecessarily **descriptive**, making it far too long.

レビューによると、その本は不必要な描写が多くてあまりにも長すぎるということだった。

哲学・倫理　心理学　歴史　考古学　芸術

文学

言語学

文学

epic [épɪk]	叙事詩		fable [féɪbl]	寓話
lyric [lírɪk]	抒情詩		autobiography [ɔ̀:təʊbaɪɔ́grəfi]	自伝、自叙伝
rhyme [ráɪm]	韻		chronicle [krɔ́nɪkl]	年代記
verse [vɔ́:s]	韻文		euphemism [júːfəmìzm]	婉曲表現
prose [próʊz]	散文		personification [pəsɔ̀nəfɪkéɪʃən]	擬人法
rhetoric [rétərɪk]	修辞		irony [áɪrəni]	皮肉
saga [sɑ́:gə]	英雄物語、大河小説		headline [hédlàɪn]	見出し
essay [éseɪ]	随筆、エッセイ		article [ɑ́:tɪkl]	記事
fiction [fíkʃən]	フィクション		editorial [èdɪtɔ́:riəl]	社説
fantasy [fǽntəsi]	ファンタジー		subscription [səbskrípʃən]	購読
satire [sǽtaɪə]	風刺文学		publisher [pʌ́blɪʃə]	出版社
myth [míθ]	神話		editor [édətə]	編集者
biography [baɪɔ́grəfi]	伝記		proofreader [prúːfrìːdə]	校正者
oral literature [ɔ́:rəl lítrətʃə]	口承文芸		copyright [kɔ́pirὰɪt]	著作権

□□□□□
quotation 引用
[kwəʊtéɪʃən]

□□□□□
reference 参考文献
[réfərəns]

□□□□□
translation 翻訳
[trænsléɪʃən]

□□□□□
revision 改訂版
[rɪvíʒən]

哲学·倫理 心理学 歴史 考古学 芸術

文学

言語学

1468 ☐☐☐☐☐

bilingual

[baɪlíŋɡwəl]

♪「1言語使用者」は monolingual、「多言語使用者」は multilingual と言う。

形 2か国語を話せる
名 2言語使用者

A **bilingual** person can communicate fluently in two languages with ease.

バイリンガルは2つの言語でこともなく流ちょうにコミュニケーションが取れる。

1469 ☐☐☐☐☐

acronym

[ǽkrənɪm]

♪ -onym は「名前」を意味する接尾辞で、synonym（類義語）、antonym（反意語）、homonym（同音異義語）、pseudonym（偽名）、anonymous（匿名の）などにも含まれている。

名 頭字語

We pronounce **acronyms** such as NATO and UNESCO as words instead of saying their letters individually.

NATO や UNESCO などの頭字語は、一文字ずつ読むのではなく、単語として発音する。

1470 ☐☐☐☐☐

terminology

[tə̀ːmənάlədʒi]

形 terminological 術語の、用語上の
≒ language, vocabulary, jargon
♪ 集合的に「専門用語」を表す。個々の専門用語は term と言う。

名 専門用語、（特定分野の）術語

To avoid confusing patients, doctors try not to use scientific **terminology** when talking to them.

医師は患者を混乱させないように、患者と話すときには科学用語の使用を極力避ける。

1471 ☐☐☐☐☐

liken

[láɪkən]

名 likeness 似ていること、類似
≒ compare
♪ 〈like（似た）+ -en（〜にする）〉の構造。

動 〜をたとえる、なぞらえる

When learning a language, it is useful to **liken** vocabulary to words you already know.

言語学習では、語彙を既知の語で言い換えるのが効果的だ。

1472 ☐☐☐☐☐

articulate

[動] [ɑːtíkjəlèɪt] [形] [ɑːtíkjələt]

名 articulation 明瞭な発音、表現

動 〜をはっきり表現する　形 はっきりものを言う

Children need a couple of years before they are able to **articulate** their wants and needs verbally.

子どもが欲求や要求を言葉ではっきりと表現できるようになるまでには数年かかる。

1473 ☐☐☐☐☐

verbal

[və́ːbl]

≒ oral, spoken
♪ verb は「動詞」の意の名詞だが、元々「言葉」を意味する語根で、これに形容詞を作る接尾辞 -al がついたのが verbal。

形 言葉による、口頭の

Domesticated animals such as dogs and cats take **verbal** and physical instructions from humans.

犬や猫など飼いならされた動物は、人間が口や体を使って出す指示に従う。

1474 □□□□□

interchangeable

[ìntətʃéɪndʒəbl]

≒ exchangeable, transposable

形 交換できる、置き換えられる

The book explains that many similar words, such as "fantastic" and "marvellous", are not always **interchangeable**.

その本によると、fantastic と marvellous のように似た単語が常に交換できるとは限らないことが多いということだ。

1475 □□□□□

connotation

[kɑ̀nəʊtéɪʃən]

動 connote〈言葉が〉〜を暗示する
形 connotative 含意の
≒ implication
♪ 表面に現れない意味（を含みもつこと）。

名 含意、言外の意味

The word "healthy" can have negative **connotations** when referring to a person's weight.

healthy という語は、人の体重について言うときにはネガティブなニュアンスを持つことがある。

1476 □□□□□

semantic

[səmǽntɪk]

♪ semantics は「意味論」という言語学の一分野。

形 （言葉の）意味の

Dr Amee Shah said that a child's **semantic** understanding occurs when they relate words to each other.

子どもが言葉と言葉を結びつけたときにその子は言葉の意味を理解したことになる、とアミー・シャー博士は言った。

1477 □□□□□

literal

[lítərəl]

↔ figurative

形 文字通りの、逐語的な

An idiom, such as "raining cats and dogs", shouldn't be understood for its **literal** meaning.

「土砂降り」のような慣用句は文字通りの意味に取ってはいけない。

1478 □□□□□

enunciate

[ɪnʌ́nsièɪt]

名 enunciation 言明；発音
≒ ② articulate

動 ①〜を明確に述べる
　②〈言葉〉を明確に発音する

Received Pronunciation is where a speaker **enunciates** their English in a formal and accurate way.

容認発音とは、話者が英語を正式かつ正確な仕方で明瞭に発音することだ。

1479 □□□□□

linguistic

[lɪŋgwístɪk]

名 linguistics 言語学
名 linguist 言語学者

形 言語の、言語学の

Linguistic differences are clear throughout the United Kingdom, with many different accents and dialects.

イギリスには様々な訛りや方言があるので、全国的な言語の違いは明らかだ。

哲学・倫理　心理学　歴史　考古学　芸術　文学

言語学

1480
decipher
[dɪsáɪfə]

≒ decode
↔ cipher

動 ～を解読する

After many years of study, Jean-François Champollion **deciphered** Egyptian hieroglyphics in 1822.

ジャン=フランソワ・シャンポリオンは長年の研究の末、1822年にエジプト象形文字を解読した。

1481
buzzword
[bʌ́zwəːd]

≒ jargon

名 専門的な流行語、業界用語

"Green" became the **buzzword** of the decade, as companies tried to promote themselves as environmentally aware.

「エコ」がこの10年の流行語になった。企業が自社の環境意識の高さを押し出そうとしたためだ。

1482
dialect
[dáɪəlèkt]

≒ ① vernacular
② jargon, terminology

名 ① 方言、地方なまり
② （職業・階級による）言語

The book is written in an unusual **dialect** from a small area in the north of the country.

その本はその国の北部の狭い地域でしか話されていない珍しい方言で書かれている。

1483
manifold
[mǽnəfòʊld]

≒ multiple

形 多岐にわたる、多種多様な

The **manifold** meanings of certain simple English words often confuse learners.

簡単な英単語でも多岐にわたる意味を持つものがあり、しばしば学習者を混乱させる。

1484
mimic
[mímɪk]

名 mimicry 物まね；擬態
≒ ① imitate, reproduce

動 ① ～をまねる ② ～に擬態する

Beginner language learners are taught to **mimic** what the teacher says.

言語学習を始めたばかりの人は、先生が言うことをまねるよう教えられる。

1485
ironic
[aɪrɔ́nɪk]

名 irony 皮肉
≒ sarcastic

形 反語的な、皮肉な

Certain newspapers thought that the company's environmental promises must have been **ironic**.

その会社の環境についての約束は反語だったのだという論調の新聞もあった。

4680

1486

☐☐☐☐☐

overstate

[ðʊvəstéɪt]

≒ exaggerate, overdo

動 ～を誇張して話す、大げさに言う

A person's success is often **overstated**, as the praise they receive should be shared with their team.

人の成功はしばしば誇張される。その人が浴びる称賛はその人の仲間にも向けられるべきなのに。

1487

☐☐☐☐☐

lexical

[léksɪkl]

名 lexicon 語彙、辞書
♪「辞典編集者」を lexicographer と言う。

形 語彙の；辞書の

A **lexical** analysis looked at how English vocabulary changed in the 2010s.

ある語彙の分析で、2010年代に英語の語彙がどのように変わったかが示された。

1488

☐☐☐☐☐

corpus

[kɔ́ːpəs]

♪ 複数形は corpora あるいは corpuses。

名 コーパス、(研究のために集められた) 資料

A database of language created for detailed analysis is called a **corpus**.

詳細な分析のために作成された言語のデータベースはコーパスと呼ばれる。

1489

☐☐☐☐☐

variant

[véəriənt]

動 vary 異なる、変化する
♪「異形」とは「標準形からずれたもの」のこと。

形 異形の　名 異形、変異形

Variant spellings occur in languages when speakers of different regions do not communicate often.

言語の中でつづりの異なる語ができるのは、別々の地域でその言語を話す人たちの間であまりコミュニケーションがとられない場合だ。

1490

☐☐☐☐☐

adage

[ǽdɪdʒ]

≒ saying, proverb, maxim

名 格言、ことわざ

"You are what you eat" is a particularly accurate **adage** when it comes to our health.

健康に関しては、「人は食で決まる」がとりわけ的を射た格言だ。

1491

☐☐☐☐☐

utterance

[ʌ́tərəns]

動 utter 〈声〉を発する

名 ①発声、言葉を発すること　②発言

A child begins to speak with simple single-word **utterances**, such as mum.

子どもは「ママ」のような簡単な1語を発することから話し始める。

哲学・倫理　心理学　歴史　考古学　芸術　文学

言語学

1492

☐☐☐☐☐

epithet

[épəθèt]

♪ 人・物の性質を端的に表す語のこと。

名 形容辞、添え名

Dogs have earnt the **epithet** "Man's Best Friend" for being loyal animals.

犬は忠実な動物なので、「人間の最良の友」という別称を得ている。

1493

☐☐☐☐☐

dub

[dʌb]

≒ designate

動 ~を(…と)呼ぶ

After breaking the world record in the 100 meter dash, he was **dubbed** "the fastest human on earth".

100メートル走で世界記録を破ると、彼は「地球上で最速の人間」と呼ばれた。

1494

☐☐☐☐☐

vernacular

[vənǽkjələ]

≒ [名] ① jargon, lingo

名 ① 専門用語 ② 地方語、方言
形 その国の(言葉を使った)

The text is not recommended for beginners because it is written in technical **vernacular**.

その本は技術用語を使って書かれているので、初心者にはお勧めしない。

1495

☐☐☐☐☐

immerse

[ɪmə́ːs]

图 immersion 没頭；(液体に)浸すこと
≒ ① engage, engross, involve
② dip, soak

動 ① 〈人〉を没頭させる
② ~を(液体に)浸す、漬ける

Many English language students choose to study in the UK to fully **immerse** themselves in the language.

イギリスに留学して完全に英語漬けになることを選択する英語学習者は多い。

Terminology

MP3>>> 290

言語学

| □□□□□ **grammar** | 文法 |
| [grǽmə] | |

| □□□□□ **accent** | 強勢；なまり |
| [ǽksent] | |

| □□□□□ **pronunciation** | 発音 |
| [prənʌnsiéiʃən] | |

| □□□□□ **vowel** | 母音 |
| [váuəl] | |

| □□□□□ **consonant** | 子音 |
| [kɔ́nsənənt] | |

| □□□□□ **syllable** | 音節 |
| [síləbl] | |

| □□□□□ **vocabulary** | 語彙 |
| [vəukǽbjələri] | |

| □□□□□ **phrase** | 句 |
| [fréiz] | |

| □□□□□ **idiom** | 熟語、慣用語 |
| [ídiəm] | |

| □□□□□ **predicate** | 述語 |
| [prédəkət] | |

| □□□□□ **verb** | 動詞 |
| [vɔ́:b] | |

| □□□□□ **noun** | 名詞 |
| [náun] | |

| □□□□□ **pronoun** | 代名詞 |
| [próunaun] | |

| □□□□□ **adjective** | 形容詞 |
| [ǽdʒɪktɪv] | |

| □□□□□ **adverb** | 副詞 |
| [ǽdvə:b] | |

| □□□□□ **preposition** | 前置詞 |
| [prèpəzíʃən] | |

| □□□□□ **conjunction** | 接続詞 |
| [kəndʒʌ́ŋkʃən] | |

| □□□□□ **interjection** | 間投詞 |
| [ìntədʒékʃən] | |

| □□□□□ **voice** | 態 |
| [vɔ́is] | |

| □□□□□ **tense** | 時制 |
| [téns] | |

| □□□□□ **comparative** | 比較級 |
| [kəmpǽrətɪv] | |

| □□□□□ **superlative** | 最上級 |
| [su(:)pɔ́:lətɪv] | |

| □□□□□ **punctuation** | 句読点 |
| [pʌ̀ŋktʃuéiʃən] | |

| □□□□□ **slang** | 俗語、スラング |
| [slǽŋ] | |

| □□□□□ **loanword** | 外来語、借用語 |
| [lóunwɔ̀:d] | |

| □□□□□ **proverb** | ことわざ |
| [prɔ́vəb] | |

| □□□□□ **maxim** | 格言 |
| [mǽksɪm] | |

| □□□□□ **motto** | 座右の銘 |
| [mɔ́təu] | |

哲学 倫理　心理学　歴史　考古学　芸術　文学

言語学

「エビングハウスの忘却曲線」を正しく理解する

　受験勉強をしていたときなどに、反復学習の重要性に関する説明でこの理論について読んだり聞いたりされた方もいるかもしれません。忘却曲線とは「新情報の記憶と時間経過の関係」を図示したもので、左上から右下へと下降する曲線と数値とが表示されています。単語学習法の根拠としてしばしば引用されますが、このグラフの数値に関しては誤解されていることも多く、以下の点に注意が必要です。

× 1日後：約65％を忘れる　　　　　1か月後：約80％を忘れる
〇 1日後：再記憶の時間が約35％短縮　1か月後：再記憶の時間が約20％短縮

　エビングハウスの忘却曲線は、「忘れるスピードや割合」を表したものではありません。それが表しているのは、「間隔をおいて覚え直す際に、1回目と比べてどれくらい時間が節約できるかの割合（節約率）」です。

　例えば、「初回の記憶：30分使う」→「1日後の再記憶：20分使う」場合、10分（短縮された時間）÷30分（初回の記憶）≒35％となりますね。これが「節約率」です。そして1か月後には節約率は20％になるので、「時間の節約率が下がる（＝記憶し直すのに余分に時間がかかる）」ことなります。したがって、この理論は「時間が経過するにつれて記憶し直すのに時間を要する」ということの説明であり、「復習期間の効果的なタイミング」の説明ではありません。

　次のコラムでは、この忘却曲線を参考に考案した単語学習のペース配分に関する具体的なモデルケースをご紹介します。

研究・調査
その他の
重要語

Research & Other Keywords

1496 ☐☐☐☐☐

collate

[kəléɪt]

名 collation 照合

動 ①〈原稿など〉を照合する
② ～をページ順にそろえる

The group **collated** information from many different sources to produce their results.

そのグループは、結果を生み出すために様々な情報源から得た情報を照合した。

1497 ☐☐☐☐☐

experimentation

[ɪkspèrəméntéɪʃən]

名 動 experiment 実験（する）
形 experimental
実験的な、実験による

名 実験すること、試すこと、実験作業

Scientific **experimentation** on animals is banned within the company; they test on humans instead.

その会社では動物に対する科学実験が禁じられており、代わりに人間が実験台になっている。

1498 ☐☐☐☐☐

presume

[prɪzjúːm]

名 presumption 推定、推測
副 presumably おそらく
≒ assume
🗸 presumed innocence は「推定無罪」。

動 ～と推定する、見なす

It is **presumed** that the dodo died out in the 17th century.

ドードーは17世紀に絶滅したと推定されている。

1499 ☐☐☐☐☐

contend

[kənténd]

名 contention 主張；論争
形 contentious 物議をかもす
≒ ① argue, assert, maintain
② compete, vie

動 ①～を強く主張する ②争う、戦う

The author **contends** that advances in technology are making meaningful communication between friends and family less common.

科学技術の発達により友人や家族の間での有意義なコミュニケーションが減ってきている、と著者は主張している。

1500 ☐☐☐☐☐

replicate

[répləkèɪt]

名 replica 複製品、模造品
≒ ① repeat ② reproduce, copy, duplicate

動 ①〈実験など〉を再現する、検証する
② ～を複製する

He was unable to **replicate** the results of the first study, so the theory was rejected.

彼は最初の研究結果を再現できず、そのために仮説は認められなかった。

1501 ☐☐☐☐☐

baffling

[bǽflɪŋ]

動 baffle ～を困惑させる
名 bafflement 困惑、当惑
≒ puzzling, bewildering, enigmatic, perplexing

形 不可解な、困惑させる

How the tropical birds spread throughout the UK is **baffling**.

その熱帯の鳥たちがどうやってイギリス中に分布したのか不可解だ。

1502 ☐☐☐☐☐

verify

[vérəfài]

- 名 verification 確認、証明
- 形 verifiable 証明できる
- ≒ confirm, corroborate, validate

動 ～を確認する、証明する

Villagers **verified** that one female tiger was responsible for the deaths of 13 people in central India.

インド中央部で 13 人が亡くなったのは 1 頭のメストラに襲われたためだと村人たちは証言した。

1503 ☐☐☐☐☐

projection

[prədʒékʃən]

- 動 project ～を映写する；予測する
- ≒ ① estimate, forecast, prediction
- ♪ projection mapping はカタカナ語として定着しつつある。

名 ① 予測 ② 映写、投射

According to their **projections**, the global population will begin decreasing around 2050.

彼らの予測によると、世界人口は 2050 年頃に減少し始める。

1504 ☐☐☐☐☐

dissect

[dɪsékt]

- 名 dissection (人体・動植物の) 解剖、切開

動 ① ～を解剖する ② ～を詳細に調べる

Many young pupils in biology classes are given the opportunity to **dissect** a frog.

生物の授業で多くの年少の生徒たちがカエルを解剖する機会を与えられた。

1505 ☐☐☐☐☐

theorem

[θíərəm]

- ♪ 例えば「ピタゴラスの定理」は the Theorem of Pythagoras。「自明の理、公理」は axiom と言う。

名 定理

After proof has been found, an idea or statement then becomes a **theorem**.

証拠が発見されると、見解や意見が定理になる。

1506 ☐☐☐☐☐

contradict

[kɔ̀ntrədíkt]

- 形 contradictory 矛盾した
- 名 contradiction 矛盾
- ♪ 〈contra- (反対) + dict (言う)〉の構造。

動 ～と矛盾する

Results can **contradict** each other if an experiment is not watched carefully.

実験が注意深く観察されていなければ、結果が互いに矛盾することもある。

1507 ☐☐☐☐☐

forge

[fɔ́ːdʒ]

- ≒ advance, proceed
- ♪ 同じつづりで「〈関係〉を築く；～を偽造する」を意味する動詞もある。

動 (着実に) 前進する

Despite the weather the team **forged** ahead and made great progress in their expedition.

天候には恵まれなかったが、遠征隊はたゆみなく歩き、大いに前進した。

研究・調査

その他の重要語

1508

□□□□□

predictable
[prɪdíktəbl]

↗ ⟨pre-(前に) + dict(言う) + able(~
できる)⟩の構造。

形 予測のつく、予言[予想]できる

Many animals' behaviours are **predictable**, as they eat and sleep at the same times every day.

多くの動物は毎日同じ時間に食べたり寝たりするので、その行動は予測可能だ。

1509

□□□□□

initiate
[ɪníʃièɪt]

形 initial 最初の、当初の
名 initiation 開始、着手
≒ originate, commence

動 ~を始める

The experiment was **initiated** by putting a strong acid into the test tube.

実験は強酸を試験管に入れることから始められた。

1510

□□□□□

daunting
[dɔ́:ntɪŋ]

動 daunt ~を威圧する
≒ intimidating, dismaying

形 人の気力をくじく、非常に困難な

The researchers were faced with the **daunting** task of classifying millions of galaxies.

研究員たちは何百万もの星雲の分類という気の遠くなるような作業と向き合っていた。

1511

□□□□□

exclusive
[ɪksklú:sɪv]

動 exclude ~を除外する
≒ ① restricted

形 ① 独占的な、排他的な
　 ② ⟨店・ホテルなどが⟩高級な

Dr Korevaar was given **exclusive** access to the ancient tomb; no other archaeologists were allowed to enter.

コレヴァール博士は、その古代墳墓に唯一立ち入ることが許された。ほかに立ち入りが許された考古学者はいなかった。

1512

□□□□□

conjecture
[kəndʒéktʃə]

形 conjectural 憶測上の、推測的な
≒ speculation, supposition

名 推測

The idea of climate change was **conjecture** decades ago; now, there is solid evidence.

気候変動という概念は数十年前は推測だったが、今では確固とした証拠がある。

1513

□□□□□

deduce
[dɪdjú:s]

名 deduction 推論、演繹
形 deductive 推論的な、演繹による
≒ infer, derive

動 ⟨結論など⟩を推定する、推論する

Ravens can **deduce** that pushing the buttons in a specific sequence results in access to food.

ワタリガラスは一定の手順でそのボタンを押せばえさにありつけるということを推定できる。

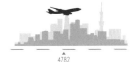

1514

anomaly
[ənɔ́məli]

形 anomalous 異常な
≒ aberration, abnormality, exception, oddity

名 例外、異例

Experiments must be run again and again to ensure any **anomalies** do not affect the results.

実験は何度も行って、異なる結果が出るような例外はないことを確証しなければならない。

1515

paradigm
[pǽrədàim]

♪ g は発音しない。paradigm shift (パラダイムシフト) とは、ある時代や分野で自明とされていた思想や価値観が劇的に変わること。

名 (理論などの) 枠組み、パラダイム

Their incredible work set a new **paradigm** for all future research.

彼らの偉業は今後のあらゆる研究のための新たな枠組みを創設した。

1516

anecdotal
[æ̀nɪkdóutl]

名 anecdote 逸話、話

形 ① 個々の観察[報告]に基づいた ② 逸話の

Although **anecdotal** evidence is important to people, it cannot be used to support scientific theories.

個々人の事例は人々にとって大事だが、科学的理論の裏付けには使えない。

1517

elapse
[ɪlǽps]

≒ go by
♪ laps は「すべる」を意味する語根で、lapse (過失)、collapse (崩壊する) などにも含まれる。

動 〈時が〉経過する、過ぎ去る

After a year had **elapsed**, they returned to the area to see what had happened.

1 年経ってから、彼らはその地域がどうなったか確認しに戻った。

1518

credibility
[krèdəbíləti]

形 credible 信用できる、信じられる
副 credibly 確実に

名 信憑性、信用できること

The **credibility** of scientific work is improved with evidence and research.

科学的研究は調査をして根拠を示すことによってその信憑性が増す。

1519

quantify
[kwɔ́ntɪfài]

形 quantitative 数量の
名 quantity 数量
≒ measure

動 ～を数量化する

The researchers have **quantified** the health risks of fatty foods.

研究者たちは高脂肪食の健康リスクを数値化した。

研究・調査

その他の重要語

1520

□□□□□

sober

[sóubə]

名 sobriety 真面目 ; しらふ
≒ ① earnest, rational, serious
↔ ② drunk

形 ①真面目な、冷静な
②しらふの、酔っていない

A **sober** analysis of the year showed a sudden increase in violent crime.

その年を慎重に分析したところ、凶悪犯罪が急増していた。

1521

□□□□□

fruitless

[frú:tləs]

≒ abortive, futile, ineffective, useless
↔ fruitful

形 〈努力などが〉実を結ばない、無益な

Despite their best efforts, their research had been **fruitless**.

彼らは最善の努力をしたが、調査は実を結ばなかった。

1522

□□□□□

quest

[kwést]

≒ [名] search

名 探求
動 ～を探し求める

The **quest** to discover a cure for cancer will continue for many more years.

がんの治療法の探求はこの先長い間続くだろう。

1523

□□□□□

embark

[ımbá:k]

名 embarkation 着手 ; 船出
≒ ① commence, launch
♪ embark (up)onの形で使うことが多い。

動 ①（困難な事業などに）着手する、乗り出す
②（船・航空機などに）乗る

The researchers **embarked** upon their three-month journey with high hopes.

調査隊は大きな期待を胸に3か月の調査旅行に出発した。

1524

□□□□□

respondent

[rıspɔ́ndənt]

動 respond 応答する
名 response 応答

名 回答者、応答者

Respondents of the survey reported positive feelings towards the current government.

調査の回答者は現在の政府を好意的に見ていることがわかった。

1525

□□□□□

seal

[sí:l]

形 sealed 密封された
♪ seal には「アザラシ」の意味もある。

動 ～を密封［密閉］する　名 封印

The tissue sample must be **sealed** in an air-tight container so that it does not get contaminated.

組織検体は菌がつかないように気密容器に密閉しなければならない。

4814

1526 □□□□□

surmount

[səmáunt]

形 surmountable
〈困難などが〉乗り越えられる
≒ overcome, triumph over

動〈障害・困難など〉を克服する、乗り越える

Surmounting the task of landing a robot on Mars took decades of hard work.

火星にロボットを着陸させるという課題の克服には何十年もの大変な作業を要した。

1527 □□□□□

hypothesise

[haɪpɔ́θəsàɪz]

名 hypothesis 仮説、仮定
♪ ▤ hypothesize

動 〜だと仮説を立てる

It has been **hypothesised** that life could have existed on Mars, but it is unlikely.

火星には生物がいた可能性があるという仮説が立てられているが、そんなことはないだろう。

1528 □□□□□

preliminary

[prɪlímɪnəri]

♪「予備の」は「備蓄した」の意味ではないので注意。preliminary analysis (予備分析) のように名詞の前で使われる。

形 予備の、準備の
名 ①下準備 ②予選

The **preliminary** findings gave them hope, but they had to do more tests to make sure.

予備実験の結果は彼らに希望を与えたが、確認のために彼らはさらなる試験をしなければならなかった。

1529 □□□□□

exhaustive

[ɪgzɔ́:stɪv]

≒ complete, comprehensive, thorough

形 (調査・研究などが) 徹底的な、完全な

At over 1,200 pages, *War and Peace* is Tolstoy's **exhaustive** insight into 19th century Russia.

1200 ページ以上に及ぶ『戦争と平和』は、トルストイが 19 世紀のロシアを徹底的に究明したものだ。

1530 □□□□□

methodology

[mèθədɔ́lədʒi]

形 methodological 方法論の

名 (科学・芸術などある分野の) 方法論

Modern scientific **methodology** requires careful observation, doubt, and assumptions.

現代科学の方法論は、慎重に観測し、疑い、仮定することを求める。

1531 □□□□□

superficial

[sù:pəfíʃəl]

名 superficiality 浅薄
≒ ① shallow

形 ①表面的な、浅薄な ②表面の

Some blog writers who claim to be experts on a topic may have only **superficial** knowledge of it.

あるトピックについて専門家を自称するブロガーが、実は表面的な知識しか持ち合わせていないこともある。

研究・調査

その他の重要語

1532
tightrope
[táɪtròup]

♪「綱渡りのような状態」という比喩的な意味でも使われる。

名 (綱渡りの) 張り綱

Their journey to the North Pole was like walking a **tightrope**; danger could strike at any moment.

彼らの北極への旅は綱渡りのようなものだった。いつ危険に見舞われるかわからなかった。

1533
rekindle
[rì:kíndl]

≒ renew, revive, revitalise
♪ kindle (〈感情・興味などを〉燃え立たせる) に「再び」を意味する接頭辞 re- のついた語。

動 〈感情・興味など〉を再び燃え立たせる

The discovery of new facts has **rekindled** academic interest in the period.

新事実が明らかになり、その時代への学術的関心が再び高まっている。

1534
refute
[rɪfjúːt]

名 refutation 論破、論駁
≒ disprove, rebut

動 ～の誤りを証明する、～を論破する

The purpose of Columbus's expedition was not to **refute** theories that the Earth was flat.

コロンブスの探検旅行の目的は、地球は平らだという説の誤りを証明することではなかった。

1535
mishap
[míshæp]

≒ disaster, calamity

名 災難、不運な事故

Boating accidents were just one of the **mishaps** Lewis and Clark encountered during their journey.

船の事故はルイスとクラークが旅行中に遭遇した災難の一つにすぎなかった。

1536
gauge
[géɪdʒ]

≒ [動] ① evaluate, estimate
② measure
♪ au の発音に注意。

動 ① ～を判断する、評価する
② (計器で) ～を正確に測る
名 計器、ゲージ

The event was used to **gauge** the public's opinion of the new policies.

その出来事は新しい政策に対する世論を探るのに使われた。

1537
theoretical
[θìərétɪkl]

名 theory 理論
↔ practical

形 理論の、理論的な

Theoretical physics uses maths and computers to understand and predict theories.

理論物理学は数学やコンピュータを使って仮説を理解したり立てたりする。

1538　□□□□□

revise
[rɪváɪz]

图 revision 改訂、修正
≒ modify, alter, edit, correct

動 ～を改訂する、修正する

The experiment was unsuccessful, so they **revised** their approach and tried a different method.

実験がうまくいかなかったため、彼らはやり方を変え、別の方法を試した。

1539　□□□□□

classify
[klǽsəfàɪ]

形 classified 分類された；機密の
≒ categorise, arrange, assort

動 ～を分類する

One study **classified** children's diets into three groups: healthy, unhealthy, and dangerous.

ある調査が子どもたちの食生活を、健康的、不健康、危険という3つのグループに分類した。

1540　□□□□□

thereby
[ðèəbáɪ]

副 それによって

Salt is added to water, **thereby** creating a solution to relieve toothache.

水に塩が加えられ、それによって歯痛を和らげる溶液が作られる。

1541　□□□□□

skew
[skjúː]

形 skewed ゆがめられた、偏った
≒ bias, distort

動 ～をゆがめる、偏らせる

The results were **skewed** by some errors in the data.

その結果はデータの誤りによってゆがめられていた。

1542　□□□□□

shuffle
[ʃʌ́fl]

≒ jumble, mix up

動 ～をシャッフルする、混ぜる

The puzzle pieces were **shuffled**, and the apes were able to successfully put them back together again.

パズルのピースはシャッフルされたが、サルは再びそれを上手に並べて完成することができた。

1543　□□□□□

ambiguous
[æmbíɡjuəs]

图 ambiguity あいまいさ
≒ vague, equivocal, obscure

形 (複数の意味にとれるため) あいまいな

The scientist received **ambiguous** results; they neither confirmed nor denied her idea.

その科学者はあいまいな結果を得た。その結果は彼女の考えを立証も反証もしなかった。

研究・調査

その他の重要語

1544

elude

[ɪlúːd]

形 elusive うまく逃れる、捕らえにくい
≒ dodge, evade, shun

□□□□□

動 ～を(巧みに)避ける、～から逃れる

A cure for cancer has **eluded** scientists despite decades of research.

科学者たちは何十年もがんの治療法を研究しているが、いまだに見つけられずにいる。

1545

taxonomy

[tæksónəmi]

形 taxonomic 分類上の、分類法の
≒ classification

□□□□□

名 (動植物の) 分類法；分類

We use **taxonomy** to classify things such as plants and diseases, as well as business concepts.

分類法は、植物や病気、さらにはビジネスのコンセプトといったことを分類するのに使われる。

1546

rigorous

[rígərəs]

名 rigour 厳格、厳密
≒ ① precise
② strict, severe, demanding

□□□□□

形 ①正確な、精密な ②厳しい、厳格な

A **rigorous** decade-long study into the disease found the cause and a possible treatment.

10年間にわたる緻密な研究によって、その病気の原因と可能な治療法とが明らかにされた。

1547

underway

[ʌndəwéɪ]

≒ ongoing
♪ 名詞の前では使わない。

□□□□□

形 動き出している、進行中の

There is already research **underway** to determine a possible treatment for the newly discovered disease.

新たに見つかった病気の治療法になりうるものを決める研究がすでに動き出している。

1548

grapple

[grǽpl]

≒ wrestle, combat

□□□□□

動 ①(問題に)取り組む ②取っ組み合う

As we **grapple** with new ideas and try to understand them, we must learn to be patient.

新しい考え方に取り組んで理解しようとするときは忍耐強くならなければならない。

1549

discrepancy

[dɪskrépənsi]

≒ inconsistency, disparity

□□□□□

名 矛盾、不一致

Discrepancies in the results meant that the experiment needed to be carried out again.

結果に矛盾があったので、実験をやり直さなければならなかった。

1550

☐☐☐☐☐

induce

[ɪndjúːs]

图 inducement 誘因、刺激
≒ ① bring about, cause, engender, invoke, yield

動 ①〜を引き起こす、誘発する
②〈人〉を〜する気にさせる

The group of patients were given a drug to **induce** sleep.

そのグループの患者は睡眠導入剤を投与された。

1551

☐☐☐☐☐

hence

[héns]

≒ therefore, consequently, thus
♪ 文章で用いられる堅い語。

副 それゆえに、したがって

Temperatures have been rising rapidly, **hence** the need for stronger action on the climate.

気温は急上昇しており、それゆえ気候対策を強化する必要がある。

1552

☐☐☐☐☐

compile

[kəmpáɪl]

图 compilation 編集、編さん
≒ anthologise, collect

動〈本など〉をまとめる、編集する

The results of the sea level changes were **compiled** into one graph.

海面変動の結果は1つのグラフにまとめられた。

1553

☐☐☐☐☐

persist

[pəsíst]

图 persistence 粘り強さ、こだわり
形 persistent しつこい、固執する
≒ ① carry on, persevere

動 ①固執する、貫く ②存続する

They **persisted** with the mission, continuing for a few more weeks in the hope of positive results.

彼らはよい結果が出ることを願って、さらに数週間粘り強く任務を続けた。

1554

☐☐☐☐☐

questionnaire

[kwèstʃənéə]

♪ つづりに注意。カタカナ語の「アンケート」はフランス語から。

名 アンケート、質問票

Children were asked to complete a **questionnaire** giving their opinions on school lunches.

子どもたちは給食についてのアンケートに意見を書き込むように求められた。

1555

☐☐☐☐☐

contaminate

[kəntǽmənèɪt]

图 contamination 汚染
图 contaminant 汚染物質
≒ pollute, taint

動 〜を汚染する、汚す

Strict testing ensures that the blood samples do not get **contaminated** by outside sources.

厳格な検査によって、確実に血液検体が混入物に汚染されないようにできる。

研究・調査

その他の重要語

1556

□□□□□

quantitative
[kwɔ́ntɪtətɪv]

♪「質の、質的な」は qualitative と言う。

形 量的な、量の

Quantitative research is important to understand how many consumers prefer or dislike a certain product.

ある製品を好む、あるいは嫌う消費者がどのくらいいるかを把握するには、量的調査が重要だ。

1557

□□□□□

criterion
[kraɪtíəriən]

≒ standard, measure, norm
♪ 複数形 criteria で使われることが多い。

名 基準、標準

Insects are identified using specific sets of **criteria**, such as number of legs.

昆虫は脚の数といった一連の特定基準を使って分類される。

1558

□□□□□

drawback
[drɔ́:bæ̀k]

≒ ① disadvantage, downside
↔ ① advantage

名 ①欠点 ②払戻金

Highlighting the upsides and the **drawbacks** of any plan is essential.

どんな計画でもよい点と悪い点をはっきりさせることが大事だ。

1559

□□□□□

ascertain
[æ̀sətéɪn]

♪ ai の発音に注意。アクセントは ai の位置にある。

動 ～を突き止める、確かめる

Historians are trying to **ascertain** the truth about what happened during the war.

歴史学者たちは戦時中に起きたことについての真実を突き止めようとしている。

1560

□□□□□

reasoning
[rí:znɪŋ]

形 reasonable
筋の通った、(度を越さず) 適当な
♪「～を推論する」という reason の動詞の使い方から。

名 論拠、理由づけ

You should then explain the **reasoning** behind your decisions.

あなたは次に決断に至った論拠を説明すべきだ。

1561

□□□□□

speculate
[spékjəlèɪt]

名 speculation 推測、憶測
形 speculative 推測の
≒ guess, suppose, hypothesise, assume

動 ～だと推測する

It has been **speculated** that rising sea levels could bring about the disappearance of small island nations.

海面上昇によって小さな島国は消滅するかもしれないと推測されている。

1562 ☐☐☐☐☐

implication

[ìmpləkéɪʃən]

▸ imply ～を暗に意味する；含意する
≒ ① consequence, result
♪ ①の意味ではふつう複数形。

名 ①（予想される）影響、結果 ②含意

The **implications** of climate change are already visible as the ice caps are melting rapidly.

気候変動の影響はすでに目に見えている。氷冠が急速に溶けているのだから。

1563 ☐☐☐☐☐

empirical

[empírɪkl]

≒ experimental
↔ theoretical

形 実験［経験］に基づく、経験的な

Scientific theories are largely ignored unless there is **empirical** evidence to back up the claims being made.

科学の仮説は、その主張を裏付ける実験に基づいた証拠がない限り、ほとんどが顧みられない。

1564 ☐☐☐☐☐

shard

[ʃɑ́:d]

≒ fragment

名（陶器・ガラスなどの）破片

In their first experiment, the glass shattered, breaking into many tiny **shards**.

彼らの最初の実験では、ガラスが砕けてたくさんの小さな破片が散らばった。

1565 ☐☐☐☐☐

disprove

[dɪsprú:v]

≒ belie, rebut
♪ prove（証明する）に分離を意味する接頭辞 dis- のついた語。

動〈考え・理論など〉の誤りを立証する

Scientific research **disproved** the idea that the shape of the skull affects one's character and intelligence.

頭の形が人の性格や知能に影響を与えるという説は、科学的な研究によって誤りであることが立証された。

1566 ☐☐☐☐☐

inspection

[ɪnspékʃən]

▸ inspect ～を調査する
≒ examination, scrutiny

名 調査

Upon closer **inspection**, they discovered that the two rhinos were not the same species.

詳しく調査してみると、2頭のサイは同種ではないことがわかった。

1567 ☐☐☐☐☐

qualitative

[kwɔ́lɪtətɪv]

♪「量の、量的な」はquantitativeと言う。

形 質の、質的な

Feedback surveys most often apply **qualitative** research techniques, asking for opinions and statements.

フィードバック調査では、意見やコメントを求める質的調査の手法が最もよく使われる。

研究・調査

その他の重要語

1568 ☐☐☐☐☐
boost
[búːst]
≒ [動] hoist
♪ give A a boost (A を高める) の使い方も覚えておこう。

動 ～を引き上げる、押し上げる **名** 増加

During the Space Race of the 1960s, NASA's science research was **boosted** by heavy investment.

1960 年代の宇宙開発競争の間、NASA の科学研究は多額の投資によって後押しされた。

1569 ☐☐☐☐☐
intriguing
[ɪntríːgɪŋ]
動 intrigue ～の興味をそそる
≒ fascinating, gripping
↔ tiresome

形 興味をそそる

The case was **intriguing** to the researchers; how had people travelled all the way to Hawaii?

その問題は研究者たちの興味をそそった。人々ははるばるハワイまでどうやって渡ったのか?

1570 ☐☐☐☐☐
rationale
[ræʃənáːl]
♪ rational (理性的な、合理的な) と混同しないように注意。

名 論理的根拠

The employees could not understand the **rationale** behind closing a profitable branch.

社員は黒字の支社を閉鎖する理由がわからなかった。

1571 ☐☐☐☐☐
scrupulous
[skrúːpjələs]
≒ ① fastidious, fussy, meticulous, painstaking ② conscientious

形 ①綿密な、細心の ②良心的な

The researchers' **scrupulous** approach to the study resulted in a highly-detailed research paper.

研究者たちはその研究に周到に取り組み、その結果、非常に詳細な研究論文を書けた。

1572 ☐☐☐☐☐
surmise
[səmáɪz]
≒ guess, speculate, presume, suppose

動 ～を推測する

In their initial report, they **surmised** that the accident could have been caused by human error.

当初の報告では、事故は人為的ミスによるものと推測された。

1573 ☐☐☐☐☐
guesswork
[ɡéswɜ̀ːk]
≒ conjecture
♪ by guesswork (当てずっぽうで) という表現も覚えておこう。

名 当て推量、憶測

The research was criticised for being based on **guesswork**, with no firm, empirical foundation.

その研究は、実験による確固とした根拠がなく、当て推量に基づいている、と批判された。

1574 □□□□□

factual

[fǽktʃuəl]

≒ matter-of-fact, objective

↗ fact（事実）に形容詞を作る接尾辞 -(u)al のついた語。

形 事実の、事実に基づく

Factual evidence must be collected in order for the theory to be considered proven.

その理論が証明されたと見なされるためには、事実に基づく証拠が集められなければならない。

1575 □□□□□

meticulously

[mətíkjələsli]

形 meticulous 細心の注意を払う

≒ precisely, scrupulously

副 細心の注意を払って

The researcher was known for **meticulously** studying her subject, noticing things that nobody else had.

その研究者は自らのテーマを綿密に研究することで知られており、誰も気づかなかったことに気づくことができた。

1576 □□□□□

monumental

[mɔ̀njəméntl]

名 monument 記念碑、記念建造物

≒ ① significant

形 ①非常に重要な ②記念碑の

Fleming's discovery of penicillin was a **monumental** achievement in the history of medicine.

フレミングによるペニシリンの発見は、医学史における非常に重要な偉業だった。

1577 □□□□□

peril

[pérəl]

形 perilous 危険な

≒ jeopardy, hazard, risk

↗ 主に、命にかかわるような差し迫った危険を指す。

名（重大な）危険

As temperatures dropped, the scientist was put in great **peril**, with the risk of death increasing rapidly.

気温が下がるにつれ、死の危険がどんどん高まり、その科学者は大変な危機に陥った。

1578 □□□□□
discrete
[dɪskríːt]

≒ separate, distinct, individual

♪ 同音の discreet は「思慮深い」という意味。

形 別々の、個別的な

Paris is known to have many small and **discrete** side streets.

パリは短い脇道がたくさん散在していることで知られている。

1579 □□□□□
supposedly
[səpóʊzɪdli]

≒ seemingly, apparently

♪ sed の発音に注意。

副 たぶん、おそらく

She **supposedly** lives off her uncle's small salary, but this is very doubtful.

彼女はおじの安月給に頼って暮らしていることになっているが、それは非常に疑わしい。

1580 □□□□□
enigma
[ənígmə]

≒ mystery, puzzle, conundrum

名 不可解なこと、なぞ

The financial crisis was an **enigma** to many, but not to Nouriel Roubini, one of the few who predicted it.

金融危機は多くの人には不可解だったが、それを予言した数少ない人の一人であるヌリエル・ルービニにはそうではなかった。

1581 □□□□□
paramount
[pǽrəmàʊnt]

≒ supreme, prime, predominant, foremost

形 最高の、卓越した

The professor said the next lecture would be of **paramount** importance to the course.

教授は、次回の講義はこのコースで一番大事だと言った。

1582 □□□□□
nonetheless
[nʌ̀nðəlés]

≒ nevertheless, notwithstanding

副 それにもかかわらず

Multiple reports showed the country was entering a recession. **Nonetheless**, the President refused to acknowledge them.

その国が不況に突入しつつあるという報道が相次いだ。しかし、大統領はそれを断固として認めなかった。

1583 □□□□□
self-evident
[sèlfévədənt]

≒ obvious

形 自明の

The Declaration of Independence declares the equality of all men to be a **self-evident** truth.

独立宣言には、すべての人が平等であることは自明の真実だと謳われている。

1584　□□□□□

irresponsible

[ìrɪspɑ́nsəbl]

图 irresponsibility 無責任
≒ careless, reckless
↔ responsible

形 無責任な、責任感のない

If teachers assist a student during a test, they will be fired for **irresponsible** conduct.

教師が試験中に生徒を助けたら、無責任な行為をしたとして解雇されるだろう。

1585　□□□□□

virtually

[vɝ́ːtʃuəli]

形 virtual 仮想の
≒ practically, almost, nearly, almost totally

副 実質的には、ほとんど

Antarctica remained **virtually** untouched by humans until it began attracting explorers in the nineteenth century.

南極は実質的に人跡未踏の地だったが、19世紀になると探検家たちを引きつけ始めた。

1586　□□□□□

myriad

[mɪ́riəd]

≒ [形] countless

名 ［a myriad of で］無数の～
形 無数の

Airlines now offer cheap tickets to **a myriad of** destinations all across the world.

航空会社は、今や世界各地のありとあらゆる目的地への格安チケットを提供している。

1587　□□□□□

predominant

[prɪdɑ́mɪnənt]

動 predominate ～を支配する
≒ dominant, principal, primary

形 主要な、支配的な

The region's harsh weather is thought to be a **predominant** factor in the people's preference for strong alcohol.

その地域の厳しい気候が、人々が強いアルコールを好む主要な要因だと考えられている。

1588　□□□□□

perpetuate

[pəpétʃuèɪt]

图 perpetuation 永続させること
形 perpetual 永続的な
≒ continue, immortalise

動 ～を永続させる、長続きさせる

Fears about the virus spreading were **perpetuated** by false reports on social media.

ウィルスの拡散に関する恐れはソーシャルメディア上の誤った報道によって長期化した。

1589　□□□□□

breakneck

[bréɪknèk]

≒ rapid

形 〈速度などが〉無謀な、非常に危険な

The construction was completed at **breakneck** speed, the large building being erected in only one month.

その建設は無謀な速さで終わり、大きなビルがわずか1か月で建ってしまった。

研究・調査

その他の重要語

1590

underpin
[ʌ̀ndəpín]

名 underpinning 根拠、基盤
♪ pin には「ピンで留める」という意味の
　動詞の使い方がある。

動〈理論など〉を支える、根拠づけする

Democracies are **underpinned** by free and fair elections and systems.

民主主義は自由で公正な選挙と制度によって支えられる。

1591

phenomenal
[fɪnɒ́mənl]

≒ exceptional, extraordinary,
　remarkable, unusual

形 驚異的な、並外れた

The author's first books became a **phenomenal** success and turned into a famous film series.

その作家の第一作は驚異的な成功を収め、有名な映画シリーズになった。

1592

rash
[rǽʃ]
≒ [形] hasty

形 性急な、軽率な
名 ①頻発、多発 ②発疹

Rash decision-making leads to an increase in the possibility of failure.

決断を急ぐと失敗の可能性が高くなる。

1593

renounce
[rɪnáʊns]

名 renunciation 放棄、断念
名 renouncement 断念、破棄
≒ forsake, reject, relinquish

動〈公式に〉〜を放棄する

Initially artists were told to **renounce** photography as people did not believe it could be art.

当初、芸術家は写真撮影などやめろと言われた。写真が芸術になりうるとは思われていなかったのだ。

1594

tremendous
[trəméndəs]

≒ ① enormous, gigantic,
　　immense, massive
↔ ① diminutive, infinitesimal,
　　minuscule, tiny

形 ①〈大きさ・程度が〉非常に大きい
　②素晴らしい

A **tremendous** heatwave hit the state, causing problems for all life in the area.

ひどい熱波がその州を襲い、地域の全生物に問題をもたらした。

1595

culminate
[kʌ́lmənèɪt]

名 culmination 最高点、絶頂
≒ climax

動〈〜で〉最高潮に達する

The presidential campaign **culminated** in a great victory for the female candidate.

大統領選挙戦は女性候補者の大勝利で最高潮に達した。

1596 ☐☐☐☐☐

accentuate
[əkséntʃuèit]

名 accentuation 強調
≒ emphasise, highlight

動 ～を強調する、際立たせる

Growing consumption of processed foods **accentuates** the need for healthier children's' lunches at school.

加工食品の消費が増加しているだけに、学校で子どもたちが食べる昼食はますます健康によいものにする必要がある。

1597 ☐☐☐☐☐

onset
[ɔ́nsèt]

≒ commencement, outset

名 始まり、開始；発病

The **onset** of winter is the start of a period of slow sales in many industries.

冬の始まりは多くの産業において売上の停滞期の始まりだ。

1598 ☐☐☐☐☐

unprecedented
[ʌnprésədəntid]

♪ ced は「行く」を意味する語根で、precedent は「先例、前例」。

形 前例のない

The rise in temperature was **unprecedented**; they had never seen such weather before.

その気温上昇は前例がないほどのものだった。彼らはそれまでそんな天気を経験したことがなかった。

1599 ☐☐☐☐☐

optimum
[ɔ́ptəməm]

動 optimise ～を最大限に利用する
≒ most favourable, supreme

形 最適の、最善の

Generally speaking, the **optimum** amount to spend on housing is no more than 30% of your salary.

一般的には、住宅にかける費用は収入の 30%以内が最適だと言われている。

1600 ☐☐☐☐☐

undue
[ʌndjúː]

≒ excessive, unnecessary, extreme, inordinate

形 過度な、必要以上の

Animals will avoid drawing any **undue** attention by hiding in trees and bushes.

動物は木立や茂みに隠れることで余計な注意を引かないようにする。

1601 ☐☐☐☐☐

lessen
[lésn]

≒ reduce, abate, diminish, dwindle
♪ less（より少ない）に動詞を作る接尾辞 -en のついた語。

動 ①～を少なくする、減らす ②減少する

To **lessen** the effect of tourism, authorities began charging more to enter the site.

観光による影響を少なくするために、当局はその遺跡の入場料を値上げした。

その他の重要語

1602

☐☐☐☐☐

balk

[bɔ́ːk]

♪ 発音に注意。

動 ひるむ、たじろぐ

Investors **balked** at the huge amount of money required to finish the project.

投資家たちはそのプロジェクトをやり遂げるのに必要な巨額の費用にひるんだ。

1603

☐☐☐☐☐

augment

[ɔːgmént]

图 augmentation 増加、増大
形 augmentative 増大する
≒ supplement
♪ アクセントの位置に注意。

動 ～を増補する；増加させる

It is far cheaper to **augment** an existing design than to develop something entirely new.

まったく新しいものを開発するよりも既存の設計を増補する方がはるかに安上がりだ。

1604

☐☐☐☐☐

decisive

[dɪsáɪsɪv]

≒ ① significant, definitive, conclusive
② determined, resolute

形 ①決定的な ②断固とした

Hungary's political transformation in 1989 was a **decisive** victory for democracy.

1989年のハンガリーの政変は民主主義にとっての決定的な勝利だった。

1605

☐☐☐☐☐

quirk

[kwɔ́ːk]

形 quirky 不思議な、奇妙な
≒ peculiarity

名 きまぐれ、おかしな癖

It is the little **quirks** and inconsistencies of a language that make it interesting.

言語を面白くするのは、ちょっとしたひねりや不整合だ。

1606

☐☐☐☐☐

substantially

[səbstǽnʃəli]

形 substantial 十分な、大幅な
≒ significantly, considerably

副 かなり、相当

Investment in the U.K. dropped **substantially** after the vote to leave the European Union.

欧州連合からの離脱を可決したあと、イギリスへの投資はかなり減った。

1607

☐☐☐☐☐

grossly

[gróusli]

形 gross 〈誤りなどが〉ひどい
≒ excessively

副 ひどく、はなはだしく

Mental health resources were **grossly** inadequate for the elderly population of the country.

精神的な医療の財源は、その国の高齢者に対処するにはひどく不足していた。

1608

□□□□□

salient

[séɪliənt]

图 salience 目立つこと、顕著な特徴
≒ noticeable, conspicuous

形 顕著な、目立った

The course covered only the **salient** features of Spanish painting and not its more subtle aspects.

そのコースはスペイン絵画の顕著な特徴だけを取り上げ、さらに細かい点には触れなかった。

1609

□□□□□

extol

[ɪkstóʊl]

图 extolment 絶賛、激賞
≒ acclaim, applaud, commend, compliment, hail, laud

動 ～を絶賛する、激賞する

Many dietitians **extol** the health benefits of herbal teas and recommend drinking them daily.

ハーブティーの健康効果を絶賛して毎日飲むことを推奨する栄養士は多い。

1610

□□□□□

suffice

[səfáɪs]

形 sufficient 十分な
♪ i の発音に注意。

動 十分である

Instead of a phone call, an e-mail would **suffice** to help teams work more efficiently.

電話の代わりにメールにすれば、作業チームの効率を上げるのに十分役立つだろう。

1611

□□□□□

enduring

[ɪnd(j)úərɪŋ]

動 endure 耐える、持ちこたえる
≒ lasting, abiding, perpetual

形 永続的な、長く続く

The **enduring** appeal of Shakespeare's work is due to the universal themes he explored.

シェイクスピア作品がいつまでも魅力的なのは、彼が探究した普遍的テーマのためだ。

1612

□□□□□

cumbersome

[kʌ́mbəsəm]

≒ burdensome, awkward

形 (大きくて・重くて) 運びにくい; 扱いづらい

The first mobile phones were **cumbersome**, but they became smaller and lighter over the years.

最初の携帯電話は持ち運びにくかったが、年月がたつにつれてより小さく軽くなった。

1613

□□□□□

ceaseless

[síːsləs]

≒ continual, continuous, incessant, perpetual

形 絶え間のない

The **ceaseless** promotion of the application eventually brought success to the company.

そのアプリを絶え間なく販売促進したことが最終的にその企業に成功をもたらした。

研究・調査・その他の重要語

1614 ☐☐☐☐☐

prohibitive

[prəʊhíbətɪv]

動 prohibit
〈法律・規則などが〉〜を禁じる
名 prohibition 禁止
≒ ① exorbitant

形 ① 法外な、〈価格が〉高くて手が出ない
② 〈法律などが〉禁止する

Test costs were **prohibitive**, meaning that screening most of the population was not realistic.

検査費用は恐ろしく高く、大部分の国民を検査するのは現実的ではなかった。

1615 ☐☐☐☐☐

distinctive

[dɪstíŋktɪv]

≒ characteristic, peculiar, distinguishable

形 特徴的な、際立った

These bees can be identified by the **distinctive** colours on their bodies.

このハチは特徴的な体色で特定できる。

1616 ☐☐☐☐☐

lengthy

[léŋkθi]

名 length 長さ
動 lengthen 〜を長くする
≒ extended

形 非常に長い、延々と続く

If an explanation is too **lengthy**, a student might lose interest and stop listening.

説明が長々と続くと、生徒は興味を失って聞くのをやめてしまうかもしれない。

1617 ☐☐☐☐☐

analogous

[ənǽləgəs]

名 analogy 類似、似ている点
≒ akin, similar, comparable

形 類似した、似ている

Illegal logging is **analogous** to burning our waste, as both are hazardous to our health and environment.

違法な森林伐採はごみの焼却と似ている。どちらも私たちの健康と環境に有害だ。

1618 ☐☐☐☐☐

sequence

[síːkwəns]

≒ ① series, string, succession
② order

名 ① 連続（するもの）、ひと続き ② 順序、並び

The article detailed the **sequence** of events that led to the disaster.

その記事には惨事に至るまでの一連の出来事が詳しく書かれていた。

1619 ☐☐☐☐☐

shred

[ʃréd]

♪「shred するもの」が shredder（シュレッダー）。

名 ① [a shred] 少量、わずか ② （細長い）切れ端
動 〜を切り刻む

Despite all his efforts, he had not found even a **shred** of evidence to support his claims.

あらゆる努力をしたにもかかわらず、彼は自分の主張を裏付けるほんのわずかな証拠さえ見つけていなかった。

1620　□□□□□

tickle

[tíkl]

♪「~をむずむずさせる、ちくちくさせる」
という意味もある。

動 ~をくすぐる

The strange process of catching trout involves **tickling** the underside of the fish until it stops moving.

その変わったマスの釣り方には、マスが動かなくなるまでマスのおなかをくすぐるという過程もある。

1621　□□□□□

characterise

[kǽrəktəràɪz]

图 character 特徴、性格、登場人物
形 characteristic 特徴的な
♪ ■ characterize

動 ①~を特徴づける　②~を(…と)見なす

The city is **characterised** by its bright lights and variety of unique food.

その都市の特徴はにぎやかな繁華街と種々の独特な料理だ。

1622　□□□□□

chunk

[tʃʌ́ŋk]

≒ hunk ① mass ② lump

名 ①まとまった量
　②(パン・肉・木材などの) 大きな塊

Some students find that studying in small **chunks** is far more useful than in long sessions.

長時間続けるよりも少しずつ区切って勉強する方がはるかに有益だと考える学生もいる。

1623　□□□□□

weighty

[wéɪti]

≒ ① serious ② hefty
♪ weight (重さ) に形容詞を作る接尾辞 -y のついた語。

形 ①重大な、深刻な　②重い

The increase of plastic waste in our oceans is a **weighty** problem that the people of the world must address.

海洋プラスチックごみの増加は世界中の人々が取り組まなければならない重い問題だ。

1624　□□□□□

exceptional

[ɪksépʃənl]

前 except ~を除いて
图 exception 例外
≒ ① extraordinary, abnormal, unusual, outstanding

形 ①特に優れた　②例外的な、特別な

Without such an **exceptional**, colour-changing ability, the chameleon would be in danger.

あの体色を変える並外れた能力がなければ、カメレオンは危機に瀕するだろう。

1625　□□□□□

arguably

[ɑ́ːgjuəbli]

♪「議論の余地はあるかもしれないが、たぶん~」という意味。比較級・最上級の前に置くことが多い。

副 おそらく、たぶん

Picasso's *Guernica* is **arguably** the most influential painting of the 20th century.

ピカソの『ゲルニカ』はおそらく 20 世紀で最も影響力があった絵だろう。

研究・調査・その他の重要語

その他の重要語

1626

foremost
[fɔ́ːmòust]
≒ preeminent, supreme

形 主要な、第一位の

The politician stated that the problem of homelessness would be something she would solve first and **foremost**.

ホームレスの問題は私が最優先で解決する問題です、とその政治家は言った。

1627

notable
[nóutəbl]
≒ noteworthy, remarkable, outstanding, striking

形 注目すべき、目を引く

The John Rylands Library is **notable** for its neo-Gothic design.

ジョン・ライランズ図書館はそのネオゴシック様式で知られている。

1628

empower
[ɪmpáuə]
名 empowerment 権利を与えること
≒ ① authorise ② enable

動 ① ～に権限を与える
② ～に…する力を与える、…できるようにする

In the latter half of the 20th century, a focus on education — rather than exams — **empowered** teachers.

20世紀後半には試験よりもむしろ教育に関心が集まり、教師たちの権限が増した。

1629

varied
[véərid]
≒ various, diverse

形 変化に富んだ、種々雑多な

Nutritionists recommend a **varied** diet in order to stay healthy.

栄養士は健康でいるためには変化に富んだ食事がよいと言う。

1630

perplex
[pəpléks]
形 perplexing
当惑させるような、複雑な
名 perplexity 当惑

動 (難問などで) 〈人〉を当惑させる

Store owners are **perplexed** by the decline in sales; they cannot understand why shoppers are spending less.

店主たちは売上の減少に当惑している。客がなぜ買い控えをしているのか見当がつかないのだ。

1631

uphill
[Λphíl]
≒ [形] laborious
↔ [副] downhill

形 困難な、骨の折れる
副 坂を上って、上り坂で

Solving climate change has been an **uphill** battle for environmentalists.

気候変動の解決は環境保護主義者にとって困難な闘いだ。

1632　□□□□□

indispensable

[ìndɪspénsəbl]

副 indispensably 必ず
≒ essential, vital
↔ dispensable

形 不可欠な

Advisors and researchers are **indispensable** to a successful political campaign.

選挙戦を制するには助言者と調査員が欠かせない。

1633　□□□□□

embed

[ɪmbéd]

形 embedded 埋め込まれた
≒ ① insert, implant

動 ①〜を埋め込む、はめ込む
　②〈考え・態度・感情など〉を刻み込む

Culture is deeply **embedded** in the language of every country.

どの国の言語にも文化が深く埋め込まれている。

1634　□□□□□

mystify

[místəfàɪ]

名 mystification 当惑させること
≒ bewilder, confuse, baffle, confound, perplex

動〈人〉を当惑させる、煙に巻く

Many people were **mystified** by the reclassification of Pluto as a dwarf planet.

冥王星が準惑星に再分類されて、多くの人が当惑した。

1635　□□□□□

impetus

[ímpətəs]

≒ motivation, stimulus, spur, impulse

名 推進力、刺激

The **impetus** behind the project was the need for affordable housing near the city centre.

市の中心部に手頃な家を求めている人がいることが、そのプロジェクトの推進力になっていた。

1636　□□□□□

eschew

[ɪstʃúː]

≒ shun

動（意図的に）〜を避ける

Escher's style **eschewed** past standards as it was unlike anything ever seen before.

エッシャーの画風はそれまでに見たことのないようなもので、過去の標準的な画風と一線を画していた。

1637　□□□□□

halve

[háːv]

♪ 発音に注意。half と同様、l は発音しない。

動 ①〈量・時間など〉を半分に減らす
　②〜を 2 等分する

The politician was advised to make the fact that she'd **halved** unemployment central to her campaign.

その政治家は、失業率を半減したという事実を選挙戦の中心に置くようアドバイスを受けた。

研究・調査

その他の重要語

1638

perfection

[pəfékʃən]

≒ faultlessness, flawlessness, impeccability

名 完璧、完全（なこと）

The legendary football manager expected **perfection** from his players; nothing less was satisfactory.

その伝説的なサッカーの監督は選手たちに完璧を求めた。それ以外の何物にも満足しなかった。

1639

bizarre

[bɪzάː]

≒ odd, eccentric, weird

形 奇妙な

Some goats will fall over when scared; this **bizarre** behaviour is to protect them from other animals.

ヤギの中には恐怖を感じると倒れるものがいる。この奇妙な行動は、ほかの動物から身を守るためのものだ。

1640

tricky

[tríki]

图 trick たくらみ、策略
图 trickery 策略を使うこと
≒ ① challenging ② crafty

形 ①〈仕事などが〉困難な、扱いにくい
②〈人・行為などが〉狡猾な

Knowing when to invest can be **tricky**; you may pay too much if you wait.

買いのタイミングを知るのは困難だ。待つと金を注ぎ込みすぎることになるかもしれない。

1641

slash

[slǽʃ]

≒ curtail, cut back, cut down
♪ URL などで使われる斜線 (/) も slash と言う。

動 〜を（大幅に）削減する

The goal of **slashing** fossil fuel usage by 75% can only be achieved with international cooperation.

化石燃料使用の 75%削減という目標は国際協力があって初めて達成できる。

1642

compel

[kəmpél]

形 compulsory 義務的な、強制的な
图 compulsion 義務、強制力
≒ force, oblige, coerce

動 〈人〉に〜させる、〜せずにいられなくする

The benefits offered by the company **compel** many potential employees to apply.

会社が支給する手当を目当てに、社員になってくれそうな人がたくさん応募してきている。

1643

whim

[wím]

≒ caprice
♪ on a whim（気まぐれで）の形で覚えておこう。

名 気まぐれ

The Internet allows us to ask any question on a **whim**, and to get an answer for it right away.

インターネットのおかげで、私たちは気まぐれにどんな質問でもでき、即座にその回答をもらうことができる。

1644　□□□□□

lateral
[lǽtərəl]

≒ side, sideways

形 横の、横への、水平な

The crab's **lateral** movement is a very unique one in nature.

カニの横歩きは自然界においてまったく類のない動きだ。

1645　□□□□□

probability
[prɔ̀bəbíləti]

形 probable ありそうな
≒ likelihood

名 見込み；起こりそうなこと

The **probability** of an earthquake is higher along the edge of the oceanic and continental plates.

海洋プレートと大陸プレートのぶつかるへり沿いでは地震が起きる可能性が高まる。

1646　□□□□□

nominal
[nɔ́mənl]

副 nominally 名目上
≒ insignificant

形 （価格などが）わずかな

A **nominal** fee of £1 was required for members of the public to attend the school play.

一般人の学芸会の参加料はわずか1ポンドだった。

1647　□□□□□

roundly
[ráʊndli]

≒ ② thoroughly, completely

副 ①広く、多くの人々から　②徹底的に　③厳しく

Churchill was **roundly** praised for his wartime leadership.

チャーチルは戦時中に国を統率したことで広く称賛された。

1648　□□□□□

millennium
[mɪléniəm]

♪ 複数形は millennia あるいは millenniums。mill は「千」を意味する語根。

名 千年間

Evolution can take many **millennia** to occur — thousands of years for the smallest of changes.

進化が起きるのに幾千年も経ることがある。ほんのわずかな変化に何千年もかかるのだ。

1649　□□□□□

preponderance
[prɪpɔ́ndərəns]

形 preponderant （数・力などの上で）勝っている
♪ a [the] preponderance of (多数の〜) の形で覚えておこう。

名 （数・力などの上での）優位、多数

The **preponderance** of visitors use the library as a tourist destination rather than for its books.

多くの人は本を探すためではなく、観光の目的地としてその図書館を訪れる。

研究・調査

その他の重要語

1650

☐☐☐☐☐

simultaneously
[sìməltéiniəsli]

形 simultaneous 同時の
名 simultaneity 同時であること
≒ concurrently

副 同時に、いっせいに

Driving while **simultaneously** talking on a phone is dangerous for everyone on the road.

携帯で話しながらの運転は路上にいるすべての人にとって危険だ。

1651

☐☐☐☐☐

bedrock
[bédrɔk]

≒ basis
♪ 地層の下にある岩盤も指す。

名 基盤、根底

The **bedrock** of their belief in the housing market was shattered by the 2008 financial crisis.

住宅市場への彼らの信頼の基盤となっていたものが、2008 年の金融危機によって粉砕された。

1652

☐☐☐☐☐

ample
[ǽmpl]

≒ abundant, bountiful, plentiful

形 十分な、豊富な

Opportunities for children to go outside and get **ample** exercise are lessening in modern societies.

現代社会では子どもが外に出て十分な運動をする機会が減っている。

1653

☐☐☐☐☐

materialise
[mətíəriəlàɪz]

名 materialisation 実現、具体化
≒ actualise, appear
♪ ▥ materialize

動 (期待通りに) 実現する

Plans for extra investment in the health service failed to **materialise**.

医療サービスへの追加投資計画は実現しなかった。

1654

☐☐☐☐☐

in-depth
[índépθ]

≒ thorough, exhaustive
♪ in depth (徹底的に、詳細に) という表現も覚えておこう。

形 徹底的な、詳細な

The text offers an **in-depth** analysis of the effect of aerosol deodorants on the environment.

その文書は消臭スプレーが環境に及ぼす影響について徹底的に分析している。

1655

☐☐☐☐☐

weird
[wíəd]

≒ odd, bizarre
♪ 発音に注意。

形 風変わりな、奇妙な

One marine mammal, the narwhal, has a **weird** feature for a sea-creature: it has a tusk.

海洋ほ乳類の一種であるイッカクは海の生物としては風変わりな特徴を持っている。牙があるのだ。

1656 □□□□□

fortuitous

[fɔːtjúːətəs]

名 fortuity 偶然の出来事
≒ accidental, fortunate

形 思いがけない、偶発的な

Farmers in the area have had a profitable few years thanks to the **fortuitous** weather.

その地域の農家はここ数年、思いがけない天気に恵まれて利益を上げている。

1657 □□□□□

staggering

[stǽgərɪŋ]

動 stagger びっくり仰天させる；ふらつく；(出来事などを) 調整する
≒ astonishing, stunning, astounding, overwhelming

形 途方もない、驚くべき

The local government has already spent a **staggering** £100 million on the project.

その地方自治体はすでにそのプロジェクトに1億ポンドという途方もない額を注ぎ込んでいる。

1658 □□□□□

willingness

[wílɪŋnəs]

形 willing いとわない
≒ readiness

名 (～するのを) いとわないこと

The client's **willingness** to accept changes is one of the biggest issues in graphic design.

依頼主が変更を快く受け入れてくれるかどうかということが、グラフィックデザインの最大の問題の一つだ。

1659 □□□□□

confirmation

[kɔ̀nfəméɪʃən]

動 confirm ～を確認する
≒ evidence, testimony

名 確認、承認

Children regularly seek **confirmation** that what they are doing is correct or acceptable.

子どもはいつも自分のしていることが正しいとかそれでいいとか言ってもらいたい。

1660 □□□□□

presumably

[prɪzjúːməbli]

動 presume ～を仮定する、推定する
名 presumption 仮定、推定
≒ supposedly
↗ supposedlyと比べ確信の度合いが高い。

副 おそらく、たぶん

They **presumably** used gold as decoration, to display their wealth and status.

彼らはおそらく富と地位を誇示するために金を装飾に使ったのだろう。

1661 □□□□□

contingent

[kəntíndʒənt]

名 contingency (将来起こるかもしれない) 出来事、(不測の) 事態
≒ dependent

形 (不確かな事柄に) 依存する、左右される

Young workers argue that promotions should be **contingent** upon performance, not seniority.

若い社員は、年功ではなく仕事ぶりで昇進を判断すべきだ、と主張する。

1662

marginal
[mάːdʒɪnl]

名 margin 縁、へり
≒ ① slight ② peripheral

形 ① わずかな、ささいな ② 周辺部の

Even a **marginal** improvement in salaries can improve the happiness of a company's employees.

わずかな昇給でも社員の満足度が上がることがある。

1663

consistency
[kənsístənsi]

形 consistent 一貫した
↔ inconsistency

名 一貫性

Most employers demand **consistency**, that employees turn up on time every day at the same time.

大部分の経営者は、一定していること、つまり、従業員が毎日同時刻に出社することを求める。

1664

admittedly
[ədmítɪdli]

≒ actually, honestly, indeed, truly

副 確かに、明らかに

Admittedly, there were faults with the plan; they had not thought about the future costs.

確かにその計画には穴があった。将来かかるコストが考慮されていなかったのだ。

1665

hinder
[híndə]

名 hindrance 妨害
≒ interfere with, hamper, impede

動 ～を妨げる、妨害する

Plans to extend the railway were **hindered** by the increasing cost of steel.

鉄道の延伸計画は鉄鋼価格が上昇していたために遅れた。

1666

straightaway
[stréɪtəwéɪ]

≒ immediately, at once
♪ 会話でよく使う表現。

副 すぐに

Large corporations cannot react quickly to changes, which gives small businesses that can act **straightaway** an advantage.

大企業は変化に素早く対応できないので、その点ではすぐに動ける小さな会社が有利だ。

1667

circumscribe
[sə́ːkəmskràɪb]

名 circumscription 制限、制約
≒ ① confine, restrict
♪ 〈circum（輪）+ scribe（書く）〉の構造。

動 ① ～を制限［制約］する
　 ② ～の周りに境界線を引く

It is important to **circumscribe** certain governmental institutions to ensure they do not have too much power.

特定の政府機関に制限を加えて、力を持ちすぎないよう万全を期すことが重要だ。

5183

1668 □□□□□

optimal
[ɔ́ptəml]

動 optimise ～を最大限に利用する
≒ optimum

形 最適の、最善の

The **optimal** environment for growing mushrooms is a moist, dark place.

キノコ栽培に最適な環境は湿った暗い場所だ。

1669 □□□□□

detract
[dɪtrǽkt]

名 detraction 損なうこと
形 detractive
（価値・名声などを）落とす、損なう

動（価値・名声などを）損なう

Exciting activities do not **detract** from the learning experience; they improve it.

わくわくする活動をして学習経験が損なわれることはない。むしろ学習経験はよりよいものになる。

1670 □□□□□

decouple
[di:kʌ́pl]

≒ separate, disconnect
♪〈de-（分離）＋ couple（結びつける））の構造。

動 ～を切り離す、分離させる

For better mental health, some recommend **decoupling** your working life from your personal life.

仕事とプライベートを切り離す方が精神衛生によいと言って勧める人もいる。

1671 □□□□□

jolt
[dʒóʊlt]

≒［動］② jerk
　［名］bump

動 ①〈人〉に衝撃を与えて（…の状態に）する
　②がたがた揺れる
名 激しい揺れ

The rapid spread of the disease **jolted** the government into action.

その病気が急速に広まったため、政府は慌てて対策に乗り出した。

1672 □□□□□

robust
[roʊbʌ́st]

名 robustness 頑丈さ
≒ vigorous, healthy, stalwart

形 頑丈な、力強い

Even the most **robust** and detailed plans can go horribly wrong.

非常に強固で綿密に練られた計画でも全然うまくいかないことがある。

1673 □□□□□

collateral
[kəlǽtərəl]

≒［形］secondary, concomitant

形 二次的な、付随する
名 担保

One example of the **collateral** damage that occurs with modern agriculture is the decrease in bee populations.

近代農業の二次的な被害の1つは、ミツバチの個体数の減少だ。

研究・調査

その他の重要語

1674 □□□□□
uptake
[ʌ́ptèɪk]
≒ ② intake

名 ①利用、受け入れること ②（物質の）摂取
③理解、飲み込み

Scientists are calling for quicker **uptake** of renewable sources of energy, such as solar and wind power.

科学者たちは太陽光や風力といった再生可能なエネルギー源の利用を早めるよう求めている。

1675 □□□□□
deceptive
[dɪséptɪv]
動 deceive ～をだます
名 deception 欺くこと、だますこと
≒ ② deceitful, misleading

形 ①見かけと違う ②人をだますような

The plant's appearance as a normal flower is **deceptive**; it is actually a trap for insects.

その植物は普通の花のように見えるが、それは見かけだけで、実はそれは虫へのわななのだ。

1676 □□□□□
mutually
[mjúːtʃuəli]
形 mutual 相互の
≒ reciprocally

副 相互に、互いに

Oxpeckers form a **mutually** beneficial relationship with hippos by eating the ticks and bugs on their backs.

ムクドリはカバの背中のダニや虫を食べることによって、カバとの互恵関係を築いている。

1677 □□□□□
arise
[əráɪz]
≒ occur
⤷ 〈a（上に）+ rise（立つ）〉の構造。

動 起こる

Due to busy lifestyles, the need for quick and convenient food has **arisen**.

忙しい生活によって手早く便利な食品の必要性が生じている。

1678 □□□□□
propound
[prəpáʊnd]
≒ proffer, propose

動 〈意見・問題など〉を提起する

Scientist Ilya Mechnikov **propounded** the theory that lactic acid bacteria are beneficial to human health in 1907.

科学者イリヤ・メチニコフは 1907 年、乳酸菌が人間の健康に有益だという理論を提起した。

1679 □□□□□
likelihood
[láɪklihòd]
形 likely 可能性のある
≒ probability
↔ improbability, unlikelihood

名 可能性

The **likelihood** of accidents increases when builders are asked to work more quickly.

建設業者に作業を急がせると事故の可能性が高まる。

1680 □□□□□

irresistible

[ìrɪzístəbl]

图 irresistibility 抵抗できないこと
≒ ① alluring, fascinating, seductive
↔ ② resistible

形 ①非常に魅力的な
②〈欲求などが〉抑えきれない、抵抗できない

Flowers are **irresistible** to many insects, as they provide much-needed food.
花は多くの昆虫にとって非常に魅力的だ。虫が大いに必要としているえさを与えてくれるからだ。

1681 □□□□□

underlie

[ʌndəlái]

♪ 他動詞だが受動態にはならない。

動〈思想・行動など〉の根底にある

There are varying factors that may **underlie** the drop in demand for their products.
彼らの製品に対する需要が落ち込んだ根底には、様々な要因があるかもしれない。

1682 □□□□□

conversely

[kənvə́:sli]

圏 converse 逆の、反対の

副 逆に(言えば)

Conversely, plants support animal life by absorbing carbon dioxide and releasing oxygen.
逆に、植物は二酸化炭素を取り込み、酸素を放つことによって動物の生活を支えている。

1683 □□□□□

plug

[plʌ́g]

≒ [名] ① stopper
♪ 「コンセント」は英語では (wall) socket、power point (英)、outlet (米) と言う。consent は「同意 (する)」。

名 ①栓、詰め物
②(コンセントに差し込む) プラグ
動 ～に栓をする

The layer of rock covers the volcano and acts as a **plug**, allowing pressure to build.
岩の層が火山を覆って栓の働きをし、圧力が高まることになる。

1684 □□□□□

keenly

[kí:nli]

圏 keen 鋭敏な；熱心な
≒ ① acutely ② eagerly, intensely

副 ①鋭敏に、敏感に ②熱心に

The kind politician reassured the public that she was **keenly** aware of the problems they faced.
その心優しい政治家は、皆さんが直面している問題はよくわかっていますと言って人々に安心感を与えた。

1685 □□□□□

identical

[aɪdéntɪkl]

動 identify ～を特定する
图 identity 同一性
≒ indistinguishable, equal

形 同一の

Identical twins often dress and behave the same way, even if they grew up in different environments.
一卵性双生児は、たとえ別々の環境で育ったとしても、しばしば同じような着こなしや振る舞いをする。

1686

comprise
[kəmpráɪz]
≒ include, consist of

動 ～から成る、～で構成される

The colony of ants is **comprised** of four main groups with their own specific jobs.

アリのコロニーはそれぞれ特定の役割を持つ4つの主要グループから成る。

1687

inexorable
[ɪnéksərəbl]
≒ ② pitiless, relentless

形 ①〈運命などが〉変えられない
② 容赦ない、冷酷な

Although cancer can be difficult to treat, it is certainly not **inexorable**.

がんは治療が難しいこともあるが、どうにもできないものでないことは確かだ。

1688

forthcoming
[fɔ̀ːθkʌ́mɪŋ]
≒ upcoming, imminent, impending

形 今度の、来たるべき

The **forthcoming** work differs from their previous project as it involves people from the whole country.

今度の仕事は前回のプロジェクトとは違って、参加者が全国から集まる。

1689

downside
[dáʊnsàɪd]
≒ disadvantage, drawback
↔ advantage, upside

名 (物事の) 否定的な面

Perhaps the greatest **downside** to nuclear power is the danger of a nuclear reactor failing.

おそらく原子力発電の最大のマイナス面は、原子炉が故障する危険性だろう。

1690

apportion
[əpɔ́ːʃən]
派 apportionment 分配、割り当て
≒ allocate, allot, assign, distribute

動 ～を分配する、割り当てる

The forests were **apportioned** between local residents, giving ownership based on their historical claims.

森林は地元住民の間で分割され、それぞれの歴史を踏まえた請求に基づいて所有権が与えられた。

1691

pronounced
[prənáʊnst]
≒ conspicuous, noticeable

形 目立つ、顕著な

Salvador Dali is known for his extremely **pronounced** moustache, as well as his paintings.

サルバドール・ダリは、その絵はもちろん、ことのほか目立つ口ひげでも知られている。

1692
granular
[grǽnjələ]

图 granule 細かい粒
♪「グラニュー糖」は granulated sugar と言う。

形 粒状の、ざらざらした

The ability to make **granular** products in a factory made transporting goods such as sugar much easier.

工場で粒状の製品を作れるようになったことで、砂糖のような物品の輸送がはるかに楽になった。

1693
outright
[áutràit]

≒ [形] ② absolute, complete, utter

形 ① はっきりした、あからさまな
　　② 完全な、徹底的な
副 完全に

The statement was criticised as an **outright** lie, having no element of truth.

その発言はひとかけらの真実もない明らかなうそだと批判された。

1694
inhibit
[ɪnhíbət]

图 inhibition 抑制
≒ hinder, hamper, hobble, interfere with

動 ～を抑制する、阻害する

A huge increase in temperature **inhibits** the speed at which workers can finish tasks.

気温が非常に上がると、労働者が仕事を終えられる速度が遅くなる。

1695
outset
[áutsèt]

≒ beginning

名 初め

From the **outset**, Google sought the smartest people to take the company forward.

グーグルは会社を発展させるために初めから最高に頭脳明晰な人々を求めた。

1696
diminish
[dɪmínɪʃ]

图 diminution 減少量 [額]
≒ reduce, decrease, lessen, abate

動 減少する

The **diminishing** influence of newspapers is largely due to the spread of the Internet.

新聞の影響力の減少は主にインターネットの普及によるものだ。

1697
vicious
[víʃəs]

≒ ① savage, ferocious
　 ② malicious, spiteful
♪ vicious circle[cycle] (悪循環) という表現も覚えておこう。

形 ① 獰猛な、危険な ② 悪意のある

The guide warned that the monkeys could be **vicious** and tourists should stay away from them.

ガイドは観光客に、サルは乱暴をすることがあるから離れていてください、と注意した。

研究・調査・その他の重要語

1698 ☐☐☐☐☐

heighten

[háɪtn]

≒ intensify, boost, enhance, strengthen

♪ height（高さ）に動詞を作る接尾辞 -en がついてできた語。

動 ～（の量・程度）を増す、強める

By sharing her struggle with ALS, the actress **heightened** public awareness of the disease.

ALS（筋萎縮性側索硬化症）との闘病を共有することで、その女優はその病気に対する人々の関心を高めた。

1699 ☐☐☐☐☐

counterpart

[káʊntəpɑ̀ːt]

≒ equivalent

♪ 〈counter-（対応する）＋ part（部分）〉の構造。

名 同等物、よく似た人［もの］

The British biologist was joined on stage by his French **counterpart**.

イギリスの生物学者に続いてフランスの同業者が登壇した。

1700 ☐☐☐☐☐

scourge

[skɔ́ːdʒ]

≒ plague

名 災いの元凶、たたり

The trees fell victim to the **scourge** of disease infecting plants across the country.

木々は全国の植物にまん延する病気という災いの犠牲になった。

1701 ☐☐☐☐☐

fraction

[frǽkʃən]

形 fractional 断片的な、わずかな
♪ 数学の「分数」の意味もある。

名 ごく一部、断片

A **fraction** of people reported positive results, whereas most did not.

ごく一部の人はよい結果を報告したが、大半はそうではなかった。

1702 ☐☐☐☐☐

overshadow

[ə̀ʊvəʃǽdəʊ]

≒ ① cloud

動 ①～に影を投げかける、～を暗くする
　　②～を見劣りさせる

The lives of Japan's citizens are **overshadowed** by the constant threat of earthquakes.

日本人の生活には地震の危険に常にさらされているという不安材料がある。

1703 ☐☐☐☐☐

deliberately

[dɪlíbərətli]

形 deliberate 故意の；慎重な
名 deliberation 熟考、熟慮
≒ ① intentionally, consciously, on purpose

副 ①故意に ②慎重に

The anthropologist believes that the tribes **deliberately** avoided each other to reduce violent conflict.

部族は戦闘を減らすため、故意に互いを避けていたとその人類学者は考えている。

5270

1704　□□□□□

definitive

[dɪfínətɪv]

≒ ① conclusive, decisive

形 ① 決定的な、最終的な　② 一番信頼のおける

A **definitive** and complete solution is required for the issue to be fixed once and for all.

その問題にきっぱりと決着をつけるためには、確定的かつ全面的な解決策が必要だ。

1705　□□□□□

noteworthy

[nóutwə̀ːði]

≒ notable, remarkable, significant

形 注目に値する、顕著な

Robert Goddard, who built the world's first liquid-fueled rocket, made **noteworthy** contributions to the study of modern rocketry.

ロバート・ゴダードは世界初の液体燃料ロケットを造り、現代のロケット工学研究に著しい貢献をした。

1706　□□□□□

lone

[lóun]

関 lonely 孤独な
♪ 名詞の前で使う。叙述用法では alone を使う。

形 1人[1つ]きりの、唯一の

After the disaster, a **lone** tree remained, and it was seen as a symbol of hope.

その災害のあとで木が1本だけ残り、それは希望の象徴と見なされた。

1707　□□□□□

blight

[bláɪt]

関 blighted 損なわれた

名 ① 破滅の元　② (植物の) 胴枯れ病、虫害
動 ① ～をくじく　② ～を枯らす

Grey squirrels have become a **blight** to the native red ones, as they carry a deadly disease.

ハイイロリスは固有種のアカリスを激減させている。致死性の病気を持っているからだ。

1708　□□□□□

startling

[stáːtlɪŋ]

≒ astonishing, alarming, shocking

形 驚くべき

The introduction of new species can have **startling** consequences for the native animal population.

新種が持ち込まれると、その土地固有の動物の個体数に驚くべき影響が出ることがある。

1709　□□□□□

unpredictable

[ʌnprɪdíktəbl]

♪ 「predict (～を予測する、予言する) こ とができない」という構造の語。

形 予測のつかない

Due to **unpredictable** rainfall, farmers are now reliant on groundwater instead.

雨は予測がつかないため、農家は今では雨ではなく地下水に頼っている。

研究・調査・その他の重要語

1710 □□□□□	形 不安定な、一貫性のない

erratic
[ɪrǽtɪk]

≒ irregular, unpredictable, arbitrary

形 不安定な、一貫性のない

They observed **erratic** and unpredictable weather behaviour as temperatures rose across the country.

気温が全国的に上昇すると、不安定で予測不能な天候状況が観測された。

1711 □□□□□

deviate
[díːvièɪt]

派 devious それた
≒ diverge, veer

動 それる

Confusion arose because the engineer had **deviated** from the original plan, rather than following it.

混乱が起きたのは、エンジニアが最初の計画に従わずにそこからそれていったからだった。

1712 □□□□□

muddle
[mʌ́dl]

派 muddled 混乱した、めちゃくちゃの
≒ confuse

動 ～を混乱させる

Although James Joyce is an excellent writer, the writing in *Finnegans Wake* is rather **muddled**.

ジェイムズ・ジョイスは素晴らしい作家だが、『フィネガンズ・ウェイク』の文体はかなり混乱している。

1713 □□□□□

conspicuous
[kənspíkjuəs]

≒ noticeable, obvious
↔ inconspicuous

形 目立った、顕著な

Surreal artists, such as Salvador Dali, are noted for a **conspicuous** rejection of realistic imagery.

サルバドール・ダリのようなシュルレアリスム画家は写実画を断固拒絶することで有名だ。

1714 □□□□□

avert
[əvɔ́ːt]

≒ prevent, preclude

動 ～を回避する、防ぐ

The company hired a new CFO to help them **avert** a financial crisis.

その企業は財務危機回避に力を貸してもらうために新しいCFOを雇った。

1715 □□□□□

morsel
[mɔ́ːsl]

≒ ② mouthful

名 ① 少量、ほんのひとかけら
　② (食べ物の) ひと口分、一片

Tiny **morsels** of food keep the customers of the restaurant wanting more.

料理を少しずつ出すと、レストランの客はどんどん次を求める。

1716

beneficial

[bènəfíʃəl]

图 benefit 利益
图 beneficiary 受益者
≒ profitable ① useful, helpful, advantageous

形 ①有益な ②利益をもたらす

More importantly, **beneficial** effects of a well-balanced diet are numerous, with much lower cancer rates reported.

さらに重要なことに、バランスの取れた食事の有益な効果は数えきれず、がん罹患率もはるかに低いことが報告されている。

1717

minuscule

[mínəskjùːl]

≒ microscopic, tiny

形 非常に小さい

Some feel that their efforts to recycle only provide a **minuscule** benefit to the environment.

一生懸命リサイクルしても環境への貢献はほんのわずかだと感じる人もいる。

1718

inaugurate

[inɔ́ːgjərèit]

图 inauguration 就任 (式)；開始
形 inaugural 就任 (式) の；開始の
≒ ② initiate, commence, launch

動 ①〈人〉を就任させる
　　②～を始める、発足させる

Pope Francis was **inaugurated** on the 19th of March 2013.

フランシスコ教皇は 2013 年 3 月 19 日に就任した。

研究・調査

その他の重要語

1719

equivalent

[ikwívələnt]

图 equivalence 同等、等価
≒ [形] comparable, commensurate

形 相当する、〈数量などが〉同等の　名 同等のもの

The AI program was able to do the **equivalent** of ten software engineers' work in one day.

その人工知能プログラムはソフトウェアエンジニア 10 人分に相当する仕事を 1 日でやってのけた。

1720

ambivalent

[æmbívələnt]

图 ambivalence 心理的葛藤、ためらい
≒ conflicting, equivocal

形 相反する感情を持つ、どちらとも決めかねる

Nutritionists are **ambivalent** about new diets; many have positive effects, but they come with a price.

栄養士は新しい食餌療法の良し悪しを決めかねている。プラスの効果はあるが代償を伴うものが多いのだ。

1721

sweeping

[swíːpɪŋ]

≒ ② extensive, broad
♪ 動詞 sweep は「～を掃く」が第 1 義だが、「～を一掃する」「一気に広まる」「圧勝する」など多様な意味を持つ。

形 ①徹底的な、完全な ②広い範囲にわたる

A report detailed the need for broad and **sweeping** changes to how healthcare is delivered.

医療の提供方法を全面的かつ徹底的に変える必要があることが詳細に報告された。

1722 ☐☐☐☐☐

smear
[smíə]

≒ ① blur, smudge
   ② sully, slander

動 ① ～を汚す、不鮮明にする　② ～を中傷する

Water had **smeared** the ink, so the letter was difficult to read.

水でインクがにじんでいたので、その手紙は読みにくかった。

1723 ☐☐☐☐☐

astounding
[əstáʊndɪŋ]

≒ amazing, astonishing,
   startling

形 驚くべき

The vehicle is already an **astounding** success, having sold out before its release.

その車はすでに驚くべき成功を収めている。発売前に売り切れたのだから。

1724 ☐☐☐☐☐

dispense
[dɪspéns]

® dispensable なくても済む
® dispensation 分配

動 ①［dispense with で］～を処分する、～なしで済ます　② ～を投薬する　③ ～を分配する

NASA **dispensed with** Cassini (its spacecraft worth \$3.26 billion) in 2017, destroying it completely.

NASA は 32 億 6 千万ドルをかけた探査機カッシーニを 2017 年に完全破壊によって処分した。

1725 ☐☐☐☐☐

conform
[kənfɔ́ːm]

® conformity 一致、適合
≒ ① correspond, match
   ② comply, obey, follow

動 ① 一致する　②（規則などに）従う

Emily Dickinson's poetry did not **conform** to the standards of her time.

エミリー・ディキンソンの詩は彼女の生きた時代の尺度には合わなかった。

1726 ☐☐☐☐☐

ludicrous
[lúːdəkrəs]

≒ absurd, silly, ridiculous

形 こっけいな、ばかげた

Most predictions from the 1800s are considered **ludicrous** now, such as the idea of riding whales.

クジラに乗っての移動といった 1800 年代の予言の大半は今ではこっけいに思われている。

1727 ☐☐☐☐☐

invariably
[ɪnvéəriəbli]

® invariable 一定の、変わらない
≒ constantly, perpetually

副 常に、必ず

The weather in equatorial countries is **invariably** warm throughout the year.

赤道付近の国々の気候は 1 年を通して常に暖かい。

1728 □□□□□

diverse

[daɪvə́ːs]

图 diversity 多様性
≒ ① varied, various, manifold
　② disparate, dissimilar, unlike

形 ① 多様な、様々な ② 異なる

People from **diverse** backgrounds have found it much easier to adapt to new surroundings.

多様な経歴を持つ人々が新しい環境はずっとなじみやすいと感じている。

1729 □□□□□

emanate

[émənèit]

图 emanation 発散、放射
≒ emerge, originate

動 発する、生じる

Before the earthquake, they had heard a low noise **emanating** from the ground.

彼らは地震の前に地面が低くうなっているのを聞いた。

1730 □□□□□

disproportionately

[dìsprəpɔ́ːʃənətli]

形 disproportionate 不釣り合いな
≒ inordinately

副 偏って、不釣り合いに

Developing nations are **disproportionately** affected by changes in weather; natural disasters can ruin their economies.

気候変動のしわ寄せは発展途上国に偏っている。自然災害は経済を破壊しかねない。

1731 □□□□□

irrelevant

[ɪréləvənt]

副 irrelevantly 見当違いに、無関係に
图 irrelevance 見当外れ
↔ relevant

形 関連のない

We usually ignore things which are **irrelevant** to our lives, instead focusing on what we really need.

私たちはたいてい、自分の生活に関連のないことは無視し、代わりに本当に必要なことに集中する。

1732 □□□□□

tangible

[tǽndʒəbl]

图 tangibility 明白、触知できること
≒ ② palpable, touchable, concrete
↔ ② intangible

形 ① 明白な、明確な ② 触れられる、有形の

The **tangible** benefit of the malaria treatment can be seen within hours.

マラリア治療の具体的な効果は数時間のうちに表れる。

1733 □□□□□

instrumental

[ìnstrəméntl]

≒ ① decisive
♪ ②の意味はカタカナ語にもなっているが、IELTS 用には①を押さえておきたい。

形 ① (何かをするにあたって) 重要な、役立つ ② 器楽用の

Pixar Animation Studios was **instrumental** in the development of animated films.

ピクサー・アニメーション・スタジオはアニメ映画の成長に貢献した。

研究・調査
その他の重要語

1734

incomplete
[ìnkəmplíːt]

☐☐☐☐☐

♪ complete (完全な) に反対の意味を表す in- がついた語。

形 不完全な、不十分な

The results of the test were **incomplete** as they could not finish the experiment in time.

実験が時間内に終わらなかったので、実験結果は不完全なものだった。

1735

stark
[stáːk]

☐☐☐☐☐

≒ absolute, utter

形 まったくの、純然たる

Cambodia's dependence on imported electricity is in **stark** contrast to its neighbours, which it relies on heavily.

カンボジアは輸入電力に頼っており、カンボジアが大いに依存している周辺諸国とまったく対照的だ。

1736

occurrence
[əkʌ́rəns]

☐☐☐☐☐

動 occur 起こる、発生する
≒ incident, occasion

名 出来事、発生

The Sahara Desert is an extremely hot and dry region, so snowfall is a very rare **occurrence**.

サハラ砂漠は非常に暑く乾燥した地域なので、降雪は非常に珍しい現象だ。

1737

spectacular
[spektǽkjələ]

☐☐☐☐☐

名 spectacle 見世物、壮観
≒ magnificent, splendid, impressive

形 目を見張る、壮観な

Some plants are known for their **spectacular** colours and complex patterns.

植物の中には目を見張る色や複雑な模様で知られるものもある。

1738

prevalent
[prévələnt]

☐☐☐☐☐

名 prevalence
広く行き渡ること、まん延
≒ common, general, widespread

形 普及している、まん延している

Psychological problems were **prevalent** among the passengers who survived the airplane crash.

その飛行機事故を生き延びた乗客の多くが心理的な問題を抱えた。

1739

trample
[trǽmpl]

☐☐☐☐☐

≒ tramp, squash

動 〜を踏みつける、踏みにじる

Around 18 members of the audience were **trampled** and injured when the power went out and the people in the stadium panicked.

停電が起きてスタジアムの人々がパニックとなり、18 人前後の人が踏みつけられて負傷した。

1740

☐☐☐☐☐

consequential

[kɔ̀nsɪkwénʃəl]

≒ ① attendant, consequent
   ② meaningful, significant,
   substantial, weighty
↔ ② inconsequential

形 ①結果として生じる ②重要な、重大な

Air pollution and the **consequential** harm to the public is increasing daily.

大気汚染とそれが社会にもたらす害は日々増加している。

1741

☐☐☐☐☐

profound

[prəfáʊnd]

≒ ① significant
↔ ① superficial
♪ 訳語と同様、「深さ」を表す語。

形 ①〈影響などが〉深刻な、重大な
   ②〈思想などが〉深遠な

The medicine's effect was **profound**, as they had managed to reverse the effects of the disease.

その薬の効果は絶大だった。病気の症状を好転させることができたのだから。

1742

☐☐☐☐☐

inextricably

[ìnɪkstríkəbli]

形 inextricable 切り離せない
≒ inseparably

副 切り離せないほどに、密接に

Writing and art have been **inextricably** linked since the beginning of recorded history.

書くことと芸術は有史以来分かちがたく結びついている。

1743

☐☐☐☐☐

tenuous

[ténjuəs]

≒ flimsy, insubstantial

形 〈根拠などが〉弱い

The **tenuous** link between the evidence and her theory needed to be stronger to be taken seriously.

その証拠と彼女の理論の関連が弱く、本格的に取り上げてもらうためには、その関連を強める必要があった。

1744

☐☐☐☐☐

curb

[kə́:b]

≒ [動] constrain, inhibit

動 ～を抑制する、制限する
名 ①抑制、制限 ②縁石

Farmers are **curbing** their usage of fertilisers by turning to organic methods.

農家は有機農法に転換することによって化学肥料の使用を抑制している。

1745

☐☐☐☐☐

overlay

[ðʊvəléɪ]

≒ cover, coat

動 ～に(…を)かぶせる

The interactive map shows different countries **overlaid** with one another to depict their true size.

そのインタラクティブマップで違う国同士を重ねると、本当の大きさがわかる。

研究・調査

その他の重要語

研究・調査・その他の重要語　**363**

1746
alternatively
☐☐☐☐☐
[ɔːltɔ́ːnɔtɪvli]

形 alternative 代わりの

副 その代わり、あるいは

Alternatively, people may take their own transport if they do not want to take the bus.

バスに乗りたくなければ、その代わりに各自お好きな交通手段をご利用いただいて構いません。

1747
relentless
☐☐☐☐☐
[rɪléntləs]

≒ ① cruel, merciless, ruthless, unrelenting
② continuous, incessant, persistent

形 ① 過酷な、容赦のない ② 執拗な

Despite the party's **relentless** campaigning, they lost the election.

その政党は過酷な選挙運動を行ったのにもかかわらず、負けた。

1748
perpetual
☐☐☐☐☐
[pɔpétjuɔl]

動 perpetuate 〜を永続化させる
名 perpetuation 永続化
≒ ① ceaseless, constant, incessant ② permanent

形 ① 絶え間ない ② 永続的な

Atoms are in **perpetual** motion, constantly moving and bouncing off each other.

原子は絶え間なく動いていて、常に移動して互いにぶつかり合っている。

1749
trivial
☐☐☐☐☐
[tríviɔl]

名 trivia 些事
動 trivialise 〜を矮小化する
≒ frivolous, insignificant
↔ significant

形 ささいな、つまらない

Even **trivial** issues can make people stressed, so we should take everyone's problems seriously.

ささいな問題でも人はストレスに感じることがあるので、私たちは誰の問題でも真剣に受け止めるべきだ。

1750
render
☐☐☐☐☐
[réndɔ]

↗ render A B で「A を B にする」。

動 〜を(ある状態に)する、させる

The storm **rendered** helicopters useless, as it was far too dangerous for them to fly.

嵐のせいでヘリコプターは使い物にならなかった。飛ばすには危険すぎたからだ。

1751
tuck
☐☐☐☐☐
[tʌk]

↗「(洋服の) タック、ひだ」もこの tuck。

動 〜をしまい込む、押し込む

When afraid and under stress, dogs will **tuck** their tails between their legs.

犬はおびえていたりストレスを感じていたりすると、しっぽを脚の間にしまい込む。

1752

auspicious

[ɔːspíʃəs]

≒ encouraging, promising, propitious

☐☐☐☐☐

形 幸先のよい、縁起のよい

Her **auspicious** debut novel began what was to be a long and successful career for the author.

彼女の幸先のよいデビュー小説は、その後長く続くことになる順風満帆な作家人生の始まりだった。

1753

ascribe

[əskráɪb]

名 ascription (原因・起源などを)(…に) 帰すること
≒ attribute, impute

☐☐☐☐☐

動 ～を(…に) 帰する、(…の) せいにする

Marine pollution in the area is mostly **ascribed** to industrial waste.

その地域の海洋汚染は大部分が産業廃棄物によるものだ。

1754

recurring

[rɪkə́ːrɪŋ]

動 recur 再び起こる、繰り返し起こる
名 recurrence 再発、再現

☐☐☐☐☐

形 繰り返し起きる

In order to memorise the intricate parts of a language, it helps to group **recurring** patterns.

言語の難解な部分を覚えるには、繰り返し出てくるパターンを分類するのが有効だ。

1755

batch

[bǽtʃ]

≒ bunch, cluster

☐☐☐☐☐

名 ひとまとまり、束

One tactic for dealing with the stress of a large project is dividing the work into manageable **batches**.

大プロジェクトの負荷に対処する1つの方策は、作業を扱いやすいまとまりに小分けすることだ。

1756

reinforce

[rìːɪnfɔ́ːrs]

名 reinforcement 強化
≒ ① strengthen, bolster

☐☐☐☐☐

動 ① ～を強化する、補強する
② 〈考えなど〉を強固にする

Her work **reinforced** the idea that authors should be considered artists.

彼女の作品によって、作家は芸術家と見なされるべきだという考えが強まった。

1757

uncanny

[ʌnkǽni]

≒ ① eerie, weird

☐☐☐☐☐

形 ① 不思議な、尋常ではない
② 〈感覚などが〉異常なまでに鋭い

Cats have the **uncanny** ability of always being able to land on their feet.

猫には常に足で着地できるという不思議な能力がある。

その他の重要語

研究・調査

1758

☐☐☐☐☐

unwittingly

[ʌnwítɪŋli]

≒ accidentally, unintentionally

副 知らないうちに、無意識のうちに

As the hikers continued, they were **unwittingly** crossing the border into the United States.

ハイカーたちは進んでいるうちに、知らぬ間に国境を越えてアメリカに入りそうになっていた。

1759

☐☐☐☐☐

premier

[prémiə]

♪ 「首相」はアメリカ英語では prime minister と言う。

形 首位の、最初の
名 首相

The Eiffel Tower has become the city's **premier** landmark, iconic to everyone.

エッフェル塔はパリと言えば誰もが思い浮かべる一番のランドマークだ。

1760

☐☐☐☐☐

confound

[kɔnfáʊnd]

≒ baffle, bewilder, confuse, mystify, perplex

動 ～を混乱させる

The group was **confounded**; how was that much plastic consumed by the animal before it died?

その団体は当惑した。どうしてこの動物が死に至るほど大量のビニールを飲み込むことになったのか？

1761

☐☐☐☐☐

explicit

[ɪksplísɪt]

≒ specific, unambiguous, definite, unequivocal
↔ implicit

形 明白な、あからさまな

The computer came with **explicit** instructions to not operate it near magnets.

そのコンピュータには磁石のそばで使用しないようにとはっきりと書かれた説明書がついていた。

1762

☐☐☐☐☐

disparate

[díspərət]

名 disparity 相違、差異
≒ dissimilar, distinct

形 共通点のない、まったく異なる

Previously **disparate** political parties have come together to reduce plastic usage.

以前は共通点がなかった政党が、プラスチックの使用を減らすために団結した。

1763

☐☐☐☐☐

dire

[dáɪə]

≒ ① ominous ② urgent

形 ① 恐ろしい、不吉な
　② 〈必要・危険などが〉差し迫った

Although the **dire** consequences of global warming can seem extreme, the predictions are based on evidence.

地球温暖化の恐ろしい結果は極端に感じられるかもしれないが、その予想は根拠に基づいている。

1764 □□□□□

subtle
[sʌ́tl]

名 subtlety 微妙さ、繊細さ
≒ delicate, elusive
♪ b を発音しないので注意。

形 かすかな、微妙な

The poems were filled with **subtle** references to events of the time.

それらの詩は当時の出来事へのそれとない言及であふれていた。

1765 □□□□□

mock
[mɔ́k]

名 mockery あざけり
≒ [形] artificial
　① simulated ② fake, bogus
　[動] deride, ridicule, make fun of

形 ①模擬の ②見せかけの　動 ～をあざける

The market for **mock** meat products reached almost $1 billion by 2019, with vegetarianism increasing daily.

代替肉製品市場は 2019 年までに 10 億ドル近くに達した。そこには菜食主義が日々拡大しているという事情がある。

1766 □□□□□

prevailing
[prɪvéɪlɪŋ]

≒ widespread, predominant

形 行きわたっている、支配的な

The **prevailing** theory is that we evolved from apes, though some do not agree with this idea.

有力な説は、私たちは類人猿から進化したというものだが、この考えに賛同しない人もいる。

1767 □□□□□

inclusion
[ɪnklúːʒən]

動 include ～を含む
形 inclusive ～を含めて

名 ①含む[含まれる]こと、含有 ②含有物

The **inclusion** of all children in class activities is hugely important for their emotional growth.

クラスの活動に子どもたち全員が参加することが情緒面の成長のために極めて重要だ。

1768 □□□□□

recede
[rɪsíːd]

名 recession（景気）後退
≒ withdraw

動 後退する、遠ざかる

The team of scientists spent years studying the genes that cause hairlines to **recede** in some men.

その科学者チームは男性の髪の生え際を後退させる遺伝子の研究に何年も費やした。

1769 □□□□□

dabble
[dǽbl]

≒ play at
♪ in を伴うことが多い。

動 ちょっと手を出す、かじる

Anthony Burgess, although most famous as a novelist, is known for **dabbling** in many different disciplines.

アンソニー・バージェスは小説家として最も有名だが、様々な分野に首を突っ込んだことで知られている。

研究・調査・その他の重要語

1770

legion
[líːdʒən]

♪ 元は、数千人の歩兵隊で構成される古代ローマの軍団を表す語だった。

形 多数で、無数で
名 軍隊、部隊

Reports of leaks of personal information have become **legion** in recent years.

近年、個人情報の漏洩に関する報道は数知れない。

1771

plummet
[plʌ́mət]

≒ nose-dive, plunge, tumble

動 急落する

Bee populations **plummet** in winter, as they struggle to survive in cold weather.

ハチの数は冬になると激減する。寒さを乗り切るのが大変だからだ。

1772

stout
[stáut]

≒ ① sturdy, staunch
② burly, portly

形 ①どっしりとした、頑丈な ②〈人が〉太った

The **stout** trunk of the tree transfers water from the roots to the leaves.

木のどっしりとした幹は根から葉まで水を運ぶ。

1773

projectile
[prəʊdʒéktaɪl]

♪ 弾丸・ミサイルなどのこと。ニュースで目にする「飛翔体」は英語ではprojectileと表現される。

名 発射物、発射体

Explosive **projectiles** were designed in order to harm the enemy from a distance.

榴弾は遠方から敵を傷つける目的で作られた。

1774

obstruct
[əbstrʌ́kt]

名 obstruction 妨害
≒ hamper, hinder, impede, interfere

動〈進行・視界など〉を妨げる

The dam **obstructed** the path for fish, so their numbers dropped to almost zero the next year.

そのダムが魚の通り道をふさいだために、翌年には魚がほとんどいなくなった。

1775

integral
[íntɪɡrəl]

動 integrate ~を統合する、まとめる
≒ essential, fundamental, crucial, indispensable

形 不可欠な、必須の

Social activities, such as team-building, are **integral** to a productive classroom.

チーム作りのような社会性を育てる活動は、建設的なクラスを作るのに欠かせない。

1776 ☐☐☐☐☐

preoccupation
[prɪ̀ɔkjəpéɪʃən]

📖 preoccupy ～を夢中にさせる
📖 preoccupied 没頭した
≒ fixation, obsession

名 没頭、執心

The company's **preoccupation** with profits caused them to forget about their duty to their customers.

その会社は利益を追求するあまり、顧客への務めを忘れた。

1777 ☐☐☐☐☐

verge
[və́ːdʒ]

♪ on the verge of (～寸前の) の形で覚えておこう。

名 端、境界

With the rapid development of artificial intelligence, the world is on the **verge** of an AI revolution.

人工知能の急速な発達により、世界で AI 革命が始まろうとしている。

1778 ☐☐☐☐☐

ripple
[rípl]

♪ wave (波)のほか、surf (打ち寄せる波)、breaker (砕け散る波) も覚えておこう。

動 さざ波のように広がる
名 さざ波

Excitement **rippled** through the crowd as the first results of the election were announced.

選挙結果の第一報が発表されると、群衆の間に興奮が広がった。

1779 ☐☐☐☐☐

outweigh
[àutwéɪ]

≒ overshadow, surpass

動 ～を上回る、～に勝る

The cost of the bridge **outweighed** the expected benefit to the city.

その橋の費用は町にもたらされると考えられていた恩恵を上回った。

1780 ☐☐☐☐☐

broaden
[brɔ́ːdn]

≒ widen, expand, extend, enlarge, develop
♪ broad (幅広い) に動詞を作る接尾辞 -en のついた語。

動 ～を広げる、広くする

The NGO is used to **broaden** horizons, educating people about world issues.

その NGO は視野を広げる役割を果たし、人々に世界の問題を教える。

1781 ☐☐☐☐☐

proposition
[prɔ̀pəzíʃən]

📖 propose ～を提案する
≒ suggestion, proposal

名 提案、申し出

Cancelling the building project was not an attractive **proposition** because they had spent millions already.

すでに何百万も費やしていたので、建設計画の中止はうれしい提案ではなかった。

研究・調査・その他の重要語

1782
pervasive
[pəvéɪsɪv]

動 pervade まん延する、〜に行き渡る
名 pervasion 普及、充満
≒ widespread, prevalent, rife

形 まん延する、行き渡る

The plant releases a **pervasive** odour that can be smelt throughout the forest.

その植物は森の至るところでかぎ取れるほどまん延するにおいを発する。

1783
superb
[su(:)pə́:b]

≒ excellent, marvellous, splendid, superior

形 素晴らしい、極上の

The charity has been a **superb** example of how donations can improve the lives of thousands.

その慈善事業は寄付金が何千人もの人々の生活を改善できることを示す素晴らしい例だ。

1784
militant
[mílɪtənt]

形 military 軍の
≒ aggressive, combative, bellicose, belligerent

形 好戦的な、攻撃的な

Militant animal rights activists regularly free animals from their cages in laboratories.

積極的に動物の権利を守ろうとする活動家たちは、実験室のおりに入れられている動物を定期的に逃がす。

1785
respectively
[rɪspéktɪvli]

形 respective それぞれの
≒ separately, individually

副 それぞれ

The UK's CO$_2$ levels from coal usage dropped by 5.8% and 2.6% in 2016 and 2017 **respectively**.

イギリスでの石炭使用による二酸化炭素レベルは、2016年には5.8%、2017年には2.6%、それぞれ下落した。

1786
venerate
[vénərèɪt]

名 veneration 尊敬、崇敬
≒ revere

動 〜を尊敬する、あがめる

Although not popular in his time, the artist is now **venerated** across the world.

その芸術家は生前は人気がなかったが、今では世界中で尊敬されている。

1787
markedly
[má:kɪdli]

≒ significantly, noticeably, substantially
♪ ed の発音に注意。

副 著しく、際立って

The aesthetic style of the early 20th century was **markedly** different from that of early 19th century.

20世紀初頭の美の様式は19世紀前半のそれとは著しく異なっていた。

1788 □□□□□

indulge

[ɪndʌ́ldʒ]

图 indulgence 耽溺

≒ ① luxuriate, revel
　② pamper, spoil

動 ①気ままに振る舞う ②〈人〉を甘やかす

Although one should eat healthily most of the time, it is OK to **indulge** once in a while.

ほとんどの時は健康的な食生活を送るべきだが、たまには好きなものを好きなだけ食べても問題ない。

1789 □□□□□

mundane

[mʌndéɪn]

≒ ① ordinary, banal, commonplace, prosaic
　② worldly

形 ①つまらない、平凡な ②世俗的な

Some students complained that the classes were **mundane**, so the teachers tried to make them more entertaining.

授業がつまらないとこぼす生徒がいたため、教師たちはもっと楽しく学べるものにしようと試行錯誤した。

1790 □□□□□

unparalleled

[ʌnpǽrəlèld]

≒ incomparable, unequalled, unsurpassed

形 比類のない、並ぶもののない

The series was an **unparalleled** success; never in history had so many copies of books been sold.

そのシリーズは類のない成功を収めた。このシリーズほど多くの本が売れたことは歴史上一度もなかった。

1791 □□□□□

hollow

[hɑ́loʊ]

图 hollowness へこみ、空虚

≒ [形] ① empty, vacant, void
　② concave, sunken

形 ①空洞の ②くぼんだ、へこんだ
名 ①空洞 ②くぼみ、へこみ

The wooden Trojan Horse was **hollow** inside and had space for a small group of fighters.

トロイの木馬の内側は空洞で、兵士の小隊が入れる空間があった。

1792 □□□□□

duration

[d(j)ʊréɪʃən]

≒ span, length, continuance
♪ dur は「継続する」を意味する語根で、durable (長持ちする)、endure (持続する、我慢する) などにも含まれる。

名 (継続) 期間、時間

They waited a **duration** of three hours before checking the weather again.

彼らは 3 時間の間待ってからもう一度天気を確認した。

1793 □□□□□

drastic

[drǽstɪk]

♪ 名詞の前で使う。

形 ①〈手段などが〉思いきった、徹底した
　②〈変化などが〉急激な

Drastic measures will be required if the world's population continues to increase.

世界人口が増え続けたら、思い切った対策が必要になるだろう。

研究・調査・その他の重要語

1794

ramification

[ræməfikéiʃən]

≒ implications

名 (出来事・決定などの予期せぬ) 影響、結果

A failure to invest in better infrastructure had long-lasting **ramifications** for the country.

インフラを改善するための投資をしなかったことがその国に長く影響した。

1795

continuum

[kəntínjuəm]

動 continue 続く
形 continuous 連続した

名 連続(体)、徐々の変化

People with the disorder are on the **continuum** between not being able to communicate and being very social.

障がいを持つ人と言っても、意思疎通が図れない人から非常に社交的な人まで幅広い。

1796

avidly

[ǽvɪdli]

形 avid 熱心な、熱烈な
≒ ardently, eagerly, enthusiastically

副 夢中に、熱心に

Many young children **avidly** followed the space race of the 1960s.

多くの小さな子どもたちが1960年代の宇宙開発競争を夢中になって見守った。

1797

floral

[flɔ́:rəl]

↗ botanical (植物の) も覚えておこう。

形 花の

It was one of the first companies to sell candles with **floral** scents like rose and lavender.

そこはろうそくにバラやラベンダーのような花の香りをつけて販売した最初の会社の一つだった。

1798

inflict

[ɪnflíkt]

名 infliction
(打撃・損害などを) 与えること
≒ impose

動 〈打撃・損害など〉を与える

Hard tackles during football games could **inflict** severe damage on children's brains.

フットボールの試合中の激しいタックルは子どもの脳に深刻なダメージを及ぼしうる。

1799

flip

[flíp]

動 ① 裏がえる、反転する
② 〈レバーなど〉をぐいと動かす

The disorder makes people **flip** from happy to sad seemingly at random.

その疾患を抱えた人は見たところランダムに機嫌がよくなったり悪くなったりする。

1800

destine
[déstɪn]

图 destiny 運命、宿命
图 destination 目的地

☐☐☐☐☐

動 ① ～の目的を定める　② ～を目的地とする

The cows are **destined** for supermarket shelves across the country.

この牛たちは全国のスーパーの棚に行く運命だ。

1801

dwindle
[dwíndl]

形 dwindling だんだん少なくなる
≒ decline, diminish, ebb, lessen, shrink

☐☐☐☐☐

動 〈数や量が〉徐々に減る

Hungary's population has been **dwindling** since 1981, falling by approximately 40,000 every year.

ハンガリーの人口は 1981 年から毎年およそ 4 万人のペースで徐々に減っている。

1802

shortcoming
[ʃɔ́ːtkʌ̀mɪŋ]

≒ weakness, disadvantage, defect, failing

☐☐☐☐☐

名 欠陥、欠点

The bat makes up for any **shortcomings** in vision with a much better sense of hearing.

コウモリは視覚のあらゆる欠陥をはるかに優れた聴覚で補っている。

1803

existent
[ɪgzístənt]

動 exist 実在する、存在する
图 existence 存在すること、生存
≒ existing

☐☐☐☐☐

形 既存の、実在する

Existent forms of medicine are unable to prevent or cure autism.

既存の医療形態では自閉症の予防、治療はできない。

1804

devise
[dɪváɪz]

图 device 装置、考案品
≒ invent, contrive, make up

☐☐☐☐☐

動 ～を考案する、工夫する

This was an idea **devised** by local authorities to fight homelessness.

これが、ホームレスをなくすために地元当局者が考え出した案だった。

1805

deem
[díːm]

≒ consider, regard, esteem

☐☐☐☐☐

動 ～を(…と)見なす、考える

The event was **deemed** a success; many things were sold and the reviews were positive.

多くの物が売れ、好評だったので、そのイベントは成功と見なされた。

研究・調査

その他の重要語

1806
conjure
[kʌ́ndʒə]

名 conjuring 奇術、手品
♪ conjure up の形で使われることが多い。

動 ①（魔法のように）〜を素早く作る、用意する
②〜を思い起こさせる

The team **conjured** up creative advertisements that appealed to both children and adults.
そのチームは子どもも大人も引きつける創造的な広告をたちまち作り出した。

1807
bounty
[báunti]

≒ ② reward

名 ①豊富な物質、恵み ②報奨金

As the forests are destroyed, the **bounty** of food birds usually find is in short supply.
森林が破壊され、普段であれば鳥が見つける豊富なえさが不足している。

1808
successive
[səksésɪv]

≒ sequential, consecutive, serial
♪ ふつう後続する名詞は複数形。

形 連続する、相次ぐ

Successive dry summers have resulted in a difficult time for vegetable and fruit farmers.
雨の少ない夏が続いていて、野菜や果物の農家は苦労している。

1809
realm
[rélm]

≒ ① field, sphere, domain
♪ ea の発音に注意。

名 ①領域、範囲 ②（学問などの）分野、部門
③（動植物分布の）圏、帯

Travelling at the speed of light is beyond the **realm** of possibility.
光の速さで移動するのは可能性の領域を超えている。

1810
linger
[líŋgə]

≒ ① endure, drag on ② remain

動 ①後に残る、なかなか消えない ②居残る

The smell was so strong that even after the waste had been cleared away the odour **lingered**.
その臭いはとても強く、ごみが回収されたあとでも悪臭が残っていた。

1811
compensate
[kɔ́mpənsèit]

形 compensatory
補償の、埋め合わせの
名 compensation 補償

動 ①〜を補う、埋め合わせる
②補償する、賠償する

Poor vision in one eye is **compensated** for by the other.
片目の視力が悪いともう片方の目がそれを補う。

1812 ☐☐☐☐☐

countless

[káʊntləs]

≒ innumerable, uncountable, myriad

形 数え切れない、無数の

Countless theories have been proposed regarding why ships and planes disappear in the Bermuda Triangle.

バミューダトライアングルで船や飛行機が消えてしまう理由について数々の理論が提起されてきた。

1813 ☐☐☐☐☐

appreciably

[əprí:ʃəbli]

形 appreciable 感知できるほどの、かなりの
≒ noticeably, considerably
↔ insignificantly

副 目につくほど

The patients have improved **appreciably** since the clinical trial began.

その患者たちは臨床試験が始まってから目に見えて回復している。

1814 ☐☐☐☐☐

bereavement

[bɪrí:vmənt]

形 bereaved 先立たれた
≒ loss

名 (近親に) 先立たれること、死別

Elephants from three families were seen standing over the body in a state of **bereavement**.

3家族のゾウが死んだゾウを悼むかのように寄り添って立っていた。

1815 ☐☐☐☐☐

individualistic

[ìndɪvìdʒuəlístɪk]

名 individualism 個人主義、利己主義

形 ①個性的な ②個人主義の、利己主義の

The architecture of the 1950s was less **individualistic**, designed for function rather than appearance.

1950年代の建造物は外観より機能重視のため、没個性的だった。

1816 ☐☐☐☐☐

prowess

[práʊəs]

≒ aptitude, competence, expertise

名 技量、腕前

Athletic **prowess** is an important aspect of some US college applications.

アメリカの大学の中には、運動能力が出願する際の重要な要素であるところがある。

1817 ☐☐☐☐☐

customary

[kʌ́stəməri]

≒ conventional, traditional

形 習慣的な、しきたりの

In England, if a guest visits your house, it is **customary** to offer them tea.

イングランドでは家にお客が来たら紅茶を出すのが習慣になっている。

研究・調査

その他の重要語

1818 □□□□□

arduous

[ɑ́ːdjuəs]

≒ strenuous, laborious

形 努力を要する、骨の折れる

The **arduous** journeys of many African tribes are becoming more difficult due to water shortages.

多くのアフリカ部族が行う骨の折れる移動が水不足によりますます難しくなっている。

1819 □□□□□

top-notch

[tɔ́pnɔ́tʃ]

≒ first-rate

♪ notch は「(V 字型の) 刻み目」が原義で、そこから「程度、段階」を表す。

形 最高の、一流の

The park is well-regarded for its **top-notch** public facilities, including a swimming pool and bike lanes.

その公園は、プールや自転車専用道路といった最高の公共設備があるため、評判がよい。

1820 □□□□□

compatriot

[kəmpǽtriət]

≒ countryman, countrywoman

名 同胞、同国人

Over 500 people travelled from the small island nation to cheer for their **compatriots** in the Olympics.

オリンピックで同胞を応援するために、500 人を超える人々がその小さな島国からやってきた。

◆ NISHIBE'S EYE

反復学習は「5回を目標に間隔をあけて」

　ほかの学習と同様、単語の学習においても、短期集中で覚えたものは、一時的には効果があるものの、「短期記憶」となってすぐに忘れてしまいます。IELTS学習者は、単語を試験対策期間だけでなく留学中も持続する「長期記憶」に留めることが必要です。このためには「量を分散させ、数か月学習を継続し、5回の反復学習をする」のが理想です。

　ここでは、カナダのウオータールー大学が学生に推奨している「効率的なタイミングで記憶を定着させる（p.320に書いた「節約率が高い」）」ペース配分を参考に語彙学習用にアレンジした反復学習プランを、本書収録の1,800の見出し語を例にご紹介します。

▶**基本プラン**
　・180語（1セット）／1週間　　・30語／1日（30 × 6日＝180語）
　・7日目は復習日とする

▶**1回の学習**
　Step 1：見出し語30語分（派生語・類義語なども含む）を読む。この時点では赤シート使用／不使用どちらでも可。できれば音声も聞き、口に出す。
　Step 2：赤シートを使ってもう一度同じ30語をチェック。結果をチェックボックスに〇△×などで記録する。

▶**復習のタイミング**
　・1回目と同じ日の内：　2回目（見出し語30語）
　・7日目（復習日）：　　3回目（×印などのついた要復習語）
　・14日目（復習日）：　　4回目（×印などのついた要復習語）
　・28日目（復習日）：　　5回目（×印などのついた要復習語）

▶**2セット目以降**
　8日目からは次の180語のセットを開始。10セットで1800語。

　復習日は各セットの×印の単語を中心に見直す日です。徐々に累積していきますが、10セットで完了なので頑張りましょう。負荷が高すぎる場合は、1回の学習語数や反復回数を減らし、余裕がある場合は、チェック〇△の単語も見直すなど、自分にあった学習プランを考えてみてください。

研究・調査

その他の重要語

Index

この索引には本書で取り上げた語句がアルファベット順に掲載されています。
数字はページ番号を示しています。 黒い数字は見出し語として、薄い数字は
Terminology、派生語や関連語として、語句が収録されていることを表しています。

監修者・著者プロフィール

西部 有司 (Yuji Nishibe)

IELTS, TOEFL 専門講師・学習アドバイザー。現在、英語学校プリムスアカデミー、東洋英和女学院大学 生涯学習センターなどにて指導をする。大手英会話学校にて英語の資格試験コースを指導後、海外留学向け対策校にて IELTS, TOEFL 向けのカリスマ講師として活躍し、企業の英語研修にも携わった後現職。指導歴は 18 年。

著書に『はじめての TOEFL iBT® テスト総合対策』(アスク出版)、『TOEFL® テスト英語の基本』(アスク出版)、『ゼロからはじめる TOEIC® テスト スピーキング／ライティング』(KADOKAWA 中経出版)。監修や執筆協力に『改訂版 TOEFL® テスト 一発で合格スコアをとる勉強法』(KADOKAWA 中経出版)、『PROMINENCE English Communication III』(東京書籍) などがある。

プリムスアカデミー
https://primusedge.co.jp/
academy@primusedge.co.jp

ロゴポート (Logoport)

語学書を中心に企画・制作を行っている編集者ネットワーク。編集者、翻訳者、ネイティブスピーカーなどから成る。おもな編著に『英語を英語で理解する 英英英単語 上級編／超上級編』、『最短合格! 英検®1 級／準 1 級 英作文問題完全制覇』、『最短合格! 英検®2 級英作文&面接 完全制覇』、『出る順で最短合格! 英検®1 級／準 1 級 語彙問題完全制覇 [改訂版]』、『出る順で最短合格! 英検® 準 1 級～3 級単熟語 EX』(ジャパンタイムズ)、『TEAP 単熟語 GRIP1500 』(アスク出版)、『英検® 準 1 級スーパーレベル問題集──本番がラクに解けるようになる』(テイエス企画) などがある。

分野別 IELTS 英単語

2020 年 4 月 21 日　初版　第 1 刷発行
2024 年 1 月 15 日　　　　第 3 刷発行

著者	ロゴポート
監修者	西部有司
発行者	天谷修平
発行	株式会社オープンゲート
	〒 101-0051 東京都千代田区神田神保町 1-41
	SF1 ビル 308
	TEL：03-6811-7381　FAX：03-6811-7382
印刷・製本	株式会社 ルナテック
装丁デザイン	清水裕久 (Pesco Paint)
本文デザイン・DTP	清水裕久 (Pesco Paint)
執筆協力	Adam Matthew Halliwell, Joel Edward Ian Wilson
録音・編集	ELEC 録音スタジオ
ナレーション	Emma Howard, Guy Perryman

ISBN 978-4-910265-00-1